建材行业绿色发展模式与应用探索

罗玉明　赵剑林　温　宁　著

黄河水利出版社
·郑　州·

内 容 提 要

本书从建材行业的现状和绿色建材的发展现状入手,深入探讨了建材行业的绿色转型发展方向,介绍了绿色发展指数和“双碳”目标对建材行业的影响,提出了绿色建材的实现路径。同时,从技术创新、智能化、产业园区和低碳策略等多个方面对建材行业的可持续发展进行了深入分析,为绿色建材产业的未来发展提供了有益参考。

图书在版编目(CIP)数据

建材行业绿色发展模式与应用探索/罗玉明,赵剑林,温宁著. —郑州:黄河水利出版社,2023.6

ISBN 978-7-5509-3564-8

Ⅰ.①建… Ⅱ.①罗…②赵…③温… Ⅲ.①建筑材料工业-无污染技术-技术发展-研究-中国 Ⅳ.①F426.91

中国国家版本馆 CIP 数据核字(2023)第 075570 号

组稿编辑:韩莹莹　　电话:0371-66025553　　E-mail:hhslhyy@163.com

责任编辑　郭　琼　　责任校对　韩莹莹
封面设计　李思璇　　责任监制　常红昕
出版发行　黄河水利出版社
地址:河南省郑州市顺河路 49 号　邮政编码:450003
网址:www.yrcp.com　E-mail:hhslcbs@126.com
发行部电话:0371-66020550
承印单位　河南新华印刷集团有限公司
开　　本　787 mm×1 092 mm　1/16
印　　张　13.5
字　　数　243 千字　　印　　数　1—1 000
版次印次　2023 年 6 月第 1 版　　2023 年 6 月第 1 次印刷

定　　价　68.00 元

前 言

随着经济社会的发展，我国不断提出环境保护的政策及可持续发展战略，使得人们在未来的生产和生活中越来越讲求绿色环保理念。尤其是在施工中建筑材料的选择方面，一定要选择绿色环保的工程材料，这样才能保障我国经济社会的快速发展，进而提升人们的生活质量，并且给越来越多的人提供积极的帮助。

绿色建筑材料，就是生态建筑材料。它的研发为我国建筑行业的可持续性发展提供了技术支撑。随着人们环保意识日益增强，绿色建筑材料在施工中的应用越来越广泛，绿色建筑材料的广泛应用也保障了人们的身体健康与生活品质。绿色建筑材料主要是采用一些清洁技术，少用甚至不用天然的能源和资源。那些有利于人体健康和环境保护的建筑材料具有隔热、调温、消声、消磁、抗静电和调光的重要性能，为人们提供健康环境的同时，还最大限度地降低了对环境的污染。

绿色建筑材料有以下几个特点：低消耗，低能耗，无污染，多功能，并且在使用之后仍然能够进行二次回收或者能够运用高科技进行回收并改良，制成新产品从而能够进行反复利用。

伴随着我国经济社会的快速发展，以及人们生活水平的提高，人们对于住宅的环保性要求也随之增高，如今环保材料的运用也愈发广泛。作为一种重要的工业建筑材料，绿色建筑材料主要包含绿色墙体材料、绿色装饰材料和绿色保温隔热材料等。在施工中使用绿色环保材料，不仅节约了资源，也保护了生态环境，进而能够走上一条可持续发展的道路。就现在而言，我国应用的绿色材料主要包括绿色真空玻璃、生态水泥、墙体材料，以及其他新型的建筑材料。总而言之，绿色材料在我国的广泛使用，不仅符合资源节约和环境保护的理念，同时也有效地促进了我国经济社会的建设和发展。

综上所述，如今人们对生态理念和绿色环保理念的认识不断增强，越来越重视绿色建筑材料的应用。建筑行业与人们的生活密切相关，因此积极运用绿色建筑材料具有重要意义。绿色建筑材料的使用不仅节约了能源，还有利于我国构建节约型社会。因此，我们更应该加大对绿色建筑材料的推广和研发力度,保障我国可持续发展的重要战略目标,同时也为建筑行业的健康发展做出重要的贡献。

本书由洛阳理工学院的教师罗玉明、赵剑林、温宁共同完成,其分工如下:罗玉明负责撰写第一至三章;赵剑林负责撰写第四、第五章;温宁负责撰写第六、第七章。

由于作者学识有限、时间仓促,本书难免有疏漏和不当之处,真诚希望各位读者和专家给予批评指正。

作　者

2023 年 2 月

目 录

第一章　建材行业的发展现状与趋势探究

第一节　我国建材行业现状分析

建材是建筑工程中使用的材料的统称，可分为结构材料、装饰材料和某些专用材料。结构材料包括木材、竹材、石材、水泥、混凝土、金属、砖瓦、陶瓷、玻璃、工程塑料、复合材料等；装饰材料包括各种涂料、油漆、镀层、贴面、各色瓷砖、具有特殊效果的玻璃等；专用材料是指用于防水、防潮、防腐、防火、阻燃、隔音、隔热、保温、密封等的材料。

建材行业是我国国民经济的重要基础产业，涉及基础设施、城市建设和人民生活等多个方面。在助力实现碳达峰碳中和的过程中，建材行业应主动作为，聚焦减碳降碳，加快绿色建材产品的应用，推动新技术研发攻关，研发替代燃料、替代原料等，从源头上减少生产过程中的二氧化碳排放，并加大二氧化碳捕集纯化和资源转化再利用工作，从末端治理上实现控排、减排目的。

聚焦数字应用，建材行业还可借助物联网、大数据、云计算、人工智能、5G等新技术手段，赋能行业数字转型，提升资源综合利用效率。此外，应加快推进绿色建材产品认证体系建设，增加绿色建材产品供给，提升绿色建材产品质量，促进建材行业转型升级。推动制订并实施建材产品的节能标准，提高终端用户用能效率，提高总的能源利用效率。加大绿色建材产品政策支持，推动节能环保家居建材的产品迭代。

我国的建材主要包括石灰石、水泥、骨料和混凝土。建材的生产过程包括生料制备、熟料煅烧、水泥研磨和混凝土搅拌。

一、建材行业经营情况

近几年，中国规模以上建材企业完成营业收入和利润总额持续增长。2020年规模以上建材企业完成营业收入5.6万亿元，同比增长5.7%；利润总额 4 871 亿元,同比增长 5.3%。2021 年规模以上建材企业营业收入 6.6 万亿元,同比增长 17.9%;利润总额 5 754 亿元,同比增长 18.1%(见图 1-1)。

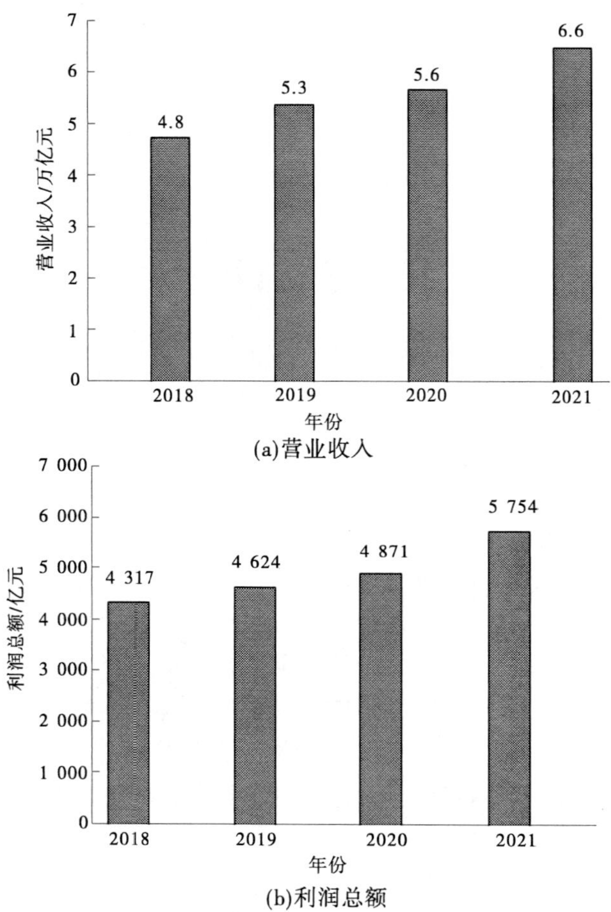

图 1-1　2018—2021 年中国规模以上建材企业营业收入及利润总额

二、细分市场

(一)水泥

2016—2018 年,中国的水泥产量从 24.10 亿 t 小幅降至 22.36 亿 t,主要是因为我国政府削减过剩产能的目标和为环保而实施的限产政策。此后,水泥供需趋于平衡,产量上升,并于 2020 年达到 23.95 亿 t,产值也增至 8 404 亿元。2021 年全国水泥产量 23.80 亿 t,同比下降 0.63%。2016—2021 年中国水泥产值及产量见图 1-2。

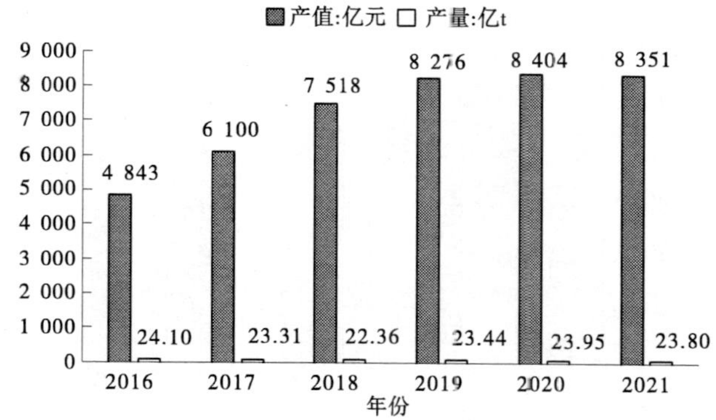

图 1-2　2016—2021 年中国水泥产值及产量

(二)熟料

中国的熟料产量从 2016 年的 13.70 亿 t 稳步增长至 2020 年的 15.79 亿 t,复合年均增长率为 3.6%。2016—2020 年中国熟料产值及产量见图 1-3。

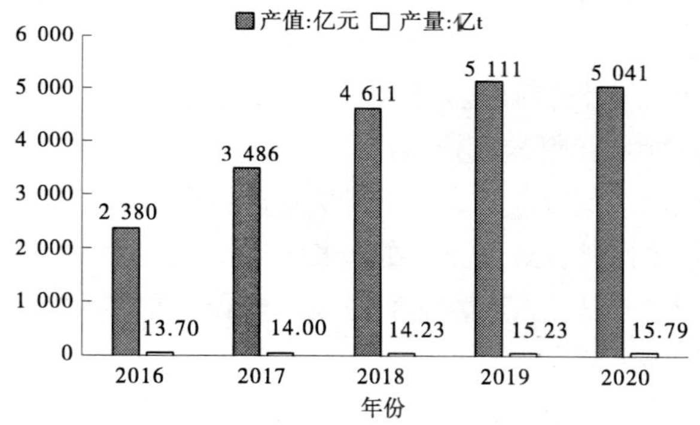

图 1-3　2016—2020 年中国熟料产值及产量

(三)预拌混凝土

中国的预拌混凝土产量从 2016 年的 $2\ 005.1\times10^6\ m^3$ 增加到 2020 年的 $2\ 621.4\times10^6\ m^3$,复合年均增长率为 6.9%。中国预拌混凝土的产值从 2016 年的 6 017 亿元增至 2020 年的 11 469 亿元,复合年均增长率为 17.5%,于 2016—2020 年保持高增长率。2016—2020 年的大幅增长主要由预拌混凝土的价格和产量激增所造成。2016—2020 年中国预拌混凝土产值及产量见图 1-4。

考虑到基础设施建设和房地产行业对混凝土的需求不断增长,加上预拌混凝土的渗透率不断提高,预拌混凝土的需求和产量预计将继续增加。

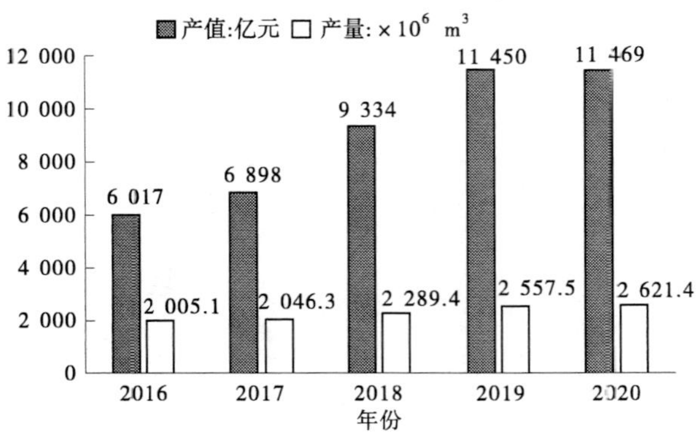

图 1-4　2016—2020 年中国预拌混凝土产值及产量

(四)骨料

中国骨料的产量从 2016 年的 18 亿 t 增加到 2020 年的 19 亿 t,复合年增长率为 1.4%。2018 年和 2020 年的产量略有下降,原因是为保护环境和应对疫情,国家对采矿业实施严格监管。鉴于基础设施建设和房地产行业对骨料的需求正在增加,预计骨料的需求和产量亦将增加。

2016—2020 年,骨料的产值从 1.39 万亿元迅速增加到 2.30 万亿元,复合年均增长率为 13.5%,主要是由于采矿业严格的环境保护相关法规导致库存下降,进而导致骨料价格上涨。在未来几年,环保法规的实施将继续支撑骨料价格的稳步上升,以及人工砂生产的预期增长。2016—2020 年中国骨料产值及产量见图 1-5。

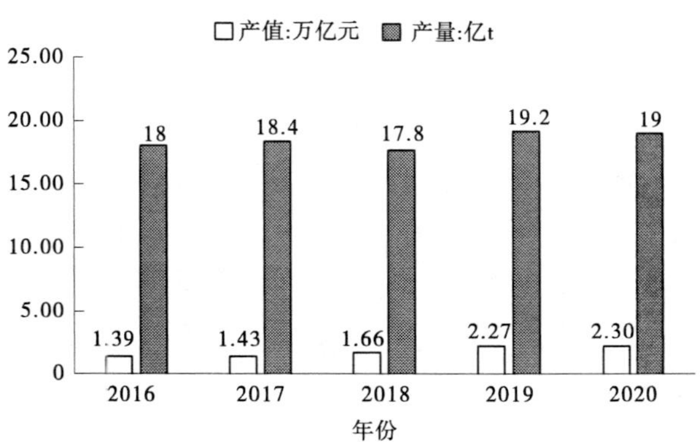

图 1-5　2016—2020 年中国骨料产值及产量

三、全国各省区市建材行业"十四五"发展思路汇总分析

建材是建筑工程中使用的材料的统称，可分为结构材料、装饰材料和某些专用材料。建材行业是中国重要的材料工业，我国重视建材产业发展。《中华人民共和国国民经济和社会发展第十四个五年规划和2035年远景目标纲要》（简称中国"十四五"规划纲要）提出，推动建材产业布局优化和结构调整，推进建材绿色化改造，推广绿色建材。

（一）中国建材工业发展现状分析

建材工业是国民经济的重要基础产业，在国民经济持续快速发展的强劲带动下，我国建材工业发展取得了巨大成就，全行业主要产品产量保持高速增长，生产规模不断扩大，在产业结构调整、发展方式转变、节能减排等方面均取得长足进步。

1. 建材工业综合实力增强

2018年以来，中国建材工业增加值同比增速呈现提高的趋势。2020年中国建材行业运行受到较大影响，建材工业增加值同比增长2.8%，与整个工业增速持平。2016—2020年中国建材工业增加值同比增速见图1-6。

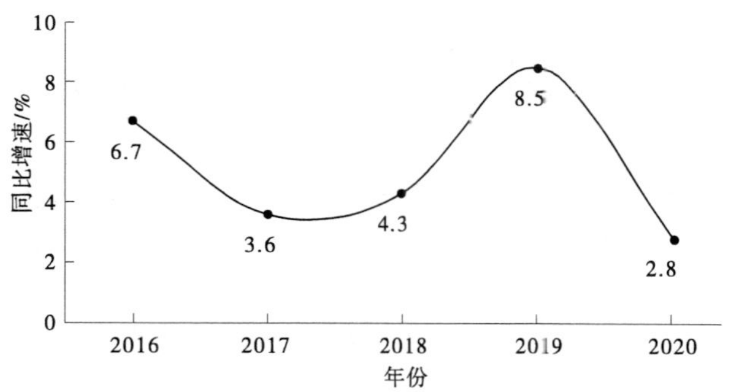

图1-6　2016—2020年中国建材工业增加值同比增速

2. 主要产品生产保持增长

2016—2020年，中国主要建材产品生产保持增长。水泥产量维持在22亿t以上，平板玻璃产量在8亿重量箱以上。2020年中国水泥产量23.95亿t，同比增长2.2%；平板玻璃产量9.5亿重量箱，同比增长2.2%。2016—2020年我国水泥、平板玻璃产量变化趋势见图1-7和图1-8。

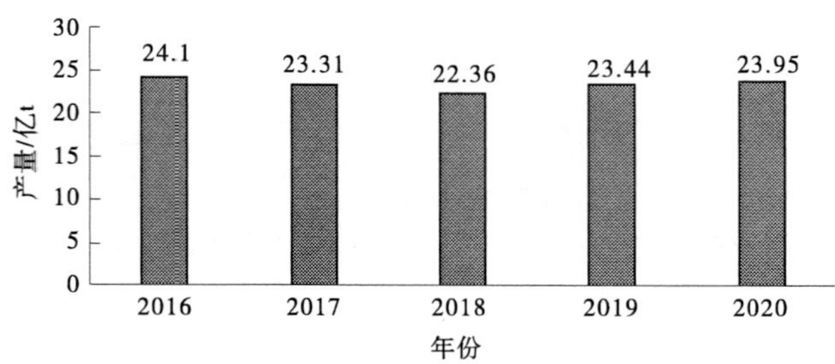

图 1-7　2016—2020 年我国水泥产量变化趋势

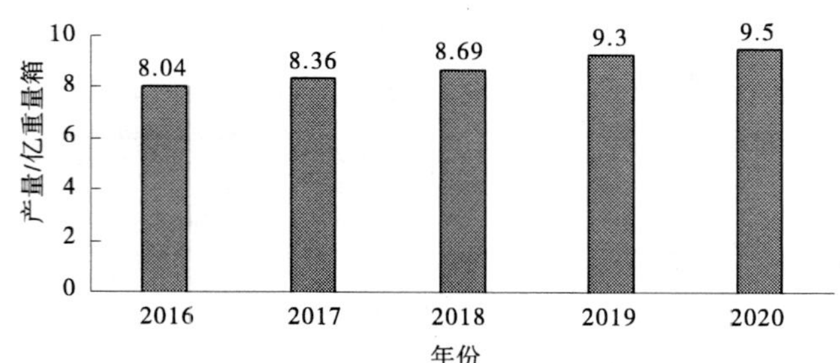

图 1-8　2016—2020 年我国平板玻璃产量变化趋势

3. 新型建材涌现

随着科技的发展,近年来已经有越来越多的新型建材出现。新型建筑材料主要包括新型墙体材料、新型防水密封材料、新型保温隔热材料和新型装饰装修材料四大类。

在相关性能研究方面,新型建筑材料在力学性能、耐久性以及耐腐蚀性方面都有了很大的提高;在生产过程方面,新型建筑材料充分利用了生产原料,采用新工艺和新技术来提高材料的使用性能;在环保方面,新型建筑材料更聚焦于减少物耗、减少能耗及减少污染等方面,追求让建筑材料更加符合世界环保趋势和人类生存需求的目标。

与传统建材产品相比,大多数新型建材产品生产工艺较为简单,投资较少,但部分新型建材产品科技含量较高、工艺复杂,且对生产过程节能环保要求较高,大部分企业生产能力不足。

4. 建材工业竞争格局

建材工业仍然存在总体基础薄弱,企业数量多、规模小,资源、能源利用效率相对较低,部分企业仍处于中低端等问题。从总体竞争情况来看,我国建材行业竞争格局呈现"大行业、小公司"的特点,企业普遍市场占有率较低,但也预示未来市场增长空间大。

伴随着众多建材企业陆续上市，80 后、90 后、00 后新兴消费者对传统建材装修自我定义，建材行业将加速洗牌升级。

（二）“十四五”时期各省（自治区、直辖市）建材产业发展思路分析

“十四五”时期，建材工业发展由“增量扩张”转向“提质增效”转变。中国“十四五”规划纲要提出，改造提升传统产业，推动石化、钢铁、有色、建材等原材料产业布局优化和结构调整，推广绿色建材、装配式建筑和钢结构住宅，建设低碳城市；推动煤炭等化石能源清洁高效利用，推进钢铁、石化、建材等行业绿色化改造。

此外，16 省（自治区、直辖市）将建材产业写入“十四五”规划纲要，9 省（自治区、直辖市）“十四五”规划意见稿提及建材产业。例如，贵州省“十四五”规划纲要提出，改造提升传统建材产业，推进建材产品向轻质、高强、隔音、节能、低碳、环保方向转型；推动水泥、预拌混凝土、玻璃及加工等行业技术创新，推进清洁智能化生产，促进行业提质增效。“十四五”规划纲要涉及建材行业的相关内容见表 1-1。

表 1-1　“十四五”规划纲要涉及建材行业的相关内容

省（自治区、直辖市）	主要内容
湖南	积极开展国际产能合作，落实国家贸易投资融合工程，重点推动工程机械、轨道交通、钢铁、矿产有色、建筑建材、电力设备、农业等优势产能“走出去”。加强 $PM_{2.5}$ 和臭氧协同控制、氮氧化物和挥发性有机物协同减排。持续推进钢铁、建材、石化等重点行业清洁生产水平提升，开展锅炉与工业炉窑深度治理，重点推进砖瓦行业治理设施升级改造、水泥行业氮氧化物减排、钢铁行业超低排放改造
宁夏	鼓励煤炭、电力、有色、机械、建材等行业采用绿色化工艺流程、生产设备，大力发展新能源、新材料、新一代信息技术、先进装备制造等战略性新兴产业，鼓励发展节能环保产业，构建产品绿色、技术工艺环保、装备节能、资源循环利用的绿色产业体系。实施火电、钢铁、煤炭、化工、建材、电解铝、铁合金等传统高耗能行业能效提升工程，改造一批重点用能单位项目

续表 1-1

省(自治区、直辖市)	主要内容
福建	推进建材产业新型化发展,加快产品结构优化和产业转型升级,到2025年,建材产业规模达6 200亿元。加快开发新型绿色建材产品,推进精深加工高附加值建筑饰面石材发展,开发高端定制、智慧型卫生陶瓷和水暖产品、特种水泥产品,提高产业集中度,建设全国重要建材生产基地。稳步提高建筑节能低碳水平,加快发展新型建筑工业化,促进绿色建材推广应用。推动机制砂石产业有序发展。深入推进先进制造业强省、质量强省建设,做大做强电子信息和数字产业、先进装备制造、石油化工、现代纺织服装、现代物流、旅游六大主导产业,提档升级特色现代农业与食品加工、冶金、建材、文化四大优势产业,培育壮大新材料、新能源、节能环保、生物与新医药、海洋高新五大新兴产业,打造“六四五”产业新体系
四川	以数字化驱动供需精准匹配,在装备制造、电子信息、建材家居、卫生医药、鞋类服装、农特食品等行业建设垂直电子商务平台,推动农林产品、建材、汽配、矿产资源等大宗商品电子商务平台健康发展,培育电子商务示范基地。积极拓展电力能源、交通运输、化工建材等领域工程承包市场,稳妥有序推动冶金建材、机械装备、医药化工、特色农业等行业优势企业“走出去”。推动智能建造、绿色建材与建筑工业化协同发展
内蒙古	严格控制水泥新增产能,开发推广适用于装配式建筑水泥基材料及制品。支持玻璃生产企业技术改造升级,发展玻璃精深加工产业。发展以大宗工业固废为原料的轻质、高强、耐久、自保温、部品化烧结类墙体材料。发展非烧结类墙体材料、绿色保温材料,规范陶瓷原料开采,以达拉特、准格尔、清水河、乌兰察布为重点,建立陶瓷产业集群。绿色建材占比达到30%以上。探索重点行业碳排放达峰路径,积极构建低碳能源体系,重点控制电力、钢铁、化工、建材、有色等工业领域排放,有效降低建筑、交通运输、农业、商业和公共机构等重点领域排放,推动地方和重点行业落实自主贡献目标。开展重点企业节水和再生水回用改造,推进能源、化工、建材等高耗水产业节水增效。重点建设呼包鄂全区产业研发中心和装备、产品与综合服务业生产基地,建设乌兰察布、包头大宗固体废弃物综合利用、废旧装备清洁回收处理、城镇废弃物回收处理及资源再生利用产业园区,加快建设绿色建材生产基地、农牧业节能节水技术综合利用基地
黑龙江	建设中建材佳星玻璃产业园等项目。推广绿色建筑3 000万 m^2,既有建筑节能改造2 500万 m^2,推广低辐射镀膜玻璃等节能建材

续表 1-1

省(自治区、直辖市)	主要内容
天津	深入推进资源综合利用,推进电力、冶金、建材和化工等重点行业大宗固体废弃物综合利用、余热余压回收及废气综合利用,主要工业固体废物综合利用率保持在98%以上
青海	加快既有建筑绿色化改造,推广绿色建材和装配式建筑,到2025年绿色建筑占新建建筑比例达到70%。做大镁产业,推进高纯镁砂、氢氧化镁精深加工,推进金属镁一体化等项目,发展镁基系列产品,建设镁质建材原料生产基地。推进建材产业提档升级,重点支持发展特种水泥、高标号水泥及构件,鼓励发展高端玻璃产品。 冶金建材产业链延伸工程:重点推进车用轻量化铝板、铜材深加工、洁净硅铁、铝镁工业型材、钛及钛合金、航空铝材、铝锂合金等项目,建设有色金属精深加工集聚区。推进电子玻璃、玻璃纤维、光伏玻璃、防火发泡混凝土保温板、镁质特种耐火材料等项目建设。支持建设规范化乡村工厂、生产车间,发展特色种养、手工艺和绿色建筑建材等乡土产业
江西	坚持绿色、高端、多元发展方向,做优水泥等传统基础产业,做强玻璃纤维、建筑陶瓷等特色优势产业,大力发展非金属矿物及制品、新型绿色建材等新兴成长产业,推进企业联合重组,培育发展一批龙头企业和产业基地。支持宜春做大做强锂电、中医药、健康养生等优势产业,改造提升纺织、建材、食品等传统产业,建设区域性中心城市、全国锂电新能源产业基地。支持萍乡改造提升冶金建材、工业陶瓷、花炮、电瓷等传统产业,培育壮大电子信息、装备制造、节能环保等新兴产业,建设国家产业转型升级示范城市、国家海绵城市先行区
北京	促进绿色产品标准实施、认证结果使用和效果评价,按照相关法规对家用电器、汽车、建材等产品实施第三方认证。积极推进运输"公转铁"、车辆"油换电",大力提升建材等生产材料、商品车、电商快递等大宗物资铁路运输比例
甘肃	高质量发展智能制造,促进钢铁、石化、稀土、能源、有色、建材等甘肃省具有比较优势的行业与5G、云计算、人工智能、区块链等新技术深度融合,加快数字化车间和智能工厂建设
重庆	面向城市建设和产业升级需求,发展优质钢材、绿色建材、精细化工,加快原材料领域结构调整。构建绿色城市标准化技术支撑平台,完善绿色建筑标准及认证体系,推广装配式建筑、钢结构建筑和新型建材

续表 1-1

省(自治区、直辖市)	主要内容
陕西	立足产业升级和做大做强,坚持淘汰与改造提升并举,推动食品加工、石油(煤炭)化工、冶金钢铁、建筑建材、纺织服装等传统产业向高端化、智能化、绿色化发展。实施传统产业转型升级改造专项行动,加大企业设备更新和技术改造力度,五年实施项目 4 000 个以上。持续推进工业污染源减排,推动陕西省钢铁、建材等行业实施超低排放改造,大力推进低(无)挥发性有机物含量原辅材料替代,开展重点行业挥发性有机物污染整治
贵州	加强重点矿产资源"大精查"和开发利用,加强技术创新,优化生产工艺流程和产品结构,促进现代化工加快发展,推动基础材料向新材料领域提升转化,推进新型建材优化升级,增强资源型产业可持续发展能力和市场竞争力。改造提升传统建材产业,推进建材产品向轻质、高强、隔音、节能、低碳、环保方向转型。推动水泥、预拌混凝土、玻璃及加工等行业技术创新,推进清洁智能化生产,促进行业提质增效。大力发展石材、木材、竹等特色建材产业,推进镇宁、思南、罗甸、安龙等石材产区有序健康发展,提升贵州石材市场竞争力。实施"黔石保护与利用"工程,推动砂石骨料等建材产业发展。培育发展新兴建材产业,积极开发晶体材料、光伏玻璃等先进无机非金属材料和磷镁高效凝结材料、高性能树脂基复合材料等高性能复合建材。扩大绿色建材产业规模,提高粉煤灰、煤矸石、磷石膏等大宗固废在新型建材生产中综合利用。积极推进六盘水新型建材生产基地建设。加快发展装配式建筑,推进预制混凝土结构、钢结构和木结构 3 大类装配式建筑产品开发利用。到 2025 年,建材产业产值达到 2 000 亿元。推进安顺、黔西南、遵义、铜仁、黔东南等石材基地和西南石材交易中心、余庆石材产业园、贞丰超薄天然大理石加工、锦屏石材产业园等项目建设。推进清镇装配式建筑、长顺装配式建筑建材产业基地、红桥绿色生态智能装配建筑产业园、福泉装配式建材产业园、岑巩装配式建筑生产、钟山环保装配式建筑、金海湖装配式建筑等项目建设
云南	发展绿色建筑,鼓励使用绿色建材、新型墙体材料。把工业作为提高能源利用效率的重点领域,对钢铁、建材、化工、有色等高耗能行业实施更加严格的能效标准,加强建筑、交通运输、公共机构与商业等重点领域节能降耗。鼓励与经济走廊沿线国家合作共建国际产能合作境外园区,建设一批绿色食品、装备制造、钢铁、建材、化工等境外产业基地,深度参与物流枢纽节点建设。加快推进国际产能和装备制造合作,推动与经济走廊沿线国家在能源、建材、化工、轻工、矿产资源、钢铁、农业、旅游等领域的合作,构筑优势互补、深度融合、互利共赢的生产合作模式

续表 1-1

省(自治区、直辖市)	主要内容
浙江	重点主攻先进半导体材料、新能源材料、高性能纤维及复合材料、生物医用材料等关键战略材料,做优做强化工、有色金属、稀土磁材、轻纺、建材等传统领域先进基础材料,谋划布局石墨烯、新型显示、金属及高分子增材制造等前沿新材料
河南	立足产业基础和比较优势,壮大装备制造、绿色食品、电子制造、先进金属材料、新型建材、现代轻纺等6个战略支柱产业链,形成具有竞争力的万亿级产业集群
安徽	锻造产业链供应链长板,立足安徽省产业特色优势、配套优势和部分领域先发优势,打造新兴产业链,推动煤炭、钢铁、有色、化工、建材等传统产业高端化、智能化、绿色化,发展服务型制造
湖北	加快钢铁、有色、化工、建材等原材料工业安全绿色高效发展
河北	深化国际产能和第三方市场合作,加快钢铁、建材等优势产能和装备走出去
吉林	以全产业链思维锻长板、补短板,实施“红旗”百万辆民族品牌汽车建设工程,开展主粮加工和现代食品产业跃升行动,突出发展冰雪及生态旅游,利用5~10年时间,推动汽车产业产值突破万亿级规模、农业及农产品加工产业产值接近万亿级规模、旅游产业总收入达到万亿级规模,进一步壮大石油化工、医药健康、冶金建材、电子信息、装备制造、轻工纺织等千亿级规模优势产业。大力发展绿色产业和环保产业,推广绿色建筑、绿色建材和高效节能新技术、新产品、新设备
山东	瞄准产业链终端、价值链高端,推动机械、轻工、化工、冶金、纺织、建材等优势产业从加工制造向研发设计、品牌营销等环节延伸
广西	实施产业基础再造和全产业链提升工程,积极培育新兴产业链,推动产业链迈向中高端,加快制糖、机械、有色金属、冶金、建材、造纸和木材加工、茧丝绸等传统产业向智能化、高端化转型升级,推进建筑业现代化,积极发展特色优势消费品制造业,培育发展服务型制造,进一步做大做强千亿元产业,打造先进装备制造、绿色新材料等万亿元产业集群
西藏	支持前沿技术和应用基础研究,加快推进高原特色农畜产品加工、藏医药、绿色建材、民族手工业等行业技术规范和标准制(修)订,力争在高原特色农牧业、藏医药、高原医学、生态环境等领域达到国内、国际先进水平
山西	发展多品种少批量生产和定制化生产,做特做优轻工、绿色建材等特色新产品

四、2022 年建材行业经济运行分析——效益稳中有升

2022 年,建材行业克服疫情多点散发、原料价格快速上涨、限电限产等影响因素,经济运行保持平稳较好发展态势。2022 年 10 月,国家狠抓政策落实,科学高效统筹疫情防控和经济社会发展,着力扩大有效需求,建筑材料行业运行环境总体平稳,保持恢复态势。建材主要产品生产低位波动,出厂价格有所回升,但市场需求仍然偏弱,主要经济效益指标降幅有所扩大。

(一)主要产品生产低位波动

根据国家统计局数据,2022 年 10 月,规模以上非金属矿物制品业增加值继续回升,同比增长 3.1%。重点监测的 31 种建材产品中,当月 12 种产品产量同比增长,19 种产品产量同比下降。其中,规模以上企业水泥产量 2.0 亿 t,同比增长 0.4%,环比下降 0.6 个百分点;平板玻璃产量 8 249.1 万重量箱,同比由正转负,下降 3.4%,环比下降 4.8 个百分点。1—10 月,规模以上非金属矿物制品业增加值同比下降 1.8%,降幅比 1—9 月收窄 0.7 个百分点,重点监测的 31 种建材产品中,累计 8 种产品产量同比增长,23 种产品产量同比下降。其中,水泥产量 17.6 亿 t,同比下降 11.3%;平板玻璃产量 8.5 亿重量箱,同比下降 3.4%。

(二)出厂价格小幅回升

2022 年 10 月,建材产品出厂价格指数为 99.2(2020 年 12 月为 100),环比回升 0.6%,比上年同月下降 7.8%。1—10 月,建材产品平均出厂价格比上年同期高 2.5%,涨幅继续收窄,市场需求有所恢复但总体仍然偏弱,生产成本上涨是建材产品价格保持平稳且高于上年同期的主要原因。

(三)规模以上企业经济效益持续下降

据国家统计局数据,1—10 月,规模以上建材企业营业收入同比下降 2.3%,利润总额同比下降 18.5%。其中,水泥、混凝土与水泥制品、防水建筑材料、轻质建筑材料、黏土和砂石开采、建筑玻璃、建筑卫生陶瓷等行业营业收入和利润总额均同比下降。

(四)固定资产投资平稳增长

据国家统计局数据,1—10 月,非金属矿采选业固定资产投资同比增长 16.9%,非金属矿物制品业固定资产投资同比增长 8.5%。建材行业投资保持增长,增幅回落。

(五)进出口仍保持较快增长

1—10 月,建材及非金属矿商品出口金额同比增长 12.0%,水泥熟料、建

筑玻璃、技术玻璃、玻璃纤维及制品、卫生陶瓷、砖、防水建筑材料、轻质建筑材料、隔热隔音材料等商品出口数量、金额均实现同比增长。1—10 月，建材及非金属矿商品进口金额同比增长 18.1%，砖瓦及建筑砌块、防水建筑材料、石墨、滑石、石棉等部分非金属矿商品进口数量、金额同比增长。

第二节　绿色建材行业的发展现状

20 世纪 70 年代末，一些发达国家的研究者已开始对建筑材料对室内空气质量的影响及对人体健康的危害性进行了全面系统的基础研究。到了 20 世纪 90 年代，研究者对绿色建材的研究和应用更加重视，研究思路逐渐明确，开始进行一些有机挥发物散发量的试验，并推行低散发量标志认证，同时积极鼓励开发生产绿色建材新产品和建造健康住宅。1992 年，我国在《21 世纪议程》中把保护环境、发展绿色产品作为可持续发展战略的重要内容。

然而，对人体健康的直接影响仅是绿色建材内涵的一个方面，而作为绿色建材的发展战略，应从原料采集、产品的制造、应用过程和使用后的再生循环利用等四个方面进行全面系统的考察，方能界定是否称得上绿色建材。众所周知，环境已成为人类发展必须面对的严峻课题。人类不断开采地球上的资源后，地球上的资源必然越来越少，为了人类文明的延续，也为了地球生物的生存，人类必须改变观念，由一味向自然索取转变为珍惜资源、爱护环境、与自然和谐相处。人类在积极地寻找新资源的同时，目前最紧迫的应是考虑合理配置地球上的现有资源和再生循环利用问题，走既能满足当前的需求又不会危害未来社会的发展之路，做到发展与环境的统一，眼前与长远的结合。

一、绿色建材的定义与基本特征

（一）绿色建材的发展历程

相当长一段时间内，我国建材工业面对产能严重过剩、市场需求不旺、下行压力加大的严峻形势，如何尽快有效地改变这一不利局面早已是当务之急，在建材行业推广绿色建材成为社会普遍认同的良方之一。

1988 年，第一届国际材料研究会首次提出绿色建材的概念。第二次世界大战后，工业化国家经济的飞速发展造成臭氧层严重破坏，导致温室效应、酸雨、生态环境恶化等一系列全球环境问题日益突出。特别是两次石油危机后，人们逐步认识到保护人类生存环境的重要性，以及通过每一个人的参与，在经济可持续发展的条件下，保障人类生存空间的重要意义。绿色建材是指采用清洁生产技术,少用天然资源和能源,大量使用工业或城市固态废弃物生产的无毒害、无污染、有利于人体健康的建筑材料,它是健康、环保、安全(消防)型的建筑材料,属“绿色产品”大概念中的一个分支,国际上也称之为生态建材(ecological building Materials)、健康建材(healthy building materials)或环保建材(recyclic building materials)。

1992年,国际学术界明确提出绿色材料的定义:绿色材料是指在原材料获取、产品制造、使用或者再循环及废料处理等环节中对地球环境负荷为最小且有利于人类健康的材料,也称为环境调和材料。这个定义可以归纳为“四个环节、一个目的”,其中“环节”分别是“原材料获取”“产品制造”“使用”“废弃循环”,这些环节基本涵盖了材料的全生命周期;“目的”简而言之就是“利于社会,利于人类”。

随着研究应用的不断深入,绿色建材的内涵不断演变、丰富。随着我国建设工程规模的持续扩大,资源能源压力巨大,行业内节能减排的任务越来越重,相关各方面逐渐聚焦绿色建材的研发、生产与应用。高性能混凝土、高强钢筋、新型墙体材料等一系列代表性绿色建材产品不断发展,成功实现工程应用、推广。2013年初,国家发展和改革委员会、住房和城乡建设部共同发布的《绿色建筑行动方案》中将大力发展绿色建材作为我国发展绿色建筑的十项任务之一。至2014年初,住房和城乡建设部、工业和信息化部联合印发《绿色建材评价标识管理办法》,正式明确了绿色建材的定义:在全生命周期内可减少对天然资源消耗和减轻对生态环境影响,具有“节能、减排、安全、便利和可循环”特征的建材产品。由此,在我国“绿色建材”第一次有了明确的官方定义。同时,这也为我国开展绿色建材推广应用工作奠定了必要的基础。

绿色建材的产生有其内在的因素,随着人们生活水平的提高,对健康、环保理念的深入了解促使人们对建筑品质有进一步提升的需求,而绿色建筑离不开绿色建材。科技的进步、各大科研院所的研发使得绿色建材成为可能。在工业化时代,即环境污染问题日益突出的时代,发达国家的建筑发展路程可以清晰地看到绿色建材的研发、使用普及及其卓越的实用、可持续性能。而这些国家人均寿命的延长也佐证了绿色建材发展的必要性,这给正处于转型升级中的中国建筑业带来很大的启迪。

(二)绿色建材的概念与内涵

1.绿色建材的概念

绿色建筑材料是指采用清洁生产技术,不用或少用天然资源和能源,大量使用工农业或城市固态废物生产的无毒害、无污染、无放射性,达到使用周期后可回收利用，有利于环境保护和人体健康的建筑材料。绿色建筑材料的界定不能仅限于某个阶段，而必须采用涉及多因素、多属性和多维的系统方法，综合考虑建筑材料生命周期全过程的各个阶段。

2. 绿色建材应满足的性能

(1) 节约资源：材料使用应该减量化、资源化、无害化，同时开展固体废物处理和综合利用。

(2) 节约能源：在材料生产、使用、废弃及再利用等过程中耗能低，并且能够充分利用绿色能源，如太阳能、风能、地热能和其他再生能源。符合环保要求、降低对人类健康及其生活环境的危害；材料选用尽量天然化、本地化，选用无害无毒且可再生、可循环利用的材料。

3. 绿色建材的特点

从原料采集、生产制造、包装运输、市场销售、使用维护到回收利用各环节都符合低能耗、低资源和对环境无害化要求。

4. 绿色建材与传统建材的区别

(1) 从资源和能源的选用上看，绿色建材生产所用原料尽可能少用天然资源，大量使用尾矿、废渣、垃圾、废液等废弃物。

(2) 从生产技术上看，绿色建材生产采用低能耗制造工艺和不污染环境的生产技术。

(3) 从生产过程上看，绿色建材在产品配置或生产过程中，不使用甲醛、卤化物溶剂或芳香烃；产品中不得含有汞及其化合物，不得使用含铅、镉、铬及其化合物的颜料和添加剂；尽量减少废渣、废气及废水的排放量，或使之得到有效的净化处理。

(4) 从使用过程上看，绿色建材产品的设计是以改善生活环境、提高生活质量为宗旨，即产品不仅不损害人体健康，而且应有利于人体健康。产品拥有多功能化的特征，如抗菌、灭菌、防毒、除臭、隔热、阻燃、防火、调温、调湿、消声、消磁、防辐射、抗静电等。

(5) 从废弃过程上看，绿色建材可循环使用或回收再利用，不产生污染环境的废弃物。

5. 绿色建材的类型

(1) 以低资源、低能耗、低污染方式生产的高性能传统建筑材料，如用现代先进工艺和技术生产的高质量水泥。

(2) 能大幅降低建筑能耗（包括生产和使用过程中的能耗）的建材制品，

如具有轻质、高强、防水、保温、隔热、隔声等功能的新型墙体材料。

(3)有更高使用效率和优异材料性能,从而能降低材料消耗的建筑材料,如高性能水泥混凝土、轻质高强混凝土。

(4)具有改善居室生态环境和保健功能的建筑材料,如抗菌、除臭、调温、调湿、屏蔽有害射线的多功能玻璃、陶瓷、涂料等。

(5)能大量利用工业废弃物的建筑材料。

(三)绿色建材评价方法及选用原则

1. 评价方法

评价方法如下:

(1)ISO14000 体系认证(世界上最为完善和系统的环境管理国际标准):由环境管理体系、环境行为体系、生命周期评价、环境管理、产品标准中的环境因素等组成。

(2)环境标志产品认证(质量优、环境行为优)。

(3)国家相关认证体系(节能门窗、绿色装饰材料等)。

(4)单因子评价。

(5)复合评价。

2. 评价内容

评价内容包括标准、资源消耗、能源消耗、生产环境影响、清洁生产、本地化、使用寿命、洁净施工、环境影响、再生利用性等。

3. 选用原则

选用原则包括以下内容:

(1)对各种资源,尤其是非再生资源的消耗尽可能低。

(2)尽可能使用生产能耗低、可以减少建筑能耗及能够充分利用绿色能源的建筑材料。

(3)尽可能选用对环境影响小的建筑材料。

(4)尽可能就近取材,减少运输过程中的能耗和环境污染。

(5)提高旧建材的使用率。

(6)严格控制室内环境质量,实现有害物质零排放。

(四)常用的绿色建材产品

1. 水泥

水泥是主要的建筑材料。生产 1 t 水泥熟料约需 1.1 t 石灰石,需燃烧约 105 kg 煤,与此同时,分解 1.1 t 石灰石,排放 0.49 t CO_2。

(1)生态水泥。主要是指在生产和使用过程中尽量减少对环境影响的水泥。如利用生活垃圾的焚烧灰和下水道污泥的脱水干粉作为原料生产的水泥。

(2)粉煤灰硅酸盐水泥。粉煤灰是火力发电厂燃煤粉锅炉排出的废渣。

(3)矿渣硅酸盐水泥。由硅酸盐水泥熟料和粒化高炉矿渣、适量石膏磨细制成的水硬性胶凝材料称为矿渣硅酸盐水泥。

(4)垃圾焚烧与水泥煅烧结合。是在利用垃圾可燃热量的同时以焚烧灰作为原料的生产技术。该技术不仅替代部分燃料,垃圾燃烧后产生的灰渣可作为水泥原料被加以利用。

生态水泥生产所用原料尽可能少用天然资源,大量使用尾矿、废渣、垃圾、废液等废弃物;生产和使用过程中有利于保护和改造自然环境、治理污染;可使废弃物再生资源化并可回收利用;产品设计以改善生活环境、提高生活质量为宗旨;具有良好的使用性能,满足各种建设的需要。生态水泥从材料设计、制备、应用,直至废弃物处理,全过程都与生态环境相协调,都以促进社会和经济的可持续发展为目标。

2. 绿色混凝土

绿色混凝土应具有比传统混凝土更高的强度和耐久性,可以实现非再生性资源的可循环使用和有害物质的最低排放,既能减少环境污染,又能与自然生态系统协调共生。

(1)绿色高性能混凝土。绿色高性能混凝土是在大幅度提高常规混凝土性能的基础上,选用优质原材料,在完善的质量管理的条件下制成的。除水泥、水、骨料外,高性能混凝土采用低水胶比和掺加足够的细掺料与高效外加剂。

绿色高性能混凝土具有以下特点:比传统混凝土材料有更好的力学性能和耐久性能,尽量减少修补或拆除过程中建筑垃圾对环境的污染;大量利用工业废渣和其他资源,最大限度地减少能耗大、污染严重的水泥熟料的生产与使用;施工简单,尽量降低使用工业废渣及其他资源时的二次能源消耗,具有与自然环境的协调性,减轻对环境的负荷,实现非再生性资源的循环使用。

(2)再生骨料混凝土。再生骨料混凝土指以废混凝土、废砖块、废砂浆作骨料,加入水泥砂浆拌制的混凝土。

我国 20 世纪 50 年代所建成的混凝土工程已使用超过 50 年,许多工程都已经损坏。随着结构的破坏,许多建筑物都需要修补或拆除,而在大量拆除的建筑废料中有相当一部分混凝土是可以再生利用的。如果将拆除下来的建筑废料进行分选,制成再生混凝土骨料,用到建筑物的重建上,不仅能够从根本上解决大部分建筑废料的处理问题,同时可减少运输量和天然骨料使用量。再生骨料与天然骨料相比,孔隙率大、吸水性强、强度低,因此再生骨料混凝土与天然骨料配置的混凝土的特性相差较大,这是应用再生骨料混凝土时需要注意的问题。

(3)多孔混凝土。多孔混凝土也称为无砂混凝土,它有粗骨料,没有细骨料,直接用水泥作为黏结剂连接粗骨料,其透气和透水性能良好,连续孔隙可以作为生物栖息繁衍的地方,而且可以降低环境负荷,是一种新型的环保材料。

(4)植被混凝土。以多孔混凝土为基础,然后通过在多孔混凝土内部的孔隙加入各种有机、无机的养料来为植物提供营养,并且加入了各种添加剂来改善混凝土内部性质,使得混凝土内部的环境适合植物生长,另外还在混凝土表面铺了一层混有种子的客土,提供种子早期的营养。

(5)透水性混凝土。与传统混凝土相比,透水性混凝土最大的特点是具有 15%~30%的连通孔隙,具有透气性和透水性,将这种混凝土用于铺筑道路、广场、人行道等,能扩大城市的透水、透气面积,增加行人、行车的舒适性和安全性,减少交通噪声,对调节城市空气的温度和湿度具有重要作用。

(6)加气混凝土。加湿混凝土是以硅质材料(砂、粉煤灰及含硅尾矿等)和钙质材料(石灰、水泥)为主要原料,掺加发气剂(铝粉),通过配料、搅拌、浇筑、预养、切割、蒸压、养护等工艺过程制成的轻质多孔硅酸盐制品。因其经发气后含有大量均匀而细小的气孔,故名加气混凝土。

加气混凝土按形状划分,可分为各种规格砌块或板材。加气混凝土按原料划分,基本有三种:水泥、石灰、粉煤灰加气混凝土;水泥、石灰、砂加气混凝土;水泥、矿渣、砂加气混凝土。加气混凝土按用途划分,可分为非承重砌块、承重砌块、保温块、墙板与屋面板五种。加气混凝土具有质量轻、保温性能高、吸音效果好、强度高和可加工性等优点。

3. 加气混凝土砌块

(1)质轻:孔隙率达 70%~85%;密度一般为 300~900 kg/m^3,为普通混凝土的 1/5,黏土砖的 1/4,空心砖的 1/3,与木质差不多,能浮于水。可减轻建筑物自重,大幅度降低建筑物的综合造价。

(2)防火:主要原材料大多为无机材料,因而具有良好的耐火性能,并且遇火不散发有害气体;耐火温度为 650 ℃,为一级耐火材料,90 mm 厚墙体耐火性能达 245 min,300 mm 厚墙体耐火性能达 520 min。

(3)隔音:因具有特有的多孔结构,因而具有一定的吸声能力。

(4)保温:由于材料内部具有大量的气孔和微孔,因而有良好的保温隔热性能。导热系数为 0.11～0.16 W/(m·K),是黏土砖的 1/5～1/4。通常 20 mm 厚的加气混凝土墙的保温隔热效果相当于 49 mm 厚的普通实心黏土砖墙。

(5)抗渗:因为材料由许多独立的小气孔组成,吸水导湿缓慢,同体积吸水至饱和所需时间是黏土砖的 5 倍。用于卫生间时,墙面进行界面处理后即可直接粘贴瓷砖。

(6)抗震:同样的建筑结构比黏土砖提高 2 个抗震级别。

(7)环保:制造、运输、使用过程无污染,可以保护耕地、节能降耗,属绿色环保建材。

(8)耐久:材料强度稳定,试件在大气暴露一年后对其进行测试,强度提高了 25%,10 年后仍保持稳定。

(9)快捷:具有良好的可加工性,可锯、可刨、可钻、可钉,并可用适当的黏结材料黏结,为建筑施工创造了有利的条件。

(10)经济:综合造价比采用实心黏土砖降低 5%以上,并可以增大使用面积,大大提高建筑面积利用率。

4. 保温材料

1)保温材料的分类及特点

(1)膨胀型聚苯板:保温效果好,价格便宜,强度稍差。

(2)挤塑型聚苯板:保温效果更好,强度高,耐潮湿,价格贵。

(3)岩棉板:防火,阻燃,吸湿性大,保温效果差。

(4)胶粉聚苯颗粒保温浆料:阻燃性好,可回收,保温效果差。

(5)聚氨酯发泡材料:防水性好,保温效果好,强度高,价格较贵。

(6)膨胀珍珠岩等浆料:防火性好,耐高温,保温效果差,吸水性高。

保温材料导热系数见表 1-2。

表 1-2　保温材料导热系数　　单位:W/(m·K)

材料	膨胀型聚苯板	挤塑型聚苯板	岩棉板	胶粉聚苯颗粒保温浆料	聚苯乙烯	聚氨酯发泡材料	膨胀珍珠岩
导热系数	0.028	0.038	0.042	0.058	0.045	0.03	0.077

2)外保温构造和要求

(1)保温系统外附在固定的实体结构(混凝土或砌体)墙上。

(2)由保温层、防护(抹面)层、固定材料(胶黏剂、锚固件等)和饰面层构成。

(3)系统本身具有较好的耐久性、安全性和防护性能。

3)外墙外保温系统性能

(1)强度。强度的高低主要影响系统的抗拉拔、抗风压、抗变形的能力。强度越高越好。

(2)黏结性。黏结性是指保温材料与基层的黏结能力和面层与保温材料的黏结能力。如果采用带表皮的 XPS 板,由于其界面光洁度高,所以它的黏结性能不如不带表皮的 XPS 板和 EPS 板好,为此可采用聚合物界面剂处理界面来提高黏结强度。

(3)耐候性。耐候性对保温系统的整体稳定性和保温效果有着直接的影响。单从材料来说,由于 EPS 板的吸水性比 XPS 板较高,所以 EPS 板的耐候性不如 XPS 板好。但就保温系统而言,EPS 板可加强外层抹面的防水能力,避免面层砂浆开裂。

(4)抗湿性(吸水性)。吸水性越差,抗湿性就越好,保温材料遇水遇湿时的性能(包括保温隔热性能)就越稳定。

(5)柔韧性。柔韧性对系统的整体稳定性和面层开裂有影响。

(6)透气性。透气性差,则室内的舒适感差,并且当室内外温差较大,而湿度又较高时,墙面容易产生结露现象。

4)外墙外保温系统安全性能

(1)系统与基层墙体连接是安全的。

(2)系统饰面砖连接是安全的。试验方法未确定,验证工作还未展开;全行业企业质量水平差距大,应慎重推出。

5)外墙外保温系统防火安全

(1)设置人员密集场所的建筑,其外墙外保温材料的燃烧性能应为 A 级。

(2)与基层墙体、装饰层之间无空腔的建筑外墙外保温系统,其保温材料应符合下列规定:

①住宅建筑:

一是建筑高度大于 100 m 时,保温材料的燃烧性能应为 A 级;

二是建筑高度大于 27 m,但不大于 100 m 时,保温材料的燃烧性能不应低于 B1 级;

三是建筑高度不大于 27 m 时,保温材料的燃烧性能不应低于 B2 级。

②除住宅建筑和设置人员密集场所的建筑外,其他建筑:

一是建筑高度大于 50 m 时,保温材料的燃烧性能应为 A 级;

二是建筑高度大于 24 m,但不大于 50 m 时,保温材料的燃烧性能不应低于 B1 级;

三是建筑高度不大于 24 m 时,保温材料的燃烧性能不应低于 B2 级。

(3)除设置人员密集场所的建筑外,与基层墙体、装饰层之间有空腔的建筑外墙外保温系统,其保温材料应符合下列规定:

①建筑高度大于 24 m 时,保温材料的燃烧性能应为 A 级;

②建筑高度不大于 24 m 时,保温材料的燃烧性能不应低于 B1 级。

5. 自保温墙体

墙体自保温系统是指按照一定的建筑构造,采用节能型墙体材料及配套专用砂浆使墙体热工性能等物理性能指标符合相应标准的建筑墙体保温隔热系统。该系统具有节能、环保、隔热、保温、防火、隔音、造价低等诸多优点。

6. 平板玻璃

玻璃工业也是一个高能耗、污染大、环境负荷高的产业。平板玻璃生产时对环境的污染主要是粉尘污染、烟尘污染和 SO_2 污染等。随着建筑业、交通业的发展,平板玻璃已不仅仅是用作采光和结构材料,而是向着控制光线、调节温度、节约能源、安全可靠、减少噪声等多功能方向发展。具体分类如下:

(1)热反射玻璃。热反射玻璃是用喷雾法、溅射法在玻璃表面涂上金属膜、金属氮化物膜或金属氧化物膜而制成的。这种玻璃能反射太阳光,可创造一个舒适的室内环境,同时在夏季能起到降低空调能耗的作用。

(2)低辐射玻璃。此类玻璃是在玻璃表面镀上多层金属或其他化合物组成的膜系产品。其镀膜层具有对可见光高透过及对中远红外线高反射的特性,使其与普通玻璃及传统的建筑用镀膜玻璃相比,具有优异的隔热效果和良好的透光性。

(3)调光玻璃。自动调光玻璃有两种,一种是电致变色玻璃,另一种是液晶调光玻璃。

(4)隔音玻璃。隔音玻璃是将隔热玻璃夹层中的空气换成氦、氩或六氮化硫等气体并用不同厚度的玻璃制成,可在很宽的频率范围内有优异的隔音性能。

(5)电磁屏蔽玻璃。

(6)抗菌自洁玻璃。抗菌自洁玻璃是采用目前成熟的镀膜玻璃技术(如磁控浇注、溶胶-凝胶法等)在玻璃表面涂盖一层二氧化钛薄膜而制成的。

(7)光致变色玻璃。

7. 绿色涂料

所谓“绿色涂料”是指节能、低污染的水性涂料、粉末涂料、高固含量涂料(或称无溶剂涂料)、辐射固化涂料等。大多数建筑物都需要用涂料进行装修,一方面起到装饰作用,另一方面起到保护建筑物的作用。涂料按用途划分,可分为内墙涂料系列、外墙涂料系列及浮雕涂层系列;按类型划分,可分为面漆、中层漆、底漆等。涂料的主要成分为树脂类有机高分子化合物,在使用(刷或喷涂)时需用稀释剂调成合适的黏度以方便施工。

这些稀释剂挥发性强,大量弥散于空气中,是引起人中毒的罪魁祸首。各类稀释剂是由一些酯类、酮类、醚类、醇类及苯、甲苯、二甲苯等芳香烃配制而成的。其中,危害最大的是苯,它不仅能麻醉人体和刺激呼吸道,而且能在体内神经组织及骨髓中积蓄,破坏造血功能(如红、白细胞和血小板减少),长期接触可造成严重后果。有机溶剂最高允许浓度见表 1-3。

表 1-3　有机溶剂最高允许浓度

有机溶剂	最高允许浓度/(mg/mL)	有机溶剂	最高允许浓度/(mg/mL)
二甲苯	100	甲醇	50
甲苯	100	乙醇	1 500
丙酮	400	丙醇	200
松香水	300	丁醇	200
松节油	300	戊醇	100
苯	50	醋酸甲酯	100
二氯乙烷	50	醋酸乙酯	200
三氯乙烷	50	醋酸丙酯	200
氯苯	50	醋酸丁酯	200
溶剂石蜡油	1 000	醋酸戊酯	100

传统的低固含量溶剂型涂料约含 50% 的有机溶剂。涂料的加工和生产产生的有机化合物在人类活动所产生的有机挥发组分总量中占比仅次于交通,居第 2 位,占 20%~25%。

(1)高固含量涂料。其主要特点是在可利用原有的生产方法、涂料工艺的前提下,降低有机溶剂用量,从而提高固体组分。

(2)水基涂料。事实上,现在水基涂料使用量已占所有涂料使用量的一半左右。水基涂料主要有水分散型、乳胶型、水溶性三种类型。

①水分散型涂料。水分散型涂料实际应用面相对大一些，是通过将高分子树脂溶解在有机溶剂-水混合溶剂中而形成的。

②乳胶型涂料。涂料使用过程中，高分子通过离子间的凝结成膜。

③水溶性高分子涂料。

(3)粉末涂料。粉末涂料是一种新型的不含溶剂且100%固体粉末状的涂料，理论上是绝对的零VOC涂料；制备工艺复杂，难以得到薄的涂层。

(4)液体无溶剂涂料。

①能量束固化型涂料。这类涂料之中多数含有不饱和基团或其他反应性基团，在紫外线、电子束的辐射下，可在很短的时间内固化成膜。

②双液型涂料。双液型涂料储存时低黏度树脂和固化剂分开包装，使用前混合，涂装时固化。

(5)弹性涂料。所谓弹性涂料，即形成的涂膜不仅具有普通涂膜的耐水性、耐候性，而且能在较大的温度范围内保持一定的弹性、韧性及优良的伸长率，从而可以适应建筑物表面产生的裂纹而使涂膜保持完好。

(6)杀虫内墙装饰乳胶漆。

涂料的研究和发展方向越来越明确，就是寻求VOC不断降低，直至为零的涂料，而且应满足其使用范围要尽可能宽、使用性能优越、设备投资适当等要求，因而水基涂料、粉末涂料、无溶剂涂料等可能成为将来涂料发展的主要方向。

二、发展绿色建材的意义

20世纪70年代以来，随着臭氧层破坏、温室效应、酸雨等全球性环境问题的日益加剧，人们已逐步认识到保护我们赖以生存的地球环境已不再只是政府、民间团体、科研机构的事情，每个人都应以自己的行动直接参与环境保护工作。

对建筑材料而言，在生产、使用过程中，一方面消耗大量的能源，产生大量的粉尘和有害气体，污染大气和环境；另一方面，使用中会挥发出有害气体，对长期接触它们的人来说，会对健康产生危害。鼓励和倡导生产、使用绿色建材，对保护环境、改善人们的居住质量、做到可持续性发展是至关重要的。

据资料介绍，自然界中每年有400亿~500亿t的CO_2被绿色植物的光合作用消耗，同时每年动植物的呼吸、微生物的分解及燃烧等又把大量的CO_2释放到大气中去，所以千百年来大气中CO_2含量基本保持不变，长期稳定在

0.03%这个水平。但近一个世纪以来,随着现代工业和运输业迅猛发展,大量化学燃料被燃烧,数以百万吨的 CO_2 被释放到大气中,严重干扰了大气中 CO_2 循环的动态平衡。据联合国政府间气候变化专门委员会(IPCC)的报告,大气中 CO_2 的浓度已经从1800年的280 ppm上升到1995年的364 ppm,增长了30%。目前正以每年1.8 ppm的速度继续增加,这将给地球大气的变化带来严重后果。

为了解决温室效应,降低 CO_2 排放量并回收排放的 CO_2,研究者们提出了许多方法。例如:

(1)节省能源,减少化石燃料的燃烧。

(2)开发氢能、原子能等无污染的能源。

(3) CO_2 的分离、吸附和再利用。

(4) CO_2 的化学和生物法固定。

(5)海洋固定。

(6)地下或海洋中储存等。

在以上这些方法中,虽然用化学、物理方法(如气体吸收或膜分离技术等)可以回收 CO_2,但回收后如何处理,即如何把它变成其他无害甚至有用的物质是个问题。另外,把回收的 CO_2 送入大海或废弃的天然井中,不但所需费用昂贵,而且还不知道储存在海洋里的 CO_2 会对地下水资源产生什么样的影响。据日本Ounma的估计,不论是采用太阳能发电、CO_2 的分离和海洋储存,还是通过种植物等各种方法处理 CO_2,每吨 CO_2 要花掉3万~4万日元。

因此,用以上方法处理 CO_2,目前从技术上和经济上都很难达到降低 CO_2 排放量和有效利用的水平。

除 CO_2 外,更为严重的是燃烧和机动车排放的 NO_2、SO_2 等气体,不仅对人体有害,而且可产生酸雨及光化学烟雾。

谈到空气污染,人们往往只意识到大环境中的大气污染,却对居室内空气污染认识不足。其实,居室内的污染对人体的侵害更为直接。这种小环境是大环境的组成部分,它与人们朝夕相伴,与健康息息相关。

居室内污染物质有化学物质、放射物质、细菌等生物性物质。美国环保局对各类建筑物室内空气连续5年的监测结果表明,迄今已在室内空气中发现有数千种化学物质,其中某些有毒化学物质含量比室外绿化区多20倍,已对人体健康造成威胁。新建建筑物完工的前6个月,室内空气中有害物质含量比室外有害物质含量高100倍,因而致使许多人患上"厌恶建筑物综合征",即眼鼻不适、头痛、疲劳、恶心和其他一些不适症状,甚至癌症。

因此,解决小环境污染,保护人类健康环境成为我们刻不容缓的责任。绿色建材满足可持续发展的需要,做到了发展与环境的统一、与长远的结合,既满足现代人的需要,安居乐业,健康长寿,又不损害后代人对环境、资源的更大需求。总之,建材的绿色化发展进程,不但关系到建材工业的发展,还关系到能否和国际市场接轨,关系到国计民生能否可持续发展,关系到我国人民的生活质量,关系到功在当代、造福千秋的伟大事业。因此,要以战略的眼光努力促进各种绿色建材的发展,以绿色建材建造健康、安全、舒适、美观的建筑和室内环境,造福于人民。

三、发展绿色建材的政策导向

(一)"双碳"目标背景下绿色建材的独特优势

据统计,全球约 40%的能源被建筑物照明、采暖制冷设备和其他装置消耗,碳排放量相当于全球碳排放量的 21%。相关数据表明,我国单位建筑面积能耗是发达国家的 2~3 倍,建筑全过程碳排放总量(一年超过 50 亿 t)占全国碳排放的 50%以上,给社会造成了沉重的能源负担和严重的环境污染。中国要走可持续发展道路,发展节能与绿色建筑刻不容缓。

绿色建材是建筑业绿色高质量发展的物质基础。绿色建材产品认证作为建材行业可持续发展的体检证、身份证和通行证的作用将更加凸显。发展绿色建材产品不仅是实现碳达峰、碳中和目标的重要途径之一,也是支撑绿色建筑和新型城镇化建设的重要物质基础,对于我国节能减排具有重要意义和价值。

(二)绿色建材推广的国家政策

2015 年 8 月,工业和信息化部、住房和城乡建设部发布了《促进绿色建材生产和应用行动方案》(工信部联原〔2015〕309 号),指出促进绿色建材生产和应用,是拉动绿色消费、引导绿色发展、促进结构优化、加快转型升级的必由之路,是绿色建材和绿色建筑产业融合发展的迫切需要,是改善人居环境、推进生态文明建设、全面建成小康社会的重要内容。

2015 年 9 月,中共中央、国务院发布的《生态文明体制改革总体方案》(中发〔2015〕25 号)明确要求在 2016 年底前完成建立统一的绿色产品体系——绿色产品标准、认证、标识整合方案的任务。

2015 年 11 月,国务院印发的《国务院关于积极发挥新消费引领作用加快培育形成新供给新动力的指导意见》(国发〔2015〕66 号)再一次提出,完善统一的绿色产品标准、标识、认证等体系,开展绿色产品评价,政府采购优先购买节能环保产品。鼓励购买节能环保产品和服务,支持绿色技术、产品研发和推广应用。

2016 年 11 月,国务院办公厅发布的《国务院办公厅关于建立统一的绿色产品标准、认证、标识体系的意见》(国办发〔2016〕86 号)提出,统一发布绿色产品标识、标准清单和认证目录,依据标准清单中的标准组织开展绿色产品认证。

2017 年 12 月,国家质检总局、住房和城乡建设部、工业和信息化部、国家认监委、国家标准委联合发布的《关于推动绿色建材产品标准、认证、标识工作的指导意见》(国质检认联〔2017〕544 号)提出,将现有绿色建材认证或评价制度统一纳入绿色产品标准、认证、标识体系管理。

2018 年 4 月,国家市场监督管理总局公布了《绿色产品评价标准清单及认证目录(第一批)》(2018 年第 2 号公告),共涉及 12 类产品。

2019 年 11 月,国家市场监督管理总局办公厅、住房和城乡建设部办公厅、工业和信息化部办公厅联合发布《关于印发绿色建材产品认证实施方案的通知》(市监认证〔2019〕61 号),标志着绿色产品认证工作的正式启动。

2020 年 8 月,国家市场监督管理总局办公厅、住房和城乡建设部办公厅、工业和信息化部办公厅联合发布的《关于加快推进绿色建材产品认证及生产应用的通知》(市监认证〔2020〕89 号)提出,加快推进绿色建材产品认证及生产应用工作。

2022 年 3 月,工业和信息化部、住房和城乡建设部、农业农村部、商务部、国家市场监督管理总局、国家乡村振兴局六部门联合发布的《关于开展 2022 年绿色建材下乡活动的通知》(工信厅联原〔2022〕7 号)提出,将选择 5 个左右的试点地区开展“绿色建材进万家 美好生活共创建”的绿色建材下乡活动,加快绿色建材生产、认证和推广应用,促进绿色消费,助力美丽乡村建设。

(三)各省(自治区、直辖市)出台相关激励措施促进绿色建材发展

2021 年 4 月,佛山市被纳入全国绿色建材试点城市,《佛山市推广绿色建材促进建筑品质提升试点工作实施方案》(佛府办函〔2021〕30 号)明确要求在国有资金参与投资建设的项目中推广应用绿色建材,提升建设工程建筑品质,促进绿色消费和绿色发展理论完善增强,在落实政策资金支持方面,对新获得绿色(产品)认证的企业,给予一次性扶持资金 5 万元。

2021 年 5 月,《广州市黄埔区 广州开发区 广州高新区促进绿色低碳发展办法》(穗埔发改规字〔2021〕1 号)提出,大力发展绿色低碳经济,大力支持绿色品牌建设,大力支持加强能源管理,对符合条件的项目按规定给予实施单位扶持。

2021 年 7 月，广州市增城区印发的《增城区促进建筑业发展试行办法》规定了 6 种奖励类型，包括落户奖、提升资质奖、经营贡献奖、骨干人才奖、产业联动奖、建筑业高质量发展奖。其中，建筑业高质量发展奖里面，企业产品通过绿色产品认证，入选住房和城乡建设部相关绿色建材推广应用目录的，奖励企业 10 万元；入选广东省绿色低碳建筑技术与产品目录的，奖励企业 5 万元。

2021 年 9 月，广州市发布了《广州市建筑节能与绿色建筑工程施工质量验收指南（征求意见稿）》和《广州市绿色建材（墙体材料）分类评价指引（征求意见稿）》。

2021 年 7 月，深圳市工业和信息化局印发的《支持绿色发展促进工业“碳达峰”扶持计划操作规程》规定，奖励获得绿色产品称号企业，国家级≤10 万元，省级≤5 万元，市级≤2 万元，单个企业单年度累计≤50 万元。

2021 年 8 月，湖南省接连发布了《湖南省绿色建筑中长期发展规划（2021—2035）（征求意见稿）》《湖南省绿色建筑工程设计要点（2021 版）（征求意见稿）》《湖南省绿色建筑工程技术审查要点（2021 版）（征求意见稿）》三部文件，指导各地制定绿色建材推广应用政策措施，推动政府投资工程率先采用绿色建材，打造一批绿色建材应用示范工程，大力发展新型绿色建材，对获得绿色建材标识的新型墙体材料企业给予奖励：三星级 30 万元，二星级 20 万元，一星级 10 万元。

2021 年 10 月，南京市政府发布《南京市政府采购支持绿色建材试点项目管理和引导扶持办法》（简称《办法》）。《办法》提出，对试点项目中的绿色建材应用比例高的示范项目给予资金扶持，单个项目最高奖励 60 万元。绿色建材应用比例超过 50%（含）的，按每平方米建筑面积 5 元进行扶持，单个项目扶持金额不超过 20 万元；绿色建材应用比例超过 70%（含）的，按每平方米建筑面积 8 元进行扶持，单个项目扶持金额不超过 40 万元；绿色建材应用比例超过 90%（含）的，按每平方米建筑面积 10 元进行扶持，单个项目扶持金额不超过 60 万元。

在南京注册及生产的独立法人企业所生产的绿色建材产品取得二星级绿色建材认证标识的，给予不超过 5 万元奖励；取得三星级绿色建材认证标识的，给予不超过 10 万元奖励；单个企业获得多个产品认证标识的，按照“就高不就低”原则对其中最高等级奖补一次。

2021 年 11 月，湖州市人民政府施行《关于加强质量认证体系建设促进绿色高质量发展的实施意见》（简称《实施意见》）。《实施意见》指出，加强政策支持。深化绿色产品认证,对通过绿色产品认证的企业给予一次性奖励20万元,每多获得一张绿色产品证书再奖励2万元,最高限额30万元。在招标采购、社会治理、公共服务等领域,加大对获得质量认证的优质产品和优质服务的采信。

2022年12月,瑞安市人民政府发布《关于印发瑞安市进一步推动工业经济高质量发展若干政策等产业政策文本的通知》(简称《通知》)。《通知》指出,开展品牌创建激励,企业首次通过绿色产品认证奖励20万元,每增加一张绿色产品证书的企业再奖励2万元,最高限额30万元。

2022年1月,宁波高新区出台了《关于标准创新品牌培育引领质量强区战略的若干意见》,其中提到鼓励企业开展绿色产品认证。对首次获得绿色产品认证证书的企业,给予一次性8万元奖励。

2022年2月,韶关市市场监督管理局发布了《关于开展2021年度首次获得质量体系认证企业奖补申报工作的公告》。其中指出,首次获得绿色产品认证(不含绿色食品认证)证书的企业,奖补5万元(一企多证的,不重复奖励)。

(四)绿色建材认证的基本原则

绿色建材评价体系分为控制项、评分项和加分项,其中控制项主要包括大气污染物、污水、噪声排放,工作场所环境,安全生产,管理体系等方面的要求;评分项是从节能、减排、安全、便利和可循环五个方面对建材产品全生命周期进行评价;加分项是重点考虑建材生产工艺和设备的先进性、环境影响水平、技术创新、性能等。

评价标准指标覆盖了从产品的原材料开采、生产、使用到废弃、循环再利用等全生命周期,绿色建材产品采取分级认证模式和符合性评价,绿色建材等级由评价总得分确定,由低分到高分分为“一星级”“二星级”“三星级”三个等级,获证产品可使用绿色产品认证标识,获得绿色产品认证标识的产品对标绿色建材产品三星级等级。

(五)绿色建材产品认证目录

为推动绿色建材下乡活动的深入开展,促进绿色建材产品的认证,中国木材保护工业协会正式印发的《关于组织开展2022年度绿色建材产品认证工作的通知》提出,将在试点区域积极推进绿色建材下乡活动,与北京国建联信认证中心同步开展绿色建材产品认证,通过多途径、多形式加大绿色建材科普宣传力度,协助国家六部门将活动落地,为百姓创建美好生活、为推进乡村振兴、为实现“双碳”目标做出应有的积极贡献。开展认证产品目录部分如下。

(1)列入《绿色产品评价标准清单及认证目录(第一批)》的产品:人造板和木质地板、家具、木塑制品等。

认证产品:纤维板、胶合板、竹材胶合板、刨花板、竹材刨花板、细木工板、集成材、竹木复合板、实木地板、实木复合地板、运动木地板、浸渍纸层压木质地板、竹地板、木塑制品、家具柜类等。

(2)列入《绿色建材产品分级认证目录(第一批)》的产品:现代木结构用材、建筑遮阳产品、吊顶系统等。

认证产品:方木、原木、规格材、木基结构板、结构复合木材、胶合木、正交胶合木、门窗、遮阳产品、吊顶系统等。

通过“绿色建材产品认证”的企业和产品,将被列入绿色建材下乡活动推荐目录,获得绿色建材产品证书及其标识。

第三节　绿色建材的发展趋势探究

一、绿色建筑与绿色建筑材料的关系

建筑材料是建筑的基础,又是建筑的灵魂。即使有再开阔的思路,再玄妙的设计,建筑也必须通过材料这个载体来实现。我国建材工业的主要产品如水泥、玻璃、陶瓷、黏土砖等产量世界第一,建材工业能耗占全国社会终端总能耗的16%。

绿色建筑关键技术中的“居住环境保障技术”“住宅结构体系与住宅节能技术”“智能型住宅技术”“室内空气与光环境保障技术”“保温、隔热、防水技术”都与绿色建材有关。将绿色建材的研究、生产和高效利用与能源技术和各种新的绿色建筑技术的研究密切结合起来是未来建筑的发展趋势。

二、绿色建材行业发展趋势

绿色建材市场前景广阔,需求旺盛。据业内人士介绍,绿色建材的潜在市场容量在德国高达4 000亿欧元,美国在2016年绿色建材交易量则高达710亿美元。为我国建筑建材行业的发展提供了良好机遇的就是经济的迅猛发展、城镇化的大力推进以及新一轮城市基础设施建设。我国经济、社会、环境可持续发展的必由之路就是建筑材料“绿色化”,相信绿色建材市场在即将出台的相关政策及先进理念的指引下一定会风起云涌。

绿色建材企业大量涌现,相关标准逐步完善。近年来,一些企业和高校积

极研究开发绿色建材,取得了瞩目的成绩。北京、上海等地先后召开绿色建材应用研讨会,深入研究绿色建材的起源、国内外发展现状、发展前景及对策等问题,而且南京、福州、太原、西安、大连等地已相继建成了销售绿色建材的商城。

加强国际合作,积极拓展绿色建材领域。发展绿色经济、低碳经济、循环经济的急先锋是欧盟地区;南非、巴西、印度等新兴市场国家及许多发展中国家的政府也有优势发挥,从而积极开拓绿色建材领域并占领市场份额;作为亚洲第一大国,我国在发展绿色建材、加强生态环境保护方面采取了一系列重大举措,被国际社会广泛认可。

当前,随着人们绿色环保理念以及生态理念的增强,人们在生产与生活领域中越来越注重对绿色材料的运用。而作为与人们生活息息相关的建筑行业,绿色建筑材料的运用具有重要意义。目前,我国相关机构已开始对砌体材料、保温材料、预拌混凝土、建筑节能玻璃、陶瓷砖、卫生陶瓷、预拌砂浆等产品进行评价。绿色建材的发展主要呈现以下五大趋势:

(1)绿色化趋势。绿色建材自身也存在绿色发展的问题,如更低的能耗,更多的产出。部分绿色建材搭建的绿色建筑甚至能实现能源的自给自足,这些都和环境的融合分不开。

(2)科技化趋势。科技化趋势更多地体现在绿色建材材质的选择和应用上,新材料、新技术、新能源的使用,使绿色建材的发展更能体现出国家软实力,更能反映各国科技水平。

(3)集成化趋势。集成化是建筑工业化的产物,绿色建材是不同材料在工业化生产条件下集合而成的,功能上更完善,外观上更美观,装配上更方便。产品包括建筑墙体及屋面产品、门窗、构配件等,这也是装配式住宅发展的产物。性能方面:保温隔热、防水、防火、隔音。绿色建材集成后,更体现出材质性能的优势,即节能、环保、健康。

(4)个性化趋势。互联网爆炸式的发展使信息唾手可得,个性化需求可以得到最大程度的满足,个性化的定制、个性化的设计、个性化的装配等都离不开个性化、多样化的绿色建材。

(5)智能化趋势。绿色建材的智能化主要包括产品制造过程的智能化、产品的智能化、全产业链信息互联互通、资源共享等。整体组建模块化,企业制造过程可视化、自动化,产品可追溯化,结合智能家具,智能化的住宅将成为未来的主流消费产品。因此,政府部门要利用现有渠道引导社会资本,加大对共性关键技术的研发投入,支持有条件的地区设立绿色建材发展专项资金,对绿色建材生产和应用企业给予贷款贴息。

常规建材行业资源、能源消耗高,污染物排放总量大,结构优化和转型升级是未来发展方向。绿色建材可以减少对自然资源和生态环境的影响,有利于节能减排。促进绿色建材生产和应用,可以拉动绿色消费,引导绿色发展,进而让绿色建材迎来更好的发展。但是,由于建筑材料使用年限及影响的时间较长,必须建立绿色建材的长效监督机制,这既是对安全方面的考虑,也是改进绿色建材性能的必要前提。绿色环保建筑材料的运用能够促进资源的节约,对我国节约型社会的构建具有重要作用。因此,应该加强对绿色环保建筑材料的研发与推广,从而为我国建筑行业的健康发展做出积极贡献,也为我国经济社会的可持续发展提供重要保障。

第二章　建材行业的绿色转型发展探究

第一节　绿色发展指数介绍

党的十八大以来,生态文明建设成为统筹推进“五位一体”总体布局和协调推进“四个全面”战略布局的重要内容。生态文明建设符合促进人与自然和谐共生、实现经济发展与生态保护双赢的政策要求。

“绿色发展”理念于 2015 年党的十八届五中全会上提出,该理念是将经济发展与环境保护相协调,实现经济平稳健康可持续发展。绿色发展理念与生态文明建设一脉相承,是生态文明建设在发展理念上的具体体现。某省的传统产业结构以重工业为主,经济发展与环境保护不协调的问题较为突出。因此,以某省为例分析人类绿色发展指数,对于推动重工业城市以产业转型、绿色创新为指引的高质量发展具有重要意义。

1990 年,联合国开发计划署创立了人类发展指数。人类发展指数是衡量一个国家在健康、教育和收入层面所取得成就的固有指数(Mankiw et al.,1992),其以“预期寿命、教育水平和生活质量”为基础变量计算所得。但该指数也存在着指标权重不够准确(Frederik et al.,2002 ;Hopkins,1991 ;Kelly,1991)、计算方法有欠缺(史学飞 等,2018;Sagar et al.,1998)、指标考虑不全面等问题,特别是在指数中忽略了资源利用效率和生态环境保护的影响作用。为解决这一问题,人类绿色发展指数应运而生。人类绿色发展指数是在传统人类发展指数的基础上,结合区域经济、社会、资源环境等因素,选取能够反映区域经济水平、社会水平、环境质量、资源可持续利用水平的综合性指标,作为衡量人类社会综合发展程度的新型指标。

本节以文献研究成果为基础,构建人类绿色发展指数理论分析框架,依据理论分析对人类绿色发展指数进行测度与分析。首先,构建指标体系,并采用熵值法对人类绿色发展指数进行拟合,运用某省统计数据,对人类绿色发展指数水平进行分析;其次,进行空间自相关分析,考察人类绿色发展指数水平的空间异质性;最后,建立障碍度模型,深入分析影响人类绿色发展指数的关键因素。

一、文献回顾与评述

近年来,关于人类绿色发展指数的研究逐渐引起了相关学者的关注,通过梳理国内外相关文献发现,在环境经济学科中对人类绿色发展指数的研究尚处于起步阶段。国外侧重于对人类发展指数进行研究,忽略了资源环境等因素。国内仅有少数学者对人类绿色发展指数进行了探索,未形成完善的理论体系。文献研究成果主要体现在3个方面:

(1)人类绿色发展指数体系构建。人类发展指数的研究大多以家庭为基础(Kenneth et al.,2012;Imran et al.,2017),而人类绿色发展指数涉及经济、社会、资源、环境等四个方面的相关指标,人类绿色发展指数是衡量绿色增长的重要参考依据。从本质上讲,绿色增长是一种可持续发展的经济增长(OECD,2011),因此可按照经济、社会、资源配置和环境保护四个维度构建人类绿色发展指数指标体系(张雪花 等,2013),或从社会经济的可持续发展和资源环境的可持续发展两大维度选取相关指标,包括贫困、收入、健康、教育、卫生、水,以及能源、气候、空气、土地、森林、生态(李晓西 等,2014)等方面,或在构建收入指数、教育指数、健康指数和环境指数四个层面建立人类绿色发展指数(王玲,2019)。长江经济带产业绿色发展评价指标体系可从产业转型升级、自主创新能力、资源利用效率和环境保护四个方面构建(高红贵 等,2019)。有学者认为不需要在人类可持续发展指数中增加数据,只需改变其功能形式就可以继续应用(Assa et al.,2021)。

(2)人类绿色发展指数水平及其影响因素研究。人类发展指数存在外部性,且不同地区在人类发展指数上存在较大差距,易显示出显著的空间聚集效应(Liu et al.,2021)。医疗保健支出、CO_2 排放与人类发展指数之间存在相互影响(Minhas et al.,2020)。通过对不同国家的人类绿色发展指数进行研究发现,构成水贫困指数的资源要素对伊朗人类发展指数的影响最大,其次是环境等因素(Ladi et al.,2021)。人口增长率、贫困人口百分比、经济增长等影响着印度尼西亚巴布亚省的人类发展指数(Rahmawati et al.,2021 ;Yulianti et al.,2021)。中国绿色发展水平呈逐步上升趋势,但省际间存在差异且在地理分布上存在"东高西低"的特点(程钰 等,2019),环境领域的竞争趋势是驱动绿色发展从集聚走向平衡的主要因素(王勇 等,2018)。资源配置和环境保护指数是人类绿色发展指数发展的短板,且经济区呈现"中心地区指数值高、四周值低"的分布特点(肖杰 等,2018)。政府投入、产业结构升级等能够促进中国新型城镇化和绿色经济效率的协调发展(翁异静 等,2021)。

(3)人类发展指数研究方法。主要包括主回归分析方法与岭回归分析方法(Yoantika et al. ,2021)、数据包络分析(Enzo et al. ,2021)、自适应高斯核权函数的地理加权 Logistic 回归(Nur et al. ,2021)、聚类分析(Zahroh et al. ,2021)、空间滞后面板数据模型和空间误差面板数据模型(Larasati et al. ,2021)、时空差异分析(酒二科,2019)等。

从人类绿色发展指数的内涵及文献归纳可以发现,国外学者对人类发展指数的研究突出了贫困、收入和健康指标的影响作用,同时部分学者提出了资源环境指标的重要意义,但缺乏对人类绿色发展指数的深入研究。国内学者顺应时代发展要求对人类发展指数同环境的关系及改进后指数应用区域等方面进行了研究,但总体来讲对于人类绿色发展指数的研究较少。国内外对人类绿色发展指数的研究尚存在以下三个方面的问题:

(1)尚未形成统一规范的人类绿色发展指数评价体系,存在资源和环境指标选取不一、各指标权重差异大等方面的不足。

(2)人类绿色发展指数在区域层面的动态演变研究较欠缺,其研究主要集中在沿海发达地区,缺少对其他地区的人类绿色发展指数的研究。

(3)对人类绿色发展指数研究所使用的方法单一,不具有普遍性。对于人类发展指数的研究方法已经十分丰富,但对于人类绿色发展指数的研究方法目前只有主成分分析法,方法单一不利于研究结论的可信度提升。

二、理论分析框架与研究方法

结合文献研究结果,本书以可持续发展为核心理论,运用经济增长理论分析经济系统和社会系统之间的关系,构建"经济—社会—资源配置—环境保护"人类绿色发展指数的理论分析框架(见图 2-1)。选用熵值法对经济、社会、资源配置、环境保护四个维度进行拟合,以 Moran 指数检验人类绿色发展指数的空间自相关性,并进一步通过障碍度模型验证分析空间自相关结果的关键因素。

(一)理论分析框架

本书在结合人类发展指数分析框架(王勇 等,2018)和绿色发展分析框架(翁异静 等,2021)的基础上,借鉴已有文献对人类绿色发展指数的研究成果(王玲,2019),构建了人类绿色发展指数的理论机制框架。

人类绿色发展指数由经济、社会、资源配置和环境保护四个维度有机融合而成。在经济增长理论中,从古典经济增长理论的肯定并凸显劳动与资本的

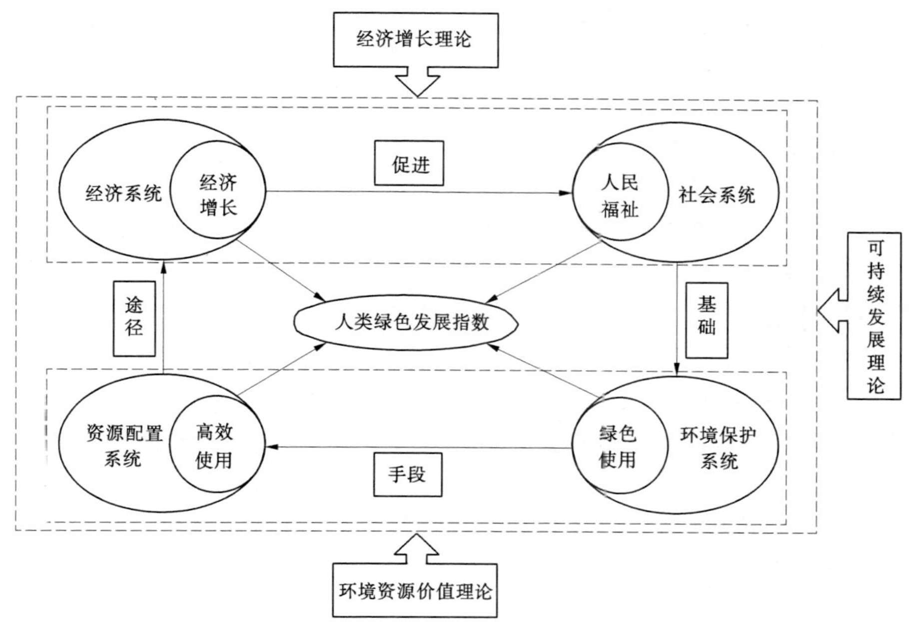

图 2-1 人类绿色发展指数的理论分析框架

重要性发展到了重点研究技术、知识、人力资本的新古典增长理论,并且以产业结构优化、科技创新和经济全球化等新理念组成的新发展方向正在成为新古典经济理论的重要组成部分。新古典经济理论更加强调提升人类社会的生活幸福感,要求经济系统的发展应促进社会系统的发展,从而达到提高人民福祉的终极目标。在环境资源价值理论中,要求资源应绿色且高效地被利用。资源配置系统的发展对于提升社会生产效率、增强商品生产经营能力、降低成本等有着重要作用。在可持续发展理论中,由于人类赖以生存与发展的自然资源有限,既能满足当代人需求的同时又不损害后代人的需要,对世界上的各个国家来说,持续健康的经济发展都是重要的,因此对资源和环境的保护不可松懈(李晓西 等,2014),中国资源利用率与环境保护意识仍然需要进一步提高(肖杰 等,2018)。经济、社会及资源环境的协调发展是可持续发展的必然选择,人类绿色发展指数旨在通过社会、经济、资源、环境四个维度对区域生活环境进行评价(汪再奇 等,2020)。"经济—社会—资源配置—环境保护"四个方面构成了一个循环系统,该系统实现的绿色使用是基础、经济增长是核心、高效使用是手段、人民福祉是结果,提高人类绿色发展指数水平是最终追求的目标。"经济—社会—资源配置—环境保护"这一循环系统构成了人类绿色发展指数评价体系的基础理论框架,该系统的高效良性循环发展符合可持续发展理念。据此,提出本书研究假说:人类绿色发展指数水平受经济、社会、资源配置和环境保护的综合影响,资源配置和环境保护在提升人类绿色发展指数中占有重要地位。

(二)研究方法

根据对人类绿色发展指数的理论框架分析,人类绿色发展指数是一个综合指数。首先,选用对综合评价指标进行赋权的常见方法——熵值法对人类绿色发展指数进行拟合,以分析该指数随时间的变化规律。该方法能够更加客观地对各个指标赋权,避免人为因素带来的偏差。其次,在空间效应的研究上,采用全局空间自相关来测量人类绿色发展指数水平的空间形态。该方法是衡量地理要素与地理事物之间空间关联性的重要方法,而空间自相关的检验方法中以 Moran 指数最为常用。最后,采用障碍度模型能够在评价综合水平的基础上,提炼影响综合指标的主要影响因子,有利于为提升人类绿色发展指数这一综合指标的水平提出更具有针对性的改善措施。

三、数据来源与变量描述性统计

参考已有文献,基于上述人类绿色发展指数的理论分析选取的研究方法与某省发展特点相适应,并说明数据来源和指标选择情况,对选取指标原因、样本群体和数据获取情况进行具体的说明,并对其进行描述性统计分析。

(一)数据来源

本书选取了 2009—2019 年人类绿色发展指数的空间面板数据,数据来源于 2010—2020 年《××省统计年鉴》、2010—2019 年《××省能源统计年鉴》和 2010—2019 年《××省环境统计年鉴》。在数据的实际应用中,为了消除因量纲不同对评价结果产生的影响,本书对各项评价指标原始数据先进行标准化处理后再进行数理分析。

(二)变量选取

根据上述理论分析,结合经济增长理论、环境资源价值理论和可持续发展理论,遵循绿色发展原则、有效性原则、可获得性与可比性原则建立指标体系。指标选取基本原则如下:

(1)绿色发展原则,指在保证经济不断发展的前提下,同时兼顾环境保护和生态保护的双重目标。

(2)有效性原则,指人类绿色发展指数的测度既要符合绿色发展概念,又要与我国绿色发展的道路相适应。

（3）可获得性与可比性原则，即各项指标数据便于获得，同时可以实现纵向与横向的比较。

结合国内外学者对人类发展指数的界定可知，人类发展指数是以“预期寿命”“教育水平”“生活质量”为基础变量进行计算得出的综合指标，用以衡量国家的经济社会发展水平或人类发展水平。随着社会的不断发展，人们对资源环境的关注度逐渐提升，人类发展指数发展成为人类绿色发展指数，即在原有的经济和社会划分中加入资源配置与环境保护。根据当前研究人类绿色发展指数的相关文献中涉及的指标体系（Rahmawati et al.，2021）、人类绿色发展指数编制的原则（李晓西 等，2014）、人类绿色发展指数的理论机制以及某省发展状况，构建人类绿色发展指数评价指标体系（见表 2-1）。

表 2-1　人类绿色发展指数评价指标体系

目标层	准则层	指标层	单位	趋向性
人类绿色发展指数（HGDI）	经济 B_1	GDP	亿元	+
		人均 GDP	元/人	+
		GDP 增长率	%	+
		第三产业增加值占 GDP 的比重	%	+
		经济密度	万元/km^2	+
		城市居民人均可支配收入	元/人	+
		第二产业增加值占 GDP 的比重	%	+
		科研支出占 GDP 的比重	%	+
	社会 B_2	出生时预期寿命	岁	+
		医疗保险覆盖率	%	+
		养老保险覆盖率	%	+
		失业保险覆盖率	%	+
		城镇登记失业率	%	−
		农村居民恩格尔系数	%	−
		义务教育学龄人口入学率	%	+
		城镇化水平	%	+
		高等教育学历人口比重	%	+
		私人汽车拥有量	万辆	+
		燃气普及率	%	+
		自来水普及率	%	+
		人均公园绿地面积	m^2/人	+
		人均城市道路面积	m^2/人	+

续表 2-1

目标层	准则层	指标层	单位	趋向性
人类绿色发展指数(HGDI)	资源配置 B_3	就业者在传统产业中的比例	%	-
		传统产业固定资产的投资比例	%	-
		教育的投资	亿元	+
		卫生、社会保障和社会福利业的投资	亿元	+
		单位 GDP 耗水量	万 m^3/万元	-
		单位 GDP 耗能量	t 标准煤/万元	-
		单位 GDP 耗电量	kW·h/万元	-
		人均建设用地面积	m^2/人	+
		工业用水量	万 m^3	-
		人均日生活用水量	L/人	-
	环境保护 B_4	环境治理和公共设施管理投资总额	万元	+
		区域环境噪声平均声级	dB	-
		城市污水日处理能力	万 m^3/d	+
		城市园林绿地面积	hm^2	+
		亿元 GDP 工业废气排放量	万 m^3/亿元	-
		生活垃圾无害化处理率	%	+
		固体废物综合利用量	万 t	+

经济是人们生产、流通、分配、消费一切物质精神资料的总称。经济发展水平体现在国内的生产总值、生产增速、产业发展、居民收入、科技发展等方面,故经济维度选取 GDP、人均 GDP、GDP 增长率、第三产业增加值占 GDP 的比重、经济密度、城市居民人均可支配收入、第二产业增加值占 GDP 的比重、科研支出占 GDP 的比重等 8 个指标,其中创新之处在于将原本归入社会中的科技因素纳入经济维度构成之中。

人们的社会生活状况是指社会生活环境、人民生活质量、生活设施建设等方面的水平,故社会维度选取出生时预期寿命、医疗保险覆盖率、养老保险覆盖率、失业保险覆盖率、城镇登记失业率、农村居民恩格尔系数、义务教育学龄人口入学率、城镇化水平、高等教育学历人口比重、私人汽车拥有量、燃气普及率、自来水普及率、人均公园绿地面积、人均城市道路面积等 14 个指标,其中本书根据某省的实际情况将“公共交通汽车拥有量”更改为“私人汽车拥有量”。

资源指社会经济活动中劳动力、设备资源、资本和自然资源的总和,是社会经济发展的基本物质条件,因此资源的配置包括对劳动力、资金、教育、卫生、医疗、能源等方面的调配安排，故资源配置维度选取就业者在传统产业中的比例，传统产业固定资产的投资比例，教育的投资，卫生、社会保障和社会福利业的投资，单位 GDP 耗水量，单位 GDP 耗能量，单位 GDP 耗电量，人均建设用地面积，工业用水量，人均日生活用水量等 10 个指标，其中创新之处是将教育因素、劳动力第三产业就业量在第三产业中的细分、卫生福利等引入资源配置维度的构成之中。

环境保护可分成污染和治理两方面，故环境保护方面选取环境治理和公共设施管理投资总额、区域环境噪声平均声级、城市污水日处理能力、城市园林绿地面积、亿元 GDP 工业废气排放量、生活垃圾无害化处理率、固体废物综合利用量等 7 个指标。

四、研究结论、讨论及政策启示

综合人类绿色发展指数理论与文献的分析，并根据某省统计数据的实证分析结果，归纳出本书的主要结论，再结合现有研究和实际状况进行相关讨论，最后针对全国和某省分别提出相应的政策启示。

（一）研究结论

本书根据可持续发展等相关理论，对人类绿色发展指数的内涵进行了理论分析，基于某省的统计数据，运用熵值法，从经济、社会、资源配置、环境保护等 4 个维度对人类绿色发展指数水平进行测算，进而运用空间自相关、障碍度模型，对人类绿色发展指数的各个维度产生的影响作用进行研究。结果表明：

（1）人类绿色发展指数总体呈现提高的趋势，但 2015 年以来受资源配置和环境保护的影响不断地上下波动。因此，初步判断资源与环境是制约人类绿色发展指数的关键因素。

（2）人类绿色发展指数具有全局空间自相关性。2010 年以来，人类绿色发展指数呈现空间集聚分布状态，表明人类绿色发展指数具有外部性，相邻地区的人类绿色发展指数的发展方向趋同，即若某地区人类绿色发展指数水平高，便会产生正外部性，使相邻地区人类绿色发展指数水平呈现升高趋势，形成空间集聚的状态；反之，便会产生负外部性，抑制相邻地区人类绿色发展指数水平的提升。

（3）障碍度模型进一步证明了制约人类绿色发展指数的最主要因素是环境保护和资源配置，表明在环境保护和资源配置提升方面的研究将对人类绿色发展指数水平的快速提升产生巨大推动力，验证了假说成立。但由于某省在全国并不处于较高经济社会发展水平地区，因此在障碍度模型结果中也出现了经济或社会存在制约作用的实证结果，这对于中国经济社会发展水平较低的地区具有一定参考价值。

(二)讨论

结合理论分析、实证结果和研究结论可知，人类绿色发展指数由经济、社会、资源配置和环境保护拟合而成，一个地区人类绿色发展指数水平的高低与区域经济、社会、资源与环境的协调发展密不可分，这与汪再奇等(2020)的研究结果一致，即人类绿色发展指数由“经济—社会—资源配置—环境保护”复合而成的大循环系统决定。因此，人类绿色发展指数的提升过程中，对于环境保护和资源配置的关注只能加强而不能松懈，在稳定现有经济和社会发展状态的基础上提高资源配置效率和环境保护力度。因此，得出本书研究结论的原因有三个方面。

第一，人类绿色发展指数水平整体表现为上升趋势，其原因是随着经济水平的提高，人民对生活质量要求不断提升，环境保护越来越受重视。生态文明建设目标提出以来，地区发展积极响应国家政策，积极提高技术创新水平，促进工业生产转型升级，提升资源利用效率及其合理化分配程度，倡导垃圾分类等环保措施落实。经济发展与环境保护的联合推动使人类绿色发展指数整体发展良好。

第二，根据 Moran 指数分析发现，人类绿色发展指数在空间上有集聚分布存在，即城市之间的人类绿色发展指数水平存在相互影响。造成这种情况的主要原因是城市的发展支柱产业类型和地理位置条件。其次，根据障碍度模型结果可知，不同地理位置和发展状况的城市的各项人类绿色发展指数的障碍度不同，如某省资源型城市较其他城市的环境保护障碍度大，这也是呈现区域差异性的重要原因。环境和资源依然是影响环境与经济协调发展的主要因素。

第三，矿业的绿色发展是相对于传统的粗放式矿业发展模式而言的，是一种符合生态文明要求的可持续发展模式，是以绿色发展的理念为指导，注重资源节约、环境友好、转型发展、安全和谐，要求矿产开采方式科学化、资源利用高效化、矿山环境生态化、矿业结构调整合理化、政企管理规范化，实现矿产资源的最优化配置和生态环境影响的最小化，达到经济效益、资源效益、社会效益、生态效益协调统一。

社会经济指数是测定多项内容数量综合变动的相对数，是分析社会经济现象数量变化的一种重要统计方法。社会经济指数一方面综合反映复杂社会经济总体在时间和空间方面的变动方向和变动程度，另一方面综合分析和测定社会经济受各种不同因素变动的影响。矿业绿色发展指数，是对矿业发展方式绿色、文明、和谐程度的有效度量，充分考虑矿产资源勘查开发过程中资源节约高效利用、生态环境保护治理、矿地和谐发展等多个方面，体现企业绿色运营、产业绿色重构和政府绿色管理，能全面衡量矿业发展绿色化水平的综合性指标。

本着既能反映当前绿色矿业的发展程度，又能体现绿色矿业的发展趋势；既能体现一般规律，也能体现差异；既要结合各方面已有的研究成果，又要与绿色矿业发展实际相结合的思路，在政府不断加强政策支持促进绿色矿业发展的背景下，应考虑设置对政府政策执行力的监测和评估指标。指标要具有权威性、可获得性、连续性，根据系统性、代表性、独立性、可比性等原则来构建。通过对相关理论和概念的理解、借鉴相关研究基础进行指标的初选、讨论分析进行指标的优选、专家研讨完善最终指标，构建了总指数—分指数—指标层三个纵向层次，包含4个分指数和17个具体指标的指标体系，并通过层次分析法和专家打分法相结合确定了指标权重。矿业绿色发展指数指标体系见表2-2。

表2-2　矿业绿色发展指数指标体系

总指数	分指数(权重)	指标	指标内涵	指标性质	权重
矿业绿色发展指数	资源节约分指数(0.25)	资源产出率/(亿元/万t)	GDP与14种主要矿产资源实物消费量的比值，反映国民经济生产过程中矿产资源利用效率	正向	0.20
		万元矿业产值能耗/(t标准煤/万元)	矿业企业耗能总量与矿业产值的比值，反映矿业生产过程中能源利用效率	逆向	0.20
		开采回采率/%	11种矿产资源的开采回采率平均后得到的矿产资源开采回采率	正向	0.20
		选矿回收率/%	11种矿产资源的选矿回收率平均后得出矿产资源的平均回收率	正向	0.20
		综合利用产值增速/%	指矿山企业回收利用的共伴生矿、尾矿和残矿等矿产品的销售额比上一年的增长比例，反映矿产综合利用价值水平	正向	0.20

续表 2-2

总指数	分指数(权重)	指标	指标内涵	指标性质	权重
矿业绿色发展指数	环境友好分指数(0.30)	万元矿业产值废水排放量/(万 t/万元)	矿业废水排放量与矿业产值的比值,反映了矿业对环境产生的污染程度	逆向	0.10
		万元矿业产值废气排放量/(m^3/万元)	矿业废气排放量与矿业产值的比值,反映了矿业对环境产生的污染程度	逆向	0.25
		万元矿业产值烟(粉)尘排放量/(万 t/万元)	矿业烟(粉)尘排放量与矿业产值的比值,反映了矿业对环境产生的污染程度	逆向	0.25
		万元矿业产值固体废弃物排放量/(万 t/万元)	矿业固体废弃物排放量与矿业产值的比值,反映了矿业对环境产生的污染程度	逆向	0.20
		矿山地质环境恢复治理面积/km^2	本年矿山地质环境恢复治理面积,反映了对环境的保护与治理的进展	正向	0.20
	转型发展分指数(0.25)	矿均产值/(万元/个)	矿山企业的平均工业总产值	正向	0.25
		采矿业占比/%	采矿业工业产值占全链条(采选、冶炼、加工制造等)工业销售产值的比重	逆向	0.25
		大型、中型矿山占比/%	大型、中型矿山占矿山总数的比例,反映矿山规模结构的合理性	正向	0.25
		清洁能源生产占比/%	清洁能源生产量占能源生产总量的比例	正向	0.25

续表 2-2

总指数	分指数(权重)	指标	指标内涵	指标性质	权重
矿业绿色发展指数	安全和谐分指数(0.20)	勘查、开采违法案件立案数量/件	无证、越界、非法转让、破坏性开采等年度立案数量，反映矿业生产遵纪守法合规程度	逆向	0.33
		安全生产事故起数/起	反映矿业安全生产、绿色生产是否平稳运行	逆向	0.33
		公众满意度	公众对矿业发展、矿山环境、政府和企业行动的满意程度	正向	0.34

(三)政策启示

根据上述研究结果，基于全国和某省两个角度分别得出提升人类绿色发展指数水平的政策启示。

(1)提高经济发展水平方面。中国应在合理利用资源、注意保护环境的基础上，积极制定政策和措施发展经济。一方面，以绿色创新驱动经济增长，以绿色创新为核心，调整产业结构，寻找经济发展的新驱动力，并积极推进产、学、研一体化；另一方面，在供给侧结构性改革背景下，突出市场的主体作用，增加市场活跃度，其中政府应做到在位而不越位。对于促进某省经济发展方面，应实行财政的技术补贴政策以鼓励企业进行技术创新，并通过举办产业发展类的各种宣讲会、研讨会等以提高企业家的自主绿色创新意识，以绿色技术创新驱动产业转型升级；另外，政府应制定市场发展政策以辅助市场的主体发展、制定相关优惠政策以支持本省高新技术产业发展，进而吸引创新型人才留在本省发展，提高本省现代化企业数量，促进本省产业发展年轻化等。

(2)提高社会发展水平方面。一方面，不断加强人们社会生活的福利水平，完善中国社会保障体系，加快推动大数据与社会保障管理的结合应用，走“智慧社保”之路；另一方面，针对目前中国相对贫困问题比较显著的情形，应尽快建立解决相对贫困的长效治理机制。此外，还应重视乡镇教育，提高人们知识文化总体水平进而增加社会发展的动力等。对于促进某省社会稳定发展方面，一是要完善社会保障体系，对于人才流失现象突出的问题，提高省内就业数量和质量是重要任务。因此,可以建立某省就业服务大数据网络平台,为在某省就职和想来某省就职的人员提供各种就业服务,如招聘信息、企业文化发展信息、就业政策咨询等;提高失业保险覆盖率,并制定出能更有效地促进劳动就业的社会保障政策以完善就业服务体系,如就业培训、就业推荐、公益性岗位创建等政策。另外,医疗保险覆盖率和养老保险覆盖率应继续提高,以增强全省居民生活幸福感。二是要提高基础教育的平均水平,加强本省乡镇小初高的教育资源投入,如优秀的教师、教学器材、教学设备、课外图书等,增强农村教育财政投入,并发动社会力量来支持本省基础教育事业,提高本省学生学习的幸福感和教师教学的责任感。三是要完善城乡居民生活环境设施以提高其居住舒适感等。

(3)提高资源配置水平方面。各个城市在生产生活中应控制好对各种资源的使用量,珍惜生产生活所必需的每一种资源,积极宣传“节约光荣、浪费可耻”的理念,推进资源总量管理、科学配置、全面节约、循环利用。第一,要提高资源利用效率,如调整就业与产业结构,增强对教育、卫生、社会保障和社会福利业的投资,调整并制定合理的水、电、气的使用标准。第二,建立资源确权制度,如用能权交易政策的实施将主要污染能源权进行控制,起到节约能源和提升能源使用效率的作用等。对于提升某省资源配置效率方面,一要以提高技术水平为重要手段来减弱传统生产经营方式所带来的资源浪费。二要完善资源税的税收政策等财政制度,倒逼企业主动优化资源的配置方式;同时,制定税收优惠政策以鼓励高新技术产业资源的绿色使用。三要提高“珍惜资源”的宣传力度,如提高电视的公益广告播报频次,加大城镇商场的大屏幕播报、乡村的大喇叭广播、公交地铁的广告栏宣传力度等。

(4)提高环境保护水平方面。应持续重视环境保护问题并不断提高环境保护效率,平衡经济发展与环境保护之间的关系。一方面,中国在实现“碳达峰碳中和”的关键时期,应不断完善生态保护补偿机制,制定完善的碳税财政制度,以宏观调控手段提高人类绿色发展指数的环境保护因素,对于经济与生态环境的协调发展有重要作用。此外,应提高环境保护财政投入,此项财政投入不但会提升环境污染治理水平,还可减轻因绿色生产转型而带来的生态成本压力。另一方面,要防止由生产和生活活动引起的环境污染、由建设和开发活动引起的环境破坏,并做好污染治理工作。对于提高某省环境保护水平方面,一是政府应重视绿色税制体系的建立与完善,以激励社会生产部门减少对环境的破坏行为,并制定财政优惠政策、补贴政策等,鼓励生产部门不断进行绿色技术创新。二是在完善生态补偿机制方面,政府应完善生态补偿机制条例和相关法律法规，并鼓励各类社会资本参与生态保护修复；企业应进行绿色技术创新，不断提高清洁能源使用占比，优化生产结构等。三是加强绿色低碳生活方式的社区宣传教育工作，提升居民绿色消费意识，养成绿色生活习惯，如餐饮消费区域加强绿色用餐宣传，减少剩菜剩饭现象的发生等。在政府层面，应给予房地产行业环保材料使用补贴、技术创新补贴等以降低环保材料使用的成本劣势。在绿色出行方面，应加强对私家车出行的管理制度建设与完善，提升人们选购小排量汽车来减少尾气排放的意识，提高绿色出行水平。此外，应特别关注城市中老旧小区和出租房区的环境治理等。

第二节　“双碳”目标对建材行业发展的影响分析

一、我国减排的新挑战

（一）我国能源需求增长

我国当前处于工业化和城镇化快速发展阶段，以不断扩大投资和增加制造业产品出口作为 GDP 快速增长的主要驱动力，带动了对水泥、钢铁等高耗能产品的需求，从而使高耗能原材料产业比重增加。

同时，目前我国的人均能源消耗量仍较低，能源消费尚属于生存型消费，2017 年，中国一次能源消费量为 3. 23 t 标准煤/人，刚刚超过 2. 61 t 标准煤/人的全球平均水平，仅为经济合作与发展组织国家 6. 3 t 标准煤/人的一半。随着人民生活水平的提高，今后几十年我国能源消费必然增长。

2010 年，我国超越了美国成为世界上最大的能源生产和消费国，根据国家统计局数据，2018 年全年能源消费总量 46. 4 亿 t 标准煤，比 2017 年增长 3. 3%。同时，根据中国能源研究会发布的《中国能源展望 2030》报告预测，中国未来能源需求总量增速虽然放缓，但总量仍在增加，预计 2030 年总量达到 53 亿 t 标准煤，2030 年人均能源消费量达到 3. 9 t 标准煤/人，接近 2014 年英国水平。

（二）我国能源结构调整压力增大

我国当前能源构成以煤炭为主，长期占 60%左右，远高于美国、加拿大、韩国等发达国家（见表 2-3），单位能源消费的二氧化碳排放强度比世界平均水平高 20%，比发达国家平均高出 1/3。党的十九大报告指出，我国要推进能源生产和消费革命，构建清洁低碳、安全高效的能源体系。因此，进行能源结构调整，加速能源构成的低碳化不仅是未来我国能源发展的必然趋势，也是促进二氧化碳排放达到峰值的重要措施。

表 2-3　2016 年不同国家一次能源消费结构

国家	原油/%	天然气/%	原煤/%	核能/%	水力发电/%	再生能源/%	合计/Mtce	清洁能源/%
中国	19.0	6.2	61.8	1.6	8.6	2.8	3 053.0	13.0
美国	38.0	31.5	15.8	8.4	2.6	3.7	2 272.7	14.7
加拿大	30.6	27.3	5.7	7.0	26.6	2.8	329.7	36.4
韩国	42.7	14.3	28.5	12.8	0.2	1.5	286.2	14.5

近年来,我国能源产业快速发展,新能源和可再生能源每年的投资额、新增容量和增长速度均居世界前列。根据国家统计局数据,2018 年,全年能源消费总量 46.4 亿 t 标准煤,其中煤炭消费量占能源消费总量的 59.0%;天然气、水电、核电、风电等消费量占能源消费总量的 22.1%,可再生能源发电装机量达到 7.28 亿 kW,同比增长 12%。"富煤、贫油、少气"的资源禀赋特点使我国长期以来形成了以煤为主的能源消费结构,虽然我国在加快调整能源结构,建设高效、清洁、低碳的能源供应体系,但以煤炭为主的消费结构短期内无法改变,而这在减少碳排放强度方面尤为不利。

在二次能源中,无论是消费结构还是生产结构,我国基本以火力发电(以燃煤为主)为主,依赖火力发电的比例大于 80%,使用 1 kW · h 电就相当于排放了 0.723 kg 的二氧化碳(2009 年的情况)。2010—2019 年全国发电量总量构成如表 2-4 所示。

表 2-4　2010—2019 年全国发电量总量构成　　单位:亿 kW · h

年份	火电	水电	核电	风电	太阳能
2010	33 319	7 222	739	446	1
2011	38 337	6 990	864	703	6
2012	38 928	8 721	974	960	36
2013	42 470	9 203	1 116	1 412	84
2014	42 687	10 643	1 325	1 561	235

续表 2-4

年份	火电	水电	核电	风电	太阳能
2015	42 842	11 303	1 708	1 858	385
2016	44 371	11 934	2 133	2 371	662
2017	46 627	11 898	2 481	2 950	967
2018	50 769	12 342	2 944	3 660	1 775
2019	52 201. 5	13 044. 4	3 483. 5	4 057	2 243
2020	51 743	13 552	3 662	4 665	2 611

一些发达国家或地区的火力发电占总发电量比例较我国低很多,且可再生能源,特别是核电的发电比例比我国高出 10 余倍。例如挪威,由于 99%的电力是依赖水力发电产生的,使用电能几乎不会排放二氧化碳(见图 2-2)。

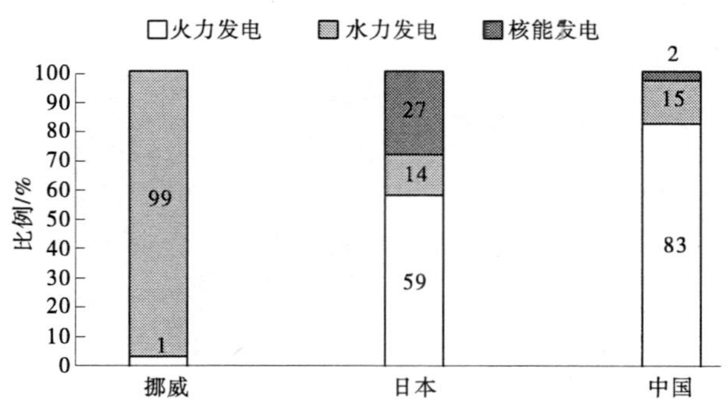

图 2-2 2006 年不同国家发电结构对比

(三)我国碳减排压力增大

据二氧化碳信息分析中心 CDIAC(Carbon Dioxide Information Analysis Center)报告,世界各国碳排放情况虽不尽相同,但总的态势都是呈现持续增长。

中国工业化、城市化起步晚,2006 年之前中国的碳排放量明显低于美国,但快速发展的城镇化进程产生了大量的能源需求,导致碳排放量急剧上升(见图 2-3)。根据 CDIAC 和美国能源信息署的数据,2014 年中国碳排放总量已经超越美国,跃居全球碳排放量首位。同时,尽管中国人均碳排放量明显低于发达国家,但却持续快速增长:1978 年人均碳排放量仅相当于美国人均碳排放量的 7%;2006 年人均碳排放量与世界平均水平相当,相当于同年美国人均碳排放的 35%。

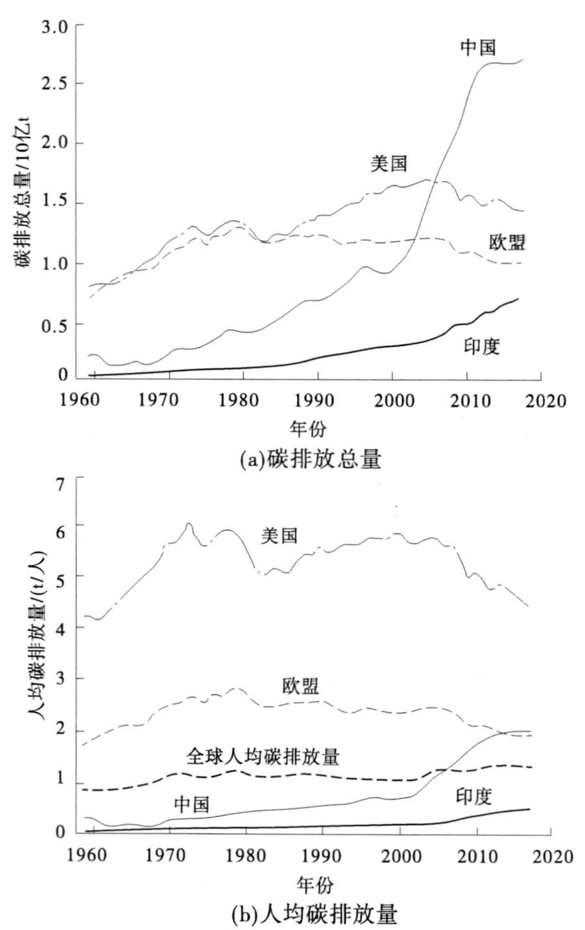

图 2-3　1960—2020 年主要国家和地区碳排放总量及人均碳排放量
(资料来源:CDIAC)

随着中国经济的发展、人民生活水平的提升,未来中国人均碳排放量可能还会大幅持续增加,同时由于人口基数大,中国的碳排放总量显著。这无疑给我们的节能减排工作带来了巨大的挑战。

二、我国建筑业的节能减排现状

建筑与工业、交通并列成为温室气体排放的三大重点领域。根据联合国环境署计算，建筑行业消耗了全球大约 50%的能源，并排放了几乎占全球 42%的温室气体，如果不提高建筑能效，降低建筑用能和碳排放，到 2050 年建筑行业温室气体排放将占总排放量的 50%以上。我国建筑业发展不断扩大，温室气体排放持续增长，减碳压力巨大。

（一）我国建筑业发展现状

现阶段，我国正处在建筑业高速发展的时期，《2021 年建筑业发展统计分析》数据显示，全国建筑业企业完成建筑业总产值 293 079. 31 亿元，同比增长 11. 04%；完成竣工产值 134 522. 95 亿元，同比增长 10. 12%；签订合同总额 656 886. 74 亿元，同比增长 10. 29%，其中新签合同额 344 558. 10 亿元，同比增长 5. 96%；房屋施工面积 157. 55 亿 m^2，同比增长 5. 41%；房屋竣工面积 40. 83 亿 m^2，同比增长 6. 11%；实现利润 8 554 亿元，同比增长 1. 26%。

2021 年是党和国家历史上具有里程碑意义的一年。在以习近平同志为核心的党中央坚强领导下，我国建筑业弘扬伟大建党精神，全力以赴建设疫情防控设施，扎实推进保障性住房建设，积极参与城市更新行动，加快推动建筑产业转型升级，发展质量和效益不断提高，实现了“十四五”良好开局。全国建筑业企业（指具有资质等级的总承包和专业承包建筑业企业，不含劳务分包建筑业企业，下同）完成建筑业总产值 293 079. 31 亿元，同比增长 11. 04%。截至 2021 年底，全国有施工活动的建筑业企业 128 746 个，同比增长 10. 31%；从业人数 5 282. 94 万人，同比下降 1. 56%；按建筑业总产值计算的劳动生产率同比增长 11. 89%。

1. 建筑业增加值增速低于国内生产总值增速，但支柱产业地位依然稳固

经初步核算，2021 年全年国内生产总值 1 143 670 亿元，比 2020 年增长 8. 1%（按不变价格计算）。全年全社会建筑业实现增加值 80 138 亿元，比 2020 年增长 2. 1%，增速低于国内生产总值 6 个百分点（见图 2-4）。

自 2012 年以来，建筑业增加值占国内生产总值的比例始终保持在 6. 85%以上。2021 年虽有所下降，仍然达到了 7. 01%（见图 2-5），建筑业国民经济支柱产业的地位稳固。

2. 建筑业总产值持续增长，增速连续两年上升

近年来，随着我国建筑业企业生产和经营规模的不断扩大，建筑业总产值持续增长。2021 年达到 293 079. 31 亿元，同比增长 11. 04%。建筑业总产值

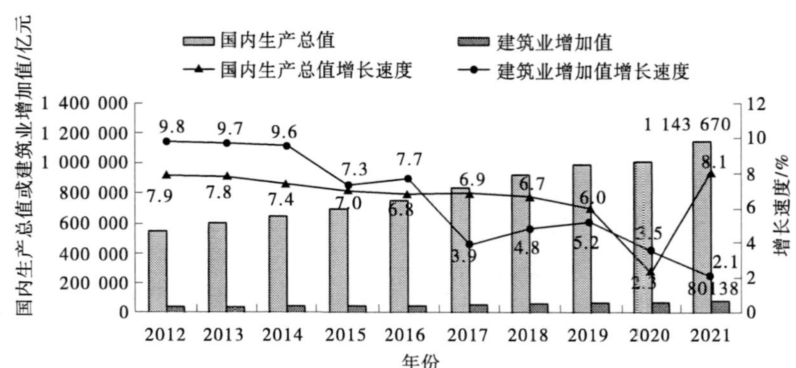

图 2-4　2012—2021 年国内生产总值、建筑业增加值及增速

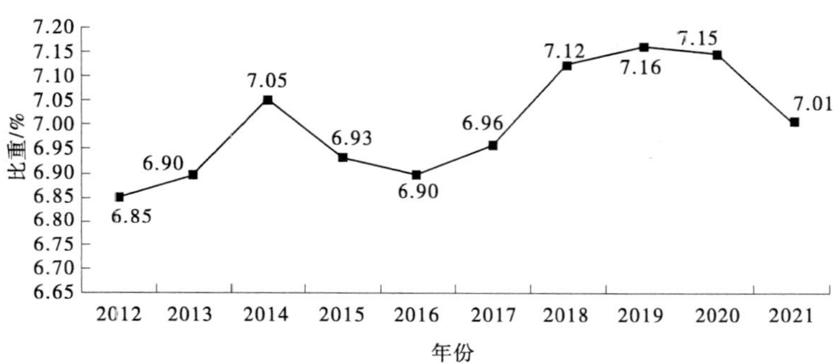

图 2-5　2012—2021 年建筑业增加值占国内生产总值比重

增速比 2020 年提高了 4.80 个百分点,连续两年上升(见图 2-6)。

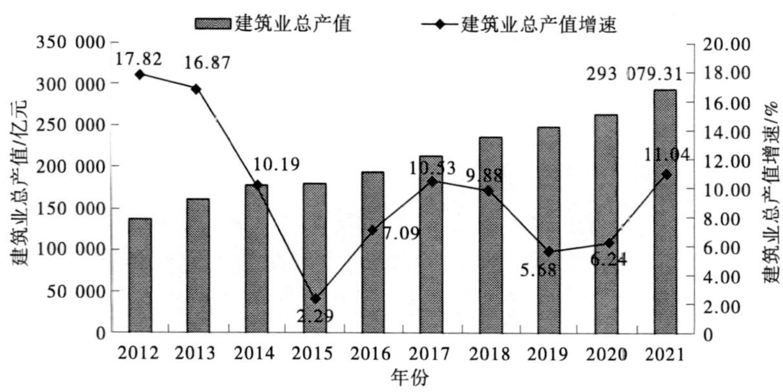

图 2-6　2012—2021 年全国建筑业总产值及增速

3. 建筑业从业人数减少但企业数量增加，劳动生产率再创新高

2021 年，建筑业从业人数为 5 282. 94 万人，连续 3 年减少。2021 年比上年末减少 83. 98 万人，减少 1. 56%(见图 2-7)。

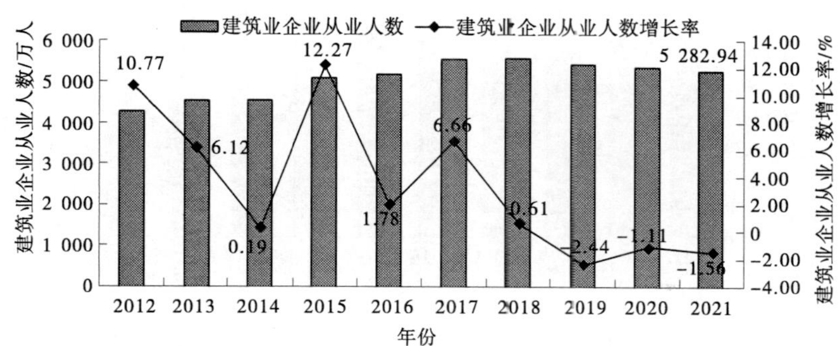

图 2-7　2012—2021 年建筑业企业从业人数增长情况

截至 2021 年底，全国共有建筑业企业 128 746 个，比 2020 年增加 12 030 个，增速为 10. 31%，比 2020 年减少了 2. 12 个百分点，增速在连续 5 年增加后出现下滑(见图 2-8)。国有及国有控股建筑业企业 7 826 个，比 2020 年增加 636 个，占建筑业企业总数的 6. 08%，同比下降 0. 08 个百分点。

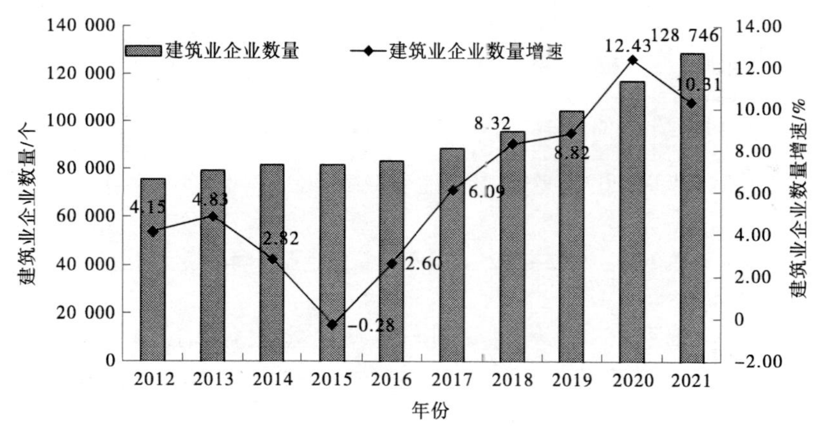

图 2-8　2012—2021 年建筑业企业数量及增速

2021 年，按建筑业总产值计算的劳动生产率再创新高，达到 473 196 元/人，同比增长 11. 89%，增速比 2020 年增长 6. 07 个百分点(见图 2-9)。

4. 建筑业企业利润总量增速继续放缓，行业产值利润率连续 5 年下降

2021 年，全国建筑业企业实现利润 8 554 亿元，同比增加 106. 26 亿元，增速为 1. 26%，比 2020 年降低 0. 77 个百分点，增速连续 5 年放缓(见图 2-10)。

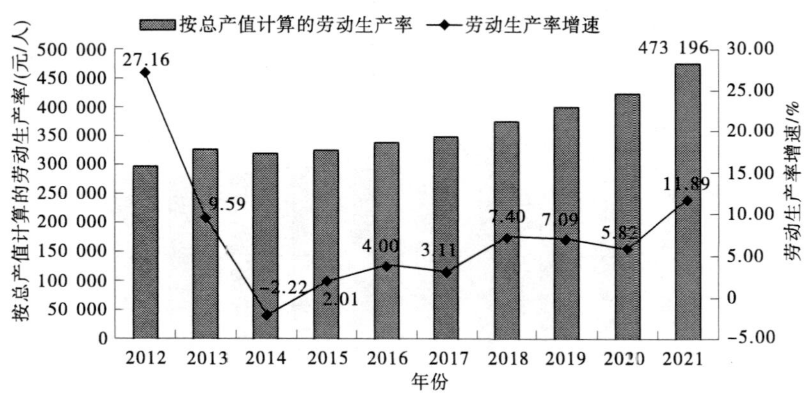

图 2-9　2012—2021 年按建筑业总产值计算的建筑业劳动生产率及增速

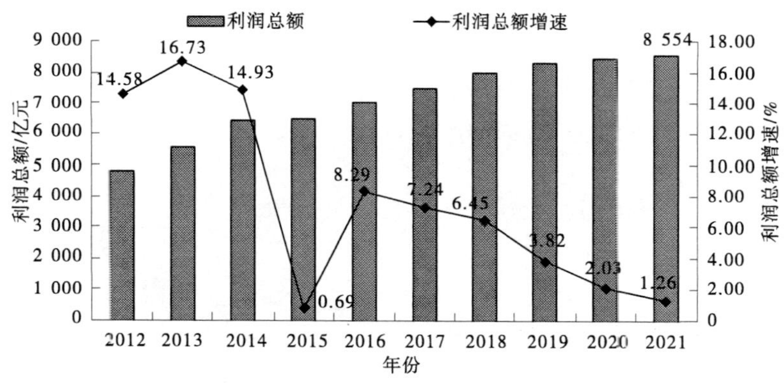

图 2-10　2012—2021 年全国建筑业企业利润总额及增速

建筑业产值利润率(利润总额与总产值之比)自 2014 年达到最高值 3.63%后,总体呈下降趋势。2021 年,建筑业产值利润率为 2.92%,跌破 3%,为连续 10 年最低(见图 2-11)。

5. 建筑业企业签订合同总额增速由降转升,新签合同额增速放缓

2021 年,全国建筑业企业签订合同总额 656 886.74 亿元,同比增长 10.29%,增速在连续 3 年下降后出现回升,比 2020 年增长了 1.02 个百分点。其中,2021 年新签合同额 344 558.10 亿元,同比增长了 5.96%,增速比 2020 年下降了 6.47 个百分点(见图 2-12)。2021 年新签合同额占签订合同总额比例为 52.45%,比 2020 年下降了 2.15 个百分点(见图 2-13)。

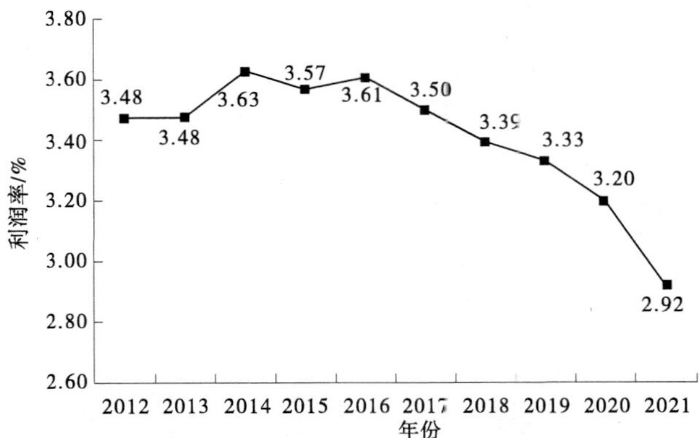

图 2-11 2012—2021 年建筑业产值利润率

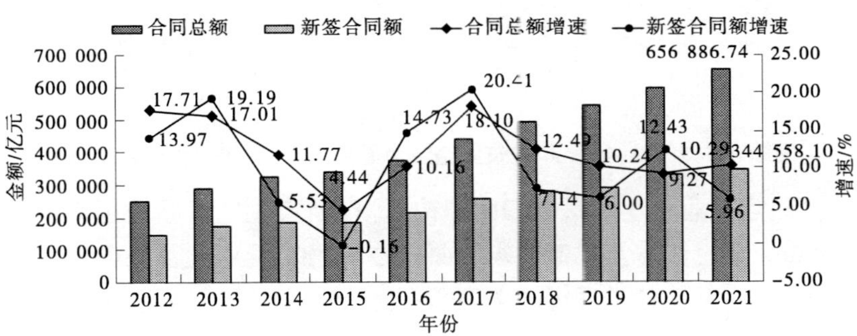

图 2-12 2012—2021 年全国建筑业企业签订合同总额、新签合同额及增速

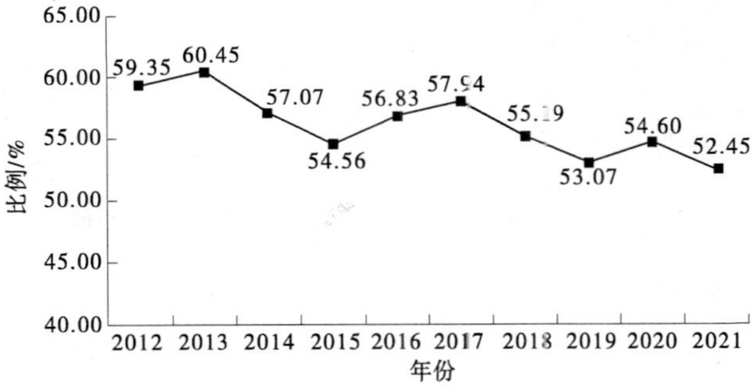

图 2-13 2012—2021 年全国建筑业企业新签合同额占合同总额比例

6. 房屋施工面积增速保持增长，竣工面积止降为升，住宅竣工面积占房屋竣工面积近2/3

2021年，全国建筑业企业房屋施工面积157.55亿m^2，同比增长5.41%，增速比2020年提高了1.73个百分点，连续两年保持增长。竣工面积40.83亿m^2，结束了连续4年的下降态势，同比增长6.11%（见图2-14）。

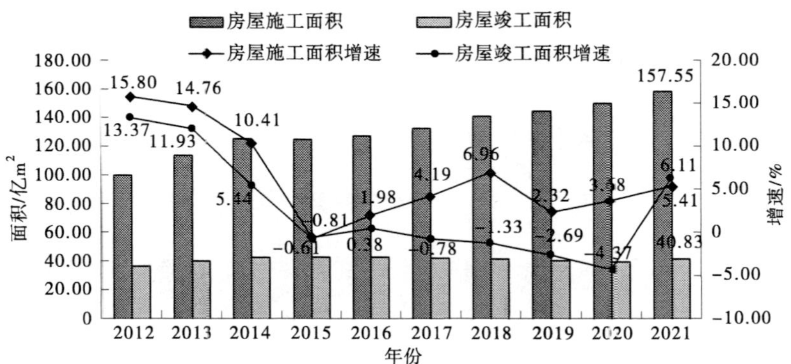

图2-14　2012—2021年建筑业企业房屋施工面积、竣工面积及增速

从全国建筑业企业房屋竣工面积构成情况看，住宅房屋竣工面积占最大比重，为66.26%；厂房及建筑物竣工面积占13.81%；商业及服务用房屋竣工面积占6.19%；其他各类房屋竣工面积占比均在6%以下（见图2-15）。

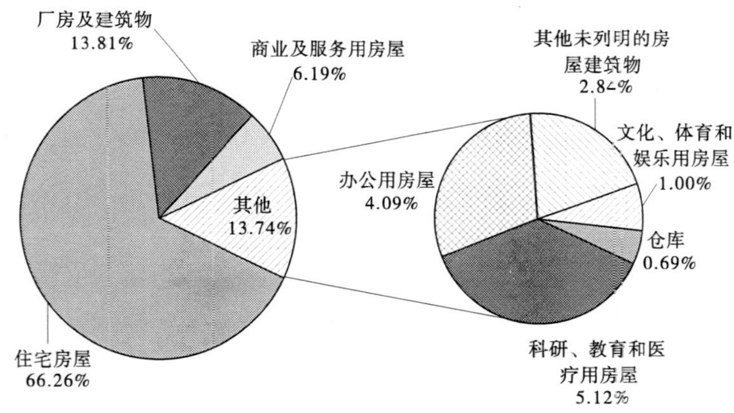

图2-15　2021年全国建筑业企业房屋竣工面积构成

全年全国各类棚户区改造开工165万套，基本建成205万套；全国保障性租赁住房开工建设和筹集94万套。

7. 对外承包工程完成营业额继续下降，新签合同额出现增长

2021 年，我国对外承包工程业务完成营业额 1 549. 40 亿美元，比 2020 年下降 0. 64%。新签合同额 2 584. 90 亿美元，比 2020 年增长 1. 15%（见图 2-16）。

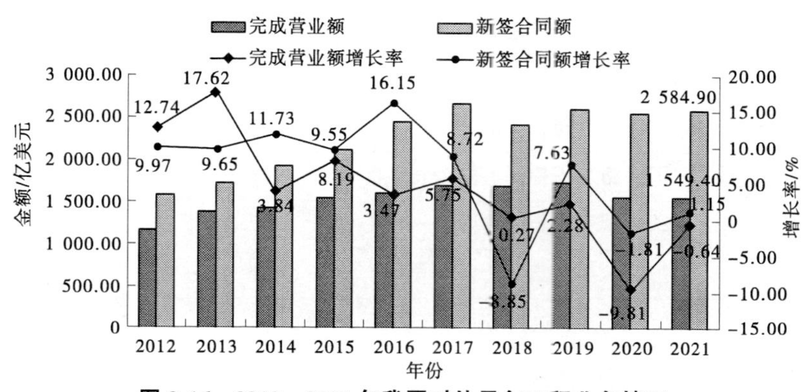

图 2-16　2012—2021 年我国对外承包工程业务情况

2021 年，我国对外劳务合作派出各类劳务人员 32. 3 万人，较 2020 年增加 2. 2 万人，其中承包工程项下派出 13. 3 万人，劳务合作项下派出 19 万人。2021 年末在外各类劳务人员 59. 2 万人。

美国《工程新闻记录》（简称“ENR”）杂志公布的 2021 年度全球最大 250 家国际承包商共实现海外市场营业收入 4 203. 2 亿美元，比 2020 年度减少了 11. 1%。我国内地共有 78 家企业入选 2021 年度全球最大 250 家国际承包商榜单，比 2020 年度增加了 4 家。入选企业共实现海外市场营业收入 1 074. 6 亿美元，比 2020 年度收入合计额减少 10. 5%，降幅略低于 250 家企业总体海外收入的缩减幅度，收入合计占 250 家国际承包商海外市场营业收入总额的 25. 6%，比 2020 年微增 0. 2 个百分点。

从进入榜单企业的排名分布来看，78 家内地企业中，进入前 10 强的有 3 家，分别为中国交通建设集团有限公司排在第 4 位，中国电力建设集团有限公司排在第 7 位，中国建筑集团有限公司排在第 9 位。进入 100 强的有 27 家企业，比 2020 年度增加 2 家。与 2020 年度排名相比，位次上升的有 39 家，排名保持不变的有 6 家，新入榜企业 6 家。排名升幅最大的是前进 109 位，排名达到第 51 位的上海电气集团股份有限公司。新入榜企业中，排名最前的是排在第 167 位的西安西电国际工程有限责任公司（见表 2-5）。

表 2-5　2020、2021 年度 ENR 全球最大 250 家国际承包商中的内地企业

序号	公司名称	排名		海外市场收入/百万美元
		2021 年	2020 年	
1	中国交通建设集团有限公司	4	4	21 348.4
2	中国电力建设集团有限公司	7	7	13 007.9
3	中国建筑集团有限公司	9	8	10 746.2
4	中国铁道建筑有限公司	11	12	8 375.0
5	中国铁路工程集团有限公司	13	13	7 419.9
6	中国化学工程集团有限公司	19	22	4 221.8
7	中国能源建设集团有限公司	21	15	4 177.4
8	中国石油工程建设(集团)公司	33	34	3 340.5
9	中国机械工业集团公司	35	25	3 113.0
10	上海电气集团股份有限公司	51	160	1 731.9
11	中国冶金科工集团有限公司	53	41	1 659.8
12	中国中原对外工程有限公司	55	63	1 635.4
13	中国中材国际工程股份有限公司	60	54	1 297.8
14	中信建设有限责任公司	63	62	1 242.1
15	中国通用技术(集团)控股有限责任公司	67	73	1 151.7
16	中国江西国际经济技术合作公司	72	81	1 023.6
17	中国电力技术装备有限公司	73	111	1 019.4
18	江西中煤建设集团有限公司	75	85	989.9
19	哈尔滨电气国际工程有限公司	78	95	942.6
20	北方国际合作股份有限公司	81	90	894.9
21	浙江省建设投资集团有限公司	84	82	871.6
22	中石化炼化工程(集团)股份有限公司	86	70	807.2
23	中国水利电力对外公司	89	97	772.8
24	山东高速集团有限公司	90	139	736.1
25	上海建工集团	93	101	692.5

续表 2-5

序号	公司名称	排名		海外市场收入/百万美元
		2021 年	2020 年	
26	青建集团股份公司	94	58	685.3
27	中国地质工程集团公司	100	96	588.3
28	中原石油工程有限公司	105	110	524.6
29	云南建工集团有限公司	106	106	516.8
30	江苏省建筑工程集团有限公司	107	99	515.1
31	江苏南通三建集团股份有限公司	108	122	507.3
32	北京城建集团有限责任公司	109	105	502.0
33	特变电工股份有限公司	111	93	489.3
34	新疆兵团建设工程(集团)有限责任公司	113	168	476.3
35	北京建工集团有限责任公司	117	117	457.4
36	烟建集团有限公司	119	146	450.0
37	中国河南国际合作集团有限公司	121	107	444.8
38	东方电气股份有限公司	123	123	427.9
39	中国江苏国际经济技术合作公司	124	120	427.0
40	安徽省外经建设(集团)有限公司	127	126	410.2
41	中国武夷实业股份有限公司	129	138	408.1
42	江西水利水电建设有限公司	132	143	388.7
43	中鼎国际工程有限责任公司	135	144	365.3
44	中地海外集团有限公司	143	136	331.7
45	上海城建(集团)公司	147	185	321.3
46	中钢设备有限公司	148	145	314.0
47	中国有色金属建设股份有限公司	155	133	244.3
48	中国航空技术国际工程有限公司	159	127	231.5
49	西安西电国际工程有限责任公司	167	* *	211.7
50	沈阳远大铝业工程有限公司	171	154	197.3

续表 2-5

序号	公司名称	排名		海外市场收入/百万美元
		2021 年	2020 年	
51	中国成套设备进出口(集团)有限公司	172	148	197.0
52	山西建设投资集团有限公司	173	186	194.1
53	安徽建工集团有限公司	174	178	191.7
54	山东德建集团有限公司	175	188	191.3
55	龙信建设集团有限公司	176	194	191.0
56	山东淄建集团有限公司	177	187	189.6
57	湖南建工集团有限公司	180	191	185.2
58	浙江省东阳第三建筑工程有限公司	184	198	167.9
59	河北建工集团有限责任公司	186	241	162.7
60	南通建工集团股份有限公司	189	205	161.6
61	浙江省交通工程建设集团有限公司	190	201	160.4
62	湖南路桥建设集团有限责任公司	192	221	156.3
63	江苏中南建筑产业集团有限责任公司	193	240	155.7
64	江西省建工集团有限责任公司	194	208	153.0
65	中国建材国际工程集团有限公司	197	140	143.0
66	天元建设集团有限公司	199	167	134.9
67	重庆对外建设(集团)有限公司	200	207	133.6
68	中国甘肃国际经济技术合作总公司	202	204	125.9
69	绿地大基建集团有限公司	207	**	112.3
70	正太集团有限公司	210	**	100.5
71	南通四建集团有限公司	211	232	100.5
72	四川公路桥梁建设集团有限公司	213	210	92.0
73	中国大连国际经济技术合作集团有限公司	217	**	84.7
74	山东科瑞石油装备有限公司	219	202	79.7
75	中铝国际工程股份有限公司	221	233	75.8

续表 2-5

序号	公司名称	排名		海外市场收入/百万美元
		2021 年	2020 年	
76	蚌埠市国际经济技术合作有限公司	228	* *	70.1
77	江苏南通二建集团有限公司	232	* *	61.7
78	江联重工集团股份有限公司	242	177	37.0

注：* * 表示未进入 2020 年度 250 强排行榜。

相比发达国家建设量，我国建筑规模是十分庞大的。“十四五”期间，几乎每年新增竣工面积都在 15 亿 m^2 以上，比美、日、德、英、法、意 6 国新增建筑面积的总和还多。按住房和城乡建设部统计数据，2005 年全国既有建筑面积约为 420 亿 m^2，居世界第一。此后更增长迅速，基本每年竣工面积都超过 20 亿 m^2。在建筑工程建设中，住宅建设量占很大的比重，因此此处主要以住宅面积来对比我国和美国、日本等发达国家之间的建设量差距。

我国因人口众多，住宅建设量巨大，2015 年新建建筑的竣工面积达到 27.9 亿 m^2，竣工面积中住宅建筑约占 64%，公共建筑约占 36%（见图 2-17）。逐年增长的竣工面积使得我国建筑面积的存量不断高速增长，2015 年我国建筑面积总量约 573 亿 m^2，其中，城镇住宅建筑面积达到 219 亿 m^2，农村住宅建筑面积 238 亿 m^2，公共建筑面积 116 亿 m^2（见图 2-18）。

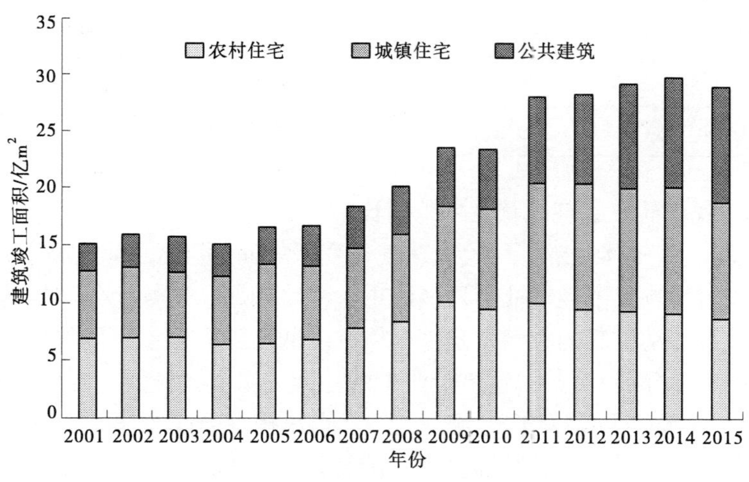

图 2-17　2001—2015 年中国各类民用建筑竣工面积

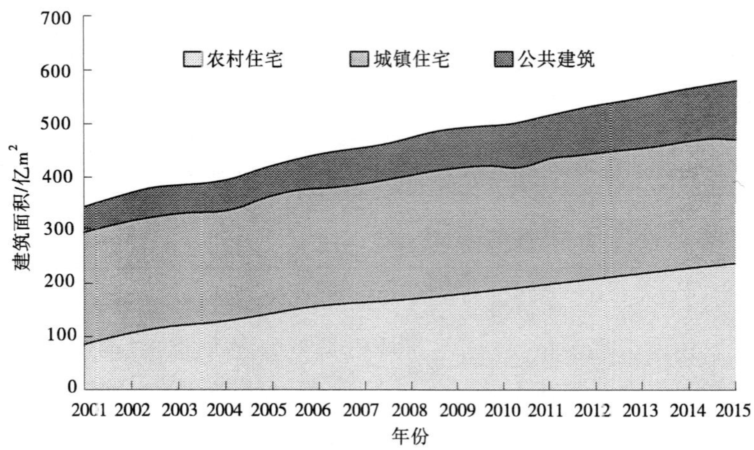

图 2-18　2001—2015 年中国各类民用建筑总面积

将 2020 年我国与美国、日本住宅整体情况汇总至表 2-6 中，从表 2-6 中可以看出，中国人口在 3 个国家中最多，是美国的 4.25 倍、日本的 11.21 倍。而中国住宅总建筑面积也为最大，是美国的 1.55 倍、日本的 10 倍。基于人口对比结果与住宅建筑面积对比结果可知，在我国建筑行业内推行节能减排迫在眉睫。

表 2-6　中、美、日三国人口、家庭数及住宅总面积比较（2020 年）

国家	人口/亿人	家庭数/亿户	住宅总面积/亿 m^2
中国	14.12	4.94	500
美国	3.32	1.27	323
日本	1.26	0.5	50

（二）我国建筑能耗现状及中外对比

目前，温室气体、能源紧张、全球气候变暖等问题已成为世界的热门话题，同时也成为影响我国经济社会发展的重大战略问题。气候变化产生的最主要原因是人类活动引起的大气中温室气体浓度的增加。温室气体的排放来自国民经济各产业部门，而其中建筑行业中的耗能是温室气体的主要来源之一。

2017 年，国务院印发的《“十三五”节能减排综合工作方案》明确提出强化建筑节能。同时，建筑领域能耗高、能耗比例大且长期增长趋势明显，具有较大的节能潜力，而且减排成本相对较低。因此，研究建筑能耗对指导我国建筑节能减排工作具有重要意义。

1. 我国建筑能耗现状

由于缺乏权威的统计数据,不同机构或学者对中国建筑能耗数据的测算差异较大,本书以清华大学建筑节能中心发布的系列能耗研究报告为研究基础。

(1)我国建筑能耗呈现持续增长趋势,但年均增速在"十一五""十二五"期间明显放缓。

如图2-19所示,2001—2016年,我国建筑能耗呈现持续增长趋势。从2001年约3亿t标准煤,增长到2016年8.99亿t标准煤,增长了近2倍。

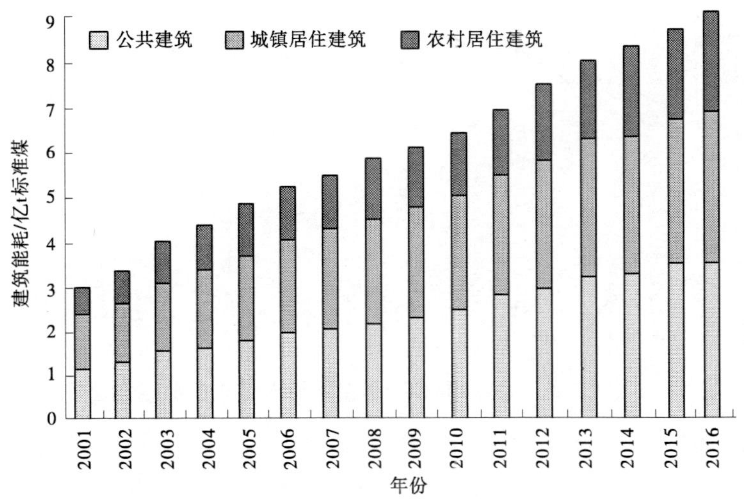

图2-19 2001—2016年中国建筑能耗

分时间段来看,如图2-20所示,相比"十五"期间,"十一五""十二五"期间建筑能耗增长速度显著下降。"十五"期间建筑能耗年均增长约12%,而此后的两个五年计划增速均为6%左右,速度下降50%。这从一定程度上反映了"十一五"以来中国大力推进建筑节能工作,有效缓解了建筑能耗的增长速度。

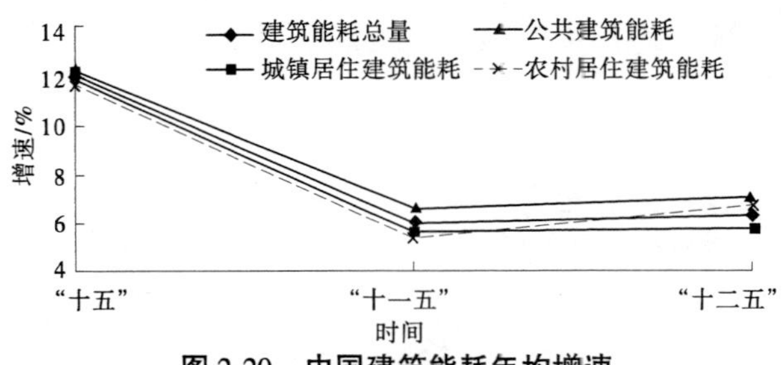

图2-20 中国建筑能耗年均增速

(2)建筑能耗占全国能源消费总量的比例在17%~21%波动,与GDP增速的波动呈现反向相关。

根据《中国建筑能耗研究报告(2018年)》,2016年中国建筑能源消费总量为8.99亿t标准煤,占全国能源消费总量的20.62%。综观2001—2016年,建筑能耗占全国能源消费总量的比重在17%~21%波动,与GDP增速的波动呈现反向相关(见图2-21)。

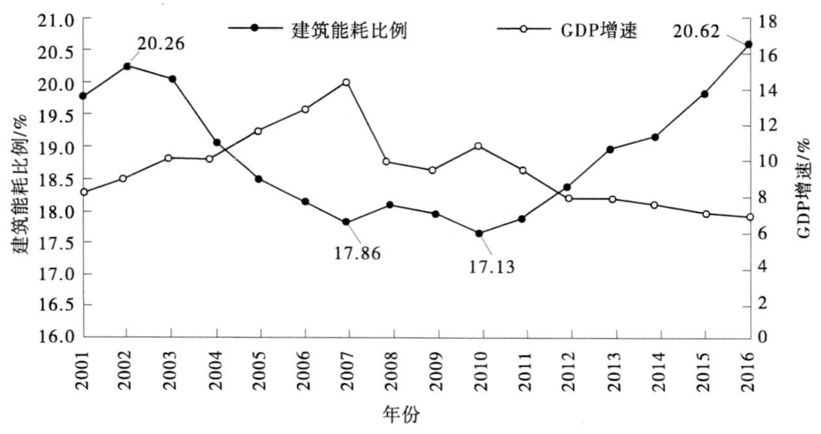

图2-21　2001—2015年中国建筑能耗比例与GDP增速比较

由图2-21可知,建筑能耗占全国能源消费总量的比重波动与经济波动总体上呈现反向相关,经济发展越快,GDP增速越大,建筑能源消费比重则越小,反之,比重越大。2002—2007年,GDP增速逐年增大,2007年达到顶峰,而建筑能耗比例则从2002年的最高峰(20.26%)下降到2007年的最低谷(17.86%);2007—2010年,GDP增速存在一定波动,建筑能耗比例则相应发生反向波动。2010年后GDP增速逐年下降,建筑能耗比例则逐年上升。

通过上述分析可知,2016年左右,我国建筑能源消耗虽增长放缓但是仍呈现持续增长趋势,且随着经济的发展放缓,建筑能耗呈现反向增长趋势,因此研究减少建筑能耗的切实措施对促进建筑节能和经济的可持续发展尤为重要。

2. 中外建筑能耗对比分析

1)中外建筑能耗总量对比分析

世界各国的建筑能耗组成具有一定的差异性。从地区分布上来看,2014年南美洲和非洲各个国家的建筑能耗总量都较低,亚洲和北美洲的建筑能耗较高，欧洲部分国家的建筑能耗总量也相对较高。其中，美国的建筑能耗总量达到了 4.9 亿 t 油当量，中国的建筑能耗总量达到了 4.8 亿 t 油当量，印度的建筑能耗总量为 2.1 亿 t 油当量，俄罗斯的建筑能耗总量为 1.5 亿 t 油当量。

2）中外单位建筑面积能耗及人均建筑面积能耗对比分析

目前，我国的建筑能耗相对于我国的历史能耗已经有了大幅增长，但与发达国家相比，单位建筑面积能耗和人均建筑面积能耗仍然处于较低的数值。

美国单位建筑面积能耗和人均建筑面积能耗都处于较高数值，国家总能耗也相对较高。中国，尤其是中国农村的单位建筑面积能耗和人均建筑面积能耗与发达国家相比有较大差距。究其原因，发达国家随着其经济水平的提高，人们对建筑的需求不断增大，同时对建筑的环境品质和标准要求也较高，于是便造成了国家单位建筑面积能耗和人均建筑面积能耗的提高。而现阶段的中国，正处于发展不平衡、不充分的阶段，所以我国城镇建筑与农村建筑的能耗自身就会存在一定的差异。与发达国家相比，我国对建筑品质和服务要求较低，所以单位建筑面积能耗和人均建筑面积能耗较低。但由于人口数量较多，对建筑面积的需求量大，导致我国总建筑能耗较高。

如今，我国的经济社会正处于高速增长期，随着我国城镇化进程的加快，建筑节能面临着巨大的挑战。一方面，人口增长带来对各类型建筑需求的不断增长，会促使建筑面积的进一步增长；另一方面，随着生活水平的提高，对于不同建筑形式、面积的需求也会不断提升，同时也越来越注重建筑的环境质量与服务水平，对于需求层次的提高会增加建筑的能耗强度。从这两个方面考虑，急需我们去探索如何实现建筑的可持续发展和节能目标，从而控制建筑业的碳排放量。

（三）我国建筑业节能减排现状

中国正处在工业化、城镇化快速发展阶段，建设速度快，建设量惊人。在全球倡导节能减排、推行“绿色先行”的形势下，建筑作为耗能约占社会总能耗 1/3 的高能耗行业，其节能减排势在必行。对此，我国建筑业在发展过程中也做出了一系列努力。

1. 我国建筑节能现状

我国为规范绿色建筑评价标识工作，引导绿色建筑健康发展，于 2007 年印发了《绿色建筑评价标识管理办法》（简称《办法》），自 2008 年《办法》正式实施以来，我国的绿色建筑面积及绿色建筑评价标识项目个数都实现了快速增长。2020 年 7 月印发的《绿色建筑创建行动方案》提出，到 2022 年，当年城镇新建建筑中绿色建筑面积占比达到 70%，星级绿色建筑持续增加，装配化建造方式占比稳步提升，绿色建材应用进一步扩大，绿色住宅使用者监督机制全面推广。根据住房和城乡建设部公布的数据，截至2021年底，全国累计建设绿色建筑面积已达85亿 m^2，当年城镇新建绿色建筑面积为20亿 m^2，占新建建筑比例达84%。由此可以预计，我国的绿色建筑规模增速稳定，将继续呈现扩大趋势。2011—2021年全国累计绿色建筑面积见图2-22。

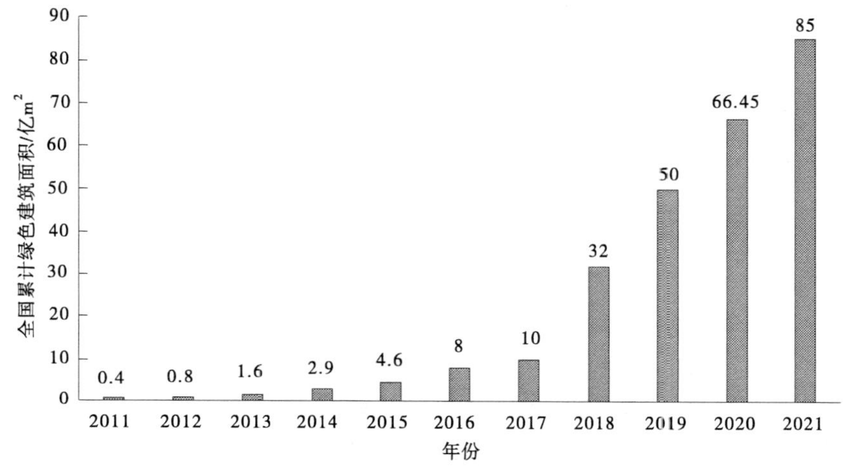

图2-22　2011—2021年全国累计绿色建筑面积

我国于2006年形成绿色建筑认证体系——中国绿色建筑三星认证标准，并从2008年正式开展标识评价。尽管初期发展较为缓慢，但近年来，随着各地绿色建筑标识评价陆续展开，获得绿色建筑评价标识的项目增长迅速。数据显示，截至2020年底，全国累计23 724个建筑项目获得绿色建筑评价标识，建筑面积达24.33亿 m^2（见图2-23）。

2. 我国建筑减排现状

自党的十八大以来，全国建筑碳排放增速、城镇建筑碳排放强度均出现下降趋势。虽然2000—2016年建筑碳排放总量呈现持续增长趋势，从2000年的6.68亿t增长到2016年近20亿t的规模，增长到约3倍，但增速呈现快速下降趋势，相比"十五"期间，全国建筑能耗及碳排放增速在"十一五""十二五"期间显著下降。建筑碳排放年均增速由"十五"时期的11%降低到"十一五"时期的6%和"十二五"时期的4%左右，尤其是2012年以来建筑碳排放增速进一步下降到3%，且建筑碳排放年均增速相比建筑能耗又进一步放缓，党的十八大以来较"十五"期间增速下降74%。

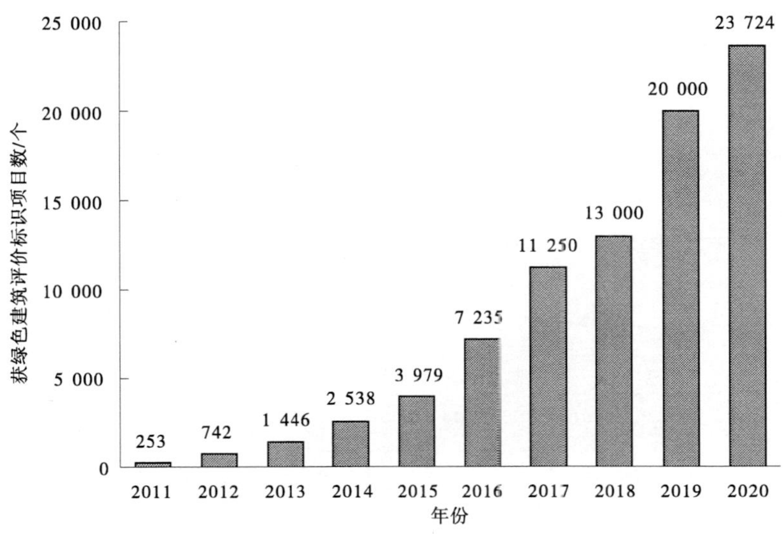

图 2-23 2011—2020 年全国累计绿色建筑评价标识项目情况

《2022 中国城乡建设领域碳排放系列研究报告》显示，2020 年全国建筑与建造能耗总量为 22.7 亿 tce，占全国能源消费总量的比重为 45.5%。2020 年全国建筑与建造碳排放总量为 50.8 亿 tCO_2，占全国碳排放的比重为 50.9%。2020 年全国建筑运行碳排放总量为 21.6 亿 tCO_2，占全国碳排放的比重为 21.7%。

2012 年城镇居住建筑和公共建筑单位面积碳排放分别为 35 $kgCO_2/m^2$ 和 74 $kgCO_2/m^2$，此后逐年下降到 2016 年的 29 $kgCO_2/m^2$ 和 64 $kgCO_2/m^2$，分别下降了 17%和 13.5%（见图 2-24）。单位建筑能耗碳排放也由 2012 年的 2.41 $kgCO_2/kgce$（1 kgce = 29 407 kJ），下降到 2016 年的 2.18 $kgCO_2/kgce$，下降 9.5%。这表明“十一五”以来，尤其是党的十八大以来，我国建筑节能减排工作成效显著，有力地促进了城镇建筑碳排放强度下降，有效缓解了建筑碳排放的增长。受疫情影响，2020 年的建筑运行能耗与碳排放增速明显放缓，碳排放 21.62 亿 tCO_2，同比增长 1.5%。从运行碳排放变化趋势来看，“十一五”期间增速为 7.0%，“十二五”期间增速为 4.2%，“十三五”期间增速为 2.8%，增速逐渐放缓（见图 2-25）。

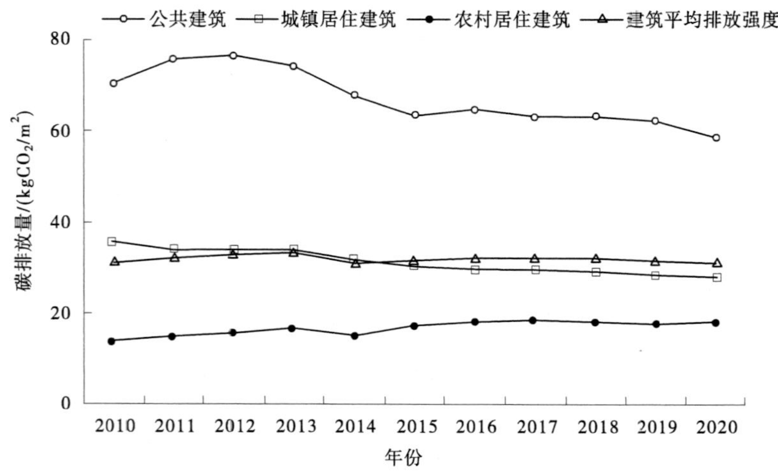

图 2-24　2010—2020 年全国建筑碳排放状况

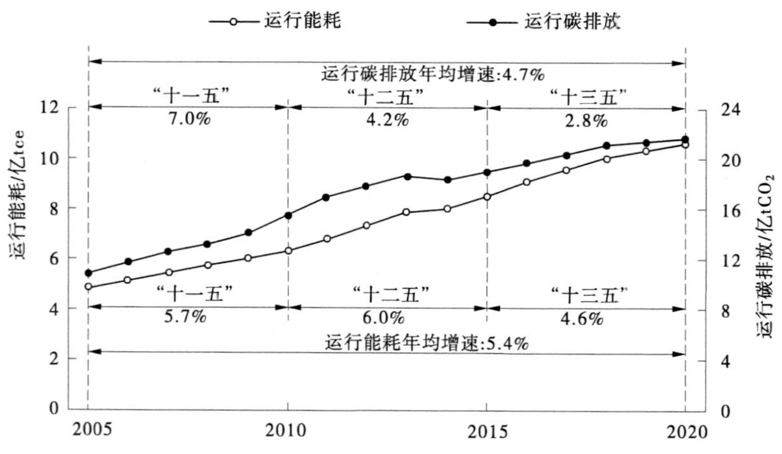

图 2-25　2005—2020 年全国建筑能耗及碳排放年均增速

从能源燃烧或使用过程中单位能源所产生的碳排放数量，即碳排放因子角度分析，2000—2012 年全国建筑综合碳排放因子较为稳定，在 2012 年出现拐点，为 2.41 $kgCO_2/kgce$；此后出现明显下降趋势，2016 年综合碳排放因子比 2012 年下降 9.5%（见图 2-26）。

我国建筑能耗强度、碳排放因子等指标在 2012 年开始均出现下降趋势，由于二者下降实现二氧化碳减排量合计 2.41 亿 t，其中碳排放因子下降带来 1.53 亿 t 碳减排量，能耗强度下降带来 0.88 亿 t 碳减排量，这表明我国建筑

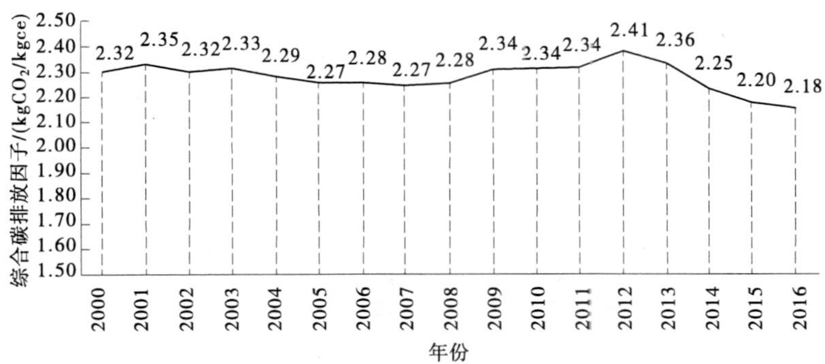

图 2-26　2000—2016 年全国建筑综合碳排放因子分析

(资料来源:中国建筑能耗研究报告,2018 年)

节能减排工作成效显著。但建筑节能减排作为一项系统性、长期性的工程,我国还有很长的一段路要走。因此,我国建筑业在发展中,要及时转变自身发展理念,积极引入先进技术与工艺,发展绿色节能低碳建筑。同时,政府要明确各个部门职责,从制度、政策及税收等层面予以支持和激励,将建筑节能减排工作落到实处,重视对可再生能源的利用和推广,不断提高建筑生态、低碳、装配化水平,从而推动我国建筑领域持续发展。

第三节　"双碳"背景下绿色建材的实现路径

作为世界上最大建材产地与消费国,中国建材的绿色化对全球"双碳"目标的实现至关重要。《中国建筑能耗研究报告(2020)》统计,2018 年中国建筑行业碳排放约占全国总量的 20%。其中的建材工业也一直面临高能耗与高碳排放压力,减少建筑业总体碳排放量,推进绿色建材的扩大应用,是实现碳达峰目标和经济高质量发展的必然要求。

一、"双碳"目标

(1)大国风范的庄严承诺。气候变化问题是当今我们人类全体必须要迎接的挑战,科学有效地解决处理气候问题已在全球范围内达成共识。2015 年达成的《巴黎协定》首次明确了全球要实现"碳中和"的具体目标,把全球平均地表气温升幅控制在 2 ℃之内,同时将气候升幅限制在 1.5 ℃之内,在 21 世纪下半叶实现温室气体源的人为排放与汇地清除之间的平衡。同年,中国向联合国提交《强化应对气候变化行动——中国国家自主贡献》(简称NDC),郑重承诺,到2030年左右,中国的CO_2排放达到峰值并力争提前,积极倡导绿色新能源的推广应用,非传统化石能源的应用在一次性能源消费中的比例增加到20%左右。据IPCC(联合国政府间气候变化专门委员会)报告,若每年全球气温升温控制在1.5 ℃以内,全球在2050年左右就可以实现碳中和;若控制在2 ℃之内,则要到2070年全球才能实现碳中和。真是时间紧、任务重、压力巨大。对此,大部分发达国家虽然碳排放已持续下降,但还是选择2050年的时间目标。中国虽然碳排放一直处于增长中,但依然郑重承诺在2060年前实现碳中和目标,并为此制定了分步走的科学合理规划,力争于2030年前先实现碳排放量达峰,进而于2060年前实现碳中和目标。2020年12月,中央经济工作会议明确把“双碳”目标作为2021年的8项重点任务之一。由此,2021年也成为中国实现“双碳”目标元年,正处于稳步推进过程中。

(2)建材行业的绿色转型。作为事关人人的建筑材料领域的系统性变革,“双碳”目标与生态环境的有效治理紧密相连,不仅能够改变广大人民的生产生活方式和消费模式,不断由高消耗向绿色转变,也是推动新发展阶段实现中国高质量发展的基本保证。作为国民经济的基础性和先导性产业,建材行业产业链长,涉及范围广,能够为中国经济的良性循环发展提供有力支撑,能够满足人民对美好生活和生态环境的向往,是有效实现绿色低碳发展的重要途径,更是推进生态文明建设健康发展的支柱产业。基于此,中国建材联合会于2021年1月发布了《推进建材行业碳达峰、碳中和行动倡议书》,明确提出了建材行业的近期目标,力争在2025年全面实现碳达峰,其中水泥行业要率先于2023年实现碳达峰。基于此要求,建材领域相关从业者和研究者都对实现碳达峰的路径方法与应对措施做出了积极探索和科学研究,也积累了一定成果,为建材行业的绿色发展进行了有益的尝试,准备了必要条件。

二、绿色建材的价值内涵

绿色建材是生态建材、环保建材以及健康建材的统称,主要是指采用无污染清洁生产技术,不用或少用天然资源和传统高消耗能源,尽可能使用工农业或城市固态废弃物生产的无毒害、无污染、无放射性材料,以及达到使用周期后可回收利用,有利于环境保护和人体健康的建筑材料。这一内涵也形象地概括了绿色建材的以下两大特点:

一是环境友好型。绿色材料的主要设计目标是改善生产环境,提高生活质量,充分发挥绿色材料的多功能用途,实现环境友好与人体健康的有效相融。

二是循环利用型。绿色材料可以实现有效的循环回收和再利用，即便是废弃物也会无害，不会对环境造成污染。在材料的具体生产与配制过程中，杜绝使用对人体和环境有害的物质。

目前，我国已开发的绿色建材主要有两大类：①各种纤维类地毯、壁纸和强化石膏板等；②陶瓷类涂料、管材及复合地板等。与传统建材相比，绿色建材有其独特的价值优势，主要体现在生态价值、社会价值与经济价值等三个层面。

(1)生态价值。传统建材用料主要取自于自然界中各类有机物质和无机物质，勇于在其具体加工过程中不可避免地使用化工产品，绝大多数化工产品都会挥发出一定的有害物质，无论是对人体还是环境都会造成不同程度的污染，且皆属一次性材料，无法循环利用，势必导致能耗和碳排放居高不下。而绿色建材则可以较为有效地解决这些问题，“绿色”本质上是一个清洁式开发、闭合性良性循环的物质系统，首尾相顾、无废无污、高效和谐，生产过程主要采用低能耗制造工艺和无污染环境生产技术，这就有效满足了可持续发展的现实需要，真正实现环境与人文的和谐统一，兼顾当代人与子孙后代的需求。发展绿色建材不仅是对国家节约能源号召的积极响应，也是高质量发展目标下节能减排和环境保护的必然选择。以建材行业中主导行业之一的水泥行业为例，它属于典型的高能耗和高碳排放建材，其 CO_2 排放约占整个建材行业碳排放总量的65%，其低碳减排的实现对建材乃至建筑行业碳达峰目标影响较大。中国水泥产业的低碳绿色发展过程曲折艰难，历经粉尘颗粒物治理，水泥窑余热发电，大气污染物排放治理，水泥窑协同处置生活垃圾、固体废弃物、危险废弃物，直至今天的城市环境“净化器”等几个阶段。中国水泥行业协会的数据显示，“十四五”时期，水泥行业结合各种政策，采用各种方法，熟料产量大概率会达到消费和产量峰值，有望提前实现碳达峰目标。这对实现节能减排、低碳环保产业转型具有重要实践指导意义，可为建材领域其他行业碳达峰目标和绿色转型的实现提供可供参照的有效路径。

(2)社会价值。绿色建材的社会价值集中体现在三个方面：健康生活方式的更新、公众环保意识的觉醒与增强、地域特色本土文化的传承与发扬。绿色建材的推广与普及将会唤醒公众的环保意识并不断增强。2020 年 7 月，住房和城乡建设部等 7 部门发布《关于印发绿色建筑创建行动方案的通知》(简称《方案》)。《方案》指出，到 2022 年，当年城镇新建建筑中绿色建筑面积占比不得少于 70%。加大对星级绿色建筑的重视与投入，持续提高建筑能效水平，保证住宅健康性能合理完善，绿色建材应用稳步扩大，并积极推行绿色住宅使用者监督机制，发挥广大居民的主人翁精神，勇于承担主体责任，形成积极创建绿色建筑、崇尚绿色生活的良好社会氛围。绿色建材的推广应用能有力促进绿色建筑与地域特色文化的良好融合。绿色建筑不是简单机械的设备和技术的堆砌，而是合理整合自然资源、地理环境、历史文脉等诸多因素构成的系统性建筑工程。绿色建筑模式需要因地制宜、因形就势，打造具有地域独特适应性的健康安全建筑。由于具有独特的健康环保优势，绿色建材发展前景广阔，空间无限。我国各地政府纷纷推出绿色发展政策，积极扶持绿色建材推广。比如河北设立重点产业高质量发展专项资金，加大对高性能门窗、环境一体机、保温系统、专用特种材料等被动式超低能耗建筑生产企业政策与资金的倾斜；江苏则出台相关政策，加大光伏瓦、光伏幕墙等新型建材技术在城镇建筑中的应用力度。在“双碳”目标积极推动下，绿色环保理念日益深入人心，逐渐显示出其应有的社会价值。

(3)经济价值。绿色转型势必带来传统产业的持续升级，是高质量发展的有效保证。已有研究表明，今后 40 年“双碳”目标实现的绿色发展之路将会撬动数以万亿的绿色金融投资，这将为能源、交通、建筑、工业和林业的升级更新提供难得的机遇。截至 2020 年底，31 个省、自治区、直辖市和新疆生产建设兵团新开工绿色装配式建筑为 6.3 亿 m^2，较 2019 年增长幅度高达 50%，占新建建筑面积的 20.5%。从宏观经济上说，绿色建材行业的发展既为中国整体经济体系额外带动了产值，又额外提供了诸多就业机会，为经济的良好发展提供了珍贵契机。绿色建筑增量投资的宏观经济影响见图 2-27。

相较于传统建筑，绿色建筑主要使用绿色可再生材料、预制材料，并对废物加以循环使用，减少了材料运输过程中造成的消耗与污染，降低了建筑企业的运营成本，大幅减少了建筑垃圾的产生，综合经济效益更高。虽然绿色建材价格相对较高，但是环保型材料的污染小、使用寿命长，从长远角度考虑，绿色建材还可以降低维修成本，改善空气质量，优化建筑功能，因而其经济价值具有很大空间。

三、绿色建材的实现路径

研究显示，2020 年我国城镇总建筑存量约 650 亿 m^2，房屋新开工面积 224 433 万 m^2，但其中不少建筑依然存在高耗能、高排放的问题。由于改善性住房需求旺盛，建筑总量将持续增长，也使得建筑领域碳排放总量在今后 10 年内仍呈增长态势。若现行政策不变，建筑行业碳排放量约在 2038 年达到峰

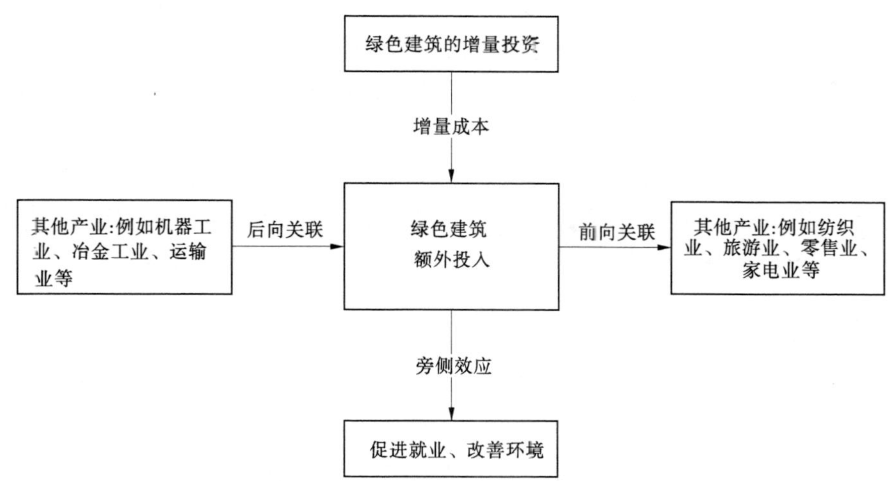

图 2-27 绿色建筑增量投资的宏观经济影响

值。这与我国 2030 年全面实现碳达峰既定目标相差较大。为争取早日实现建筑行业"双碳"目标,必须采取相应的政策措施,本书提出以下路径:

(1)贯彻落实低碳产业政策。"双碳"目标的有效实现,必须充分发挥中国特色社会主义的制度优势,讲求集中力量办大事的决策效率,坚持整体统筹擘画,优化顶层设计。同时因地制宜,分类施策。各地区各行业应保证碳达峰、碳中和"1+N"政策体系的落实力度,明确科学有效标准,设定恰当考评体系,结合实际运行过程制定具体时间表和路线图,持续推动节能减排政策的有力实施。建材企业需要结合本企业与行业特点,提前谋划与布局碳达峰目标和具体减排指标,制订切实可行碳达峰行动方案,围绕"双碳"目标关键节点,科学合理规划碳达峰路线图,推进建材行业节能减排降耗和绿色低碳的健康转型,在具体实施过程中有针对性地剖析降碳潜力,并采取恰当措施建议,推动整个建材行业走绿色低碳、清洁节能循环发展之路,确保建材行业碳达峰目标的如期达成。

(2)加强绿色建材理念宣传。在国家低碳产业政策的大力推动下,"双碳"目标进程获得稳步推进,绿色建材也迎来新的发展机遇。但在具体推进过程中依然存在公众参与主体责任意识不足、绿色环保理念普及不够等问题。为唤醒公众的主体责任意识,更广泛地普及绿色环保理念,还需要进一步加大宣传力度。要在利用好传统宣传工具(广播、电视、报纸、书刊等)的基础上,充分挖掘微信、抖音等网络自媒体的宣传功能,不断提升其宣传效果。同时,灵活结合各种公开宣传形式(学术报告会、技术交流会、政策研讨会、产品展示会等)，积极有效普及绿色建材的基础知识，让更多的人加强对绿色建材的认识，在强化公众绿色意识的基础上，引导他们消费观念向绿色转变，大力推进绿色建材的推广使用，让绿色建材与环保的理念内化于心、外化于行，加快“双碳”目标的实现进程。

(3)建立并完善标准认证体系。截至2021年10月，国家市场监督管理总局、住房和城乡建设部、工业和信息化部三部门联合发布《绿色建材产品认证实施方案》《关于加快推进绿色建材产品认证及生产应用的通知》等与绿色建材紧密相关的政策文件，首次明确出台了绿色建材产品认证标准，成功实现了由“评价”向“认证”的转变。这也标志着我国绿色建材行业已具有较完整的标准体系和配套的产品技术指标。但是在绿色建材的细分领域还不能完全适用，绿色建材认证工作还需要进一步细分完善，扩大绿色产品认证实施范围，持续推动绿色认证体系由产品、服务向产业链、供应链纵深发展，并建立绿色建材采信应用数据库，科学规划绿色建材的生产和应用。各地政府要围绕认证标准，出台可操作性强的政策文件，加强认证结果采信，建立起一套包含政府引导、金融支持、市场主导、消费者支持在内的多层次科学有效的认证采信机制。

(4)完善建材行业的市场监管。建材市场的健康发展依赖于相关产业政策和配套法规，利用行政手段和经济杠杆乃至法律手段，是实现绿色发展“双碳”目标的重要保证。应成立有关部门组成的国家绿色建材协调领导小组，进行建材市场综合协调指导，参与制定相关政策法规，强化质量检查监督，提供技术信息服务，引导市场规范化发展。加强对重点用能建材企业的节能监管，严格执行能耗限额标准，树立能效领跑者标杆，推进企业能效对标达标。建材企业的碳核查工作应走向常态化，提高建材企业对碳减排、碳达峰工作的责任使命，严格按照“双碳”目标实现的要求规范自身生产经营活动。

(5)加强低碳技术的研发推广。科技创新是行业发展的活力之源，技术进步是产业兴旺的基本保证。为加快推进建材企业以碳减排、碳达峰为核心的生态文明建设，必须以减污降碳协同增效为抓手，加快实施建材企业绿色低碳改造升级，推动建材低碳工艺技术的研发与推广。夯实适用性节能减排技术、新型胶凝材料技术、低碳混凝土技术、吸碳技术，以及高贝利特水泥、硫铝酸盐水泥、地聚水泥等先进低碳技术的研发力度。持续引领发展节能环保、安全耐久、因地制宜的绿色建材，如磷石膏建材、页岩陶粒建材等。实行低碳技术试点示范及推广应用的研发工作，优化生产工艺、碳捕集与碳贮存及利用等碳汇技术。以先进技术为支撑，合理配置资源，优化组合，使现代化的绿色建材产品的潜力与市场不断成为现实，并合理搭建低碳技术对接平台，推动低碳技术成果转化，完善建材市场科研人员流通机制，为推动建材行业碳达峰目标的实现奠定坚实的人才基础。

(6)提高资源的综合利用效率。建筑材料的生产过程不可避免地会产生“三废”，绿色建材应注重材料循环使用、重复使用和再生使用(3R 材料)，推进循环生产方式，提高建筑垃圾的综合利用效率。严格控制能源消费，促进能源结构调整，采用光伏发电、风电等替代能源，加强全过程节能管理，提高燃料利用率。在水泥、平板玻璃、陶瓷等行业开展节能诊断，加强定额计量，挖掘节能降碳空间。如加大水泥窑协同处置生活垃圾和废弃物力度，建立示范工程；加强绿色矿山建设，做好矿山恢复植被、护坡、道路等具体事宜。

第三章 绿色建材技术创新可持续探究

第一节 绿色建材产业进入高质量发展时代

2019 年召开的中央经济工作会议提出，将推动制造业高质量发展作为重点工作任务。对于建材行业来讲，绿色建材产业发展便是行业高质量发展的核心内容之一。党的二十大报告指出，要加快发展方式绿色转型，实施全面节约战略，发展绿色低碳产业。大力推动绿色建材发展和应用，是落实党中央、国务院决策部署的重要体现，是促进经济社会发展全面绿色转型、构建绿色低碳生活方式的重要保障。

如何把握绿色建材发展这一实现“双碳”目标的关键“破局点”？如何推动绿色建材形成较为完善的产品体系？如何实现绿色建材与绿色建筑协同发展？上述问题已成为全行业面临的课题。

回顾绿色建材产业发展，肇始于 2013 年的绿色建材产业已经度过了最初发展的探索期和升温期，2018 年的绿色建材产业发展呈现出了诸多新貌，而其中最重要的一点就是丢弃了最初政策红利或产业倒逼转型升级的急速升温，高质量发展已经切实成了绿色建材产业发展的共识。

无论是新材料研发、制造生产、工程选用，还是产业链上下游的生产、研发、设计、应用，绿色均已成为行业自觉；从优选项到必选项，产业上下破除壁垒、释放活力、转型升级，其核心都围绕着产业链的打通、应用端的优化、建设领域的引领。这一抹建材的“绿色”，在中国大地上已经变得越来越宽广，越来越鲜亮。

绿色发展是国家战略。大力推动绿色建材发展和应用是落实党中央、国务院决策部署的重要体现，是促进经济社会发展全面绿色转型、构建绿色低碳生活方式的重要保障。在国家推动“双碳”目标进程中，绿色建材已成为促进产业转型发展和提升大众消费品质的必然选择，承载着全社会绿色低碳发展的期待和希望。

一、多部联动高标准引领新发展

2013—2016 年,围绕绿色建材,住房和城乡建设部、工业和信息化部两部委进行了大量前期准备工作。2013 年联合成立了绿色建材评价标识管理办公室,推进绿色建材产品生产与应用。2016 年在全国城市工作会议中,“绿色节能建材”首次在文件中得以明确。随后,《国务院办公厅关于建立统一的绿色产品标准、认证、标识体系的意见》(国办发〔2016〕86 号)提出了“绿色产品”的概念。2017 年 9 月 2 日,《中共中央、国务院关于开展质量提升行动的指导意见》发布,再次提到了绿色建材的标准、生产和应用。

绿色建材产业利好举措落地生根、渐次开花,但标准缺失成为绿色建材推广和绿色建筑发展的桎梏。继 2014 年 5 月住房和城乡建设部、工业和信息化部联合发布《绿色建材评价标识管理办法》后,其实施细则渐次落地;2017 年 12 月,质检总局(现为国家市场监督管理总局)、住房和城乡建设部、工业和信息化部、国家认证认可监督管理委员会、国家标准化管理委员会等五部委联合印发《关于推动绿色建材产品标准、认证、标识工作的指导意见》(国质检认联〔2017〕544 号),推动了《国务院办公厅关于建立统一的绿色产品标准、认证、标识体系的意见》(国办发〔2016〕86 号)在建材产品领域率先落地实施。

2018 年 12 月,由住房和城乡建设部科技与产业化发展中心主编的中国工程建设标准化协会标准《绿色建材评价标准 预制构件》等 52 项标准(送审稿)通过审查。审查组专家一致认为,送审标准总体水平达到了“国际先进”,标志着我国绿色建材评价标准与国际先进标准并肩,我国建材产品绿色评价工作开启新篇章。

在多部门联动下,高标准引领绿色建材高质量发展,加快了绿色建材产品标准升级,为绿色建材产品发展提供了强大技术支撑。不仅是 52 项标准,此次由住房和城乡建设部科技与产业化发展中心主编的绿色建材评价标准立项达 100 项。绿色建材产品标准涉及产品品类之广、覆盖之全,对建材产品绿色评价体系产生重大影响,有效助力 2019 年发布的新版《绿色建筑评价标准》的实施。

二、区域先行雄安新区指引方向

2018 年 4 月,《河北雄安新区规划纲要》(简称《纲要》)发布,明确提出把新区建设成绿色智慧新城,提出要使用绿色建材。引导选用绿色建材,开发选用当地特色的自然建材、清洁生产和更高环保认证水准的建材、旧物利用和废弃物再生的建材。

雄安新区建设对建材工业来说，既是宝贵机遇，又是巨大挑战。原国家建材局副局长、国务院参事室原副主任蒋明麟表示："解决建材行业从数量扩张型向资源节约型发展的问题，就要走绿色、低碳、环保、循环、可持续发展的道路。现在绿色建材产业刚刚起步，《纲要》明确提出使用绿色建材，建材行业要紧急动员，深入学习理解，这是建材行业转型升级、结构调整的重大机遇。"

2019年，国务院批复同意《河北雄安新区总体规划(2018—2035年)》，其中再次提出，提高绿色建筑、节能相关标准，全面推动绿色建筑设计、施工和运行。雄安新区的建设为未来我国城市建设指明了方向。绿色建材已经在雄安新区得到了大力推广应用。在我国未来的城市建设中，将有大量的绿色建材需求。绿色建材企业应当抓紧练好内功，投身到雄安新区的开发建设之中，并为我国绿色城市建设做好准备。

三、新型建造装配式赋能产业发展

住房和城乡建设部2019年十大任务之一是，要大力发展装配式建筑。以发展新型建造方式为重点，深入推进建筑业供给侧结构性改革。大力发展钢结构等装配式建筑，积极化解建筑材料、用工供需不平衡的矛盾，加快完善装配式建筑技术和标准体系。

2018年，装配式建筑、装配式内装、全装修是建材行业的热点，随着我国装配式建筑驶入了快速发展的轨道，绿色建材产业发展迎来了历史性机遇。绿色建材是促进装配式建筑的重要物质基础，在发展装配式建筑的同时推动建材革命，是促进供给侧结构性改革、行业专业发展的有效手段。可以说，装配式建筑不仅为绿色建材发展提供了广阔的市场机遇，也为绿色建材产业指明了方向。

目前，装配式建筑、装配式内装、全装修等尚面临材料缺口，供需不平衡的问题仍旧存在，2019年随着装配式建筑进入发展成熟期，绿色建材也将借力装配式赢得更多市场先机。

国际能源署相关统计数据显示，全球建筑业的能耗占最终能源消耗的36%，相应产生的碳排放也占全球温室气体的39%。中国建筑节能协会统计发布的一项报告显示，与建筑运行相关的碳排放量占社会碳排放总量的21.2%，而建筑全过程碳排放量占全国碳排放总量的50.6%。

作为整栋建筑最重要的"零件"，建筑材料品质的优劣直接关系到建筑节能水平、室内控制质量、建筑用能效率等建筑使用功能，直接决定了建筑的

"绿色"程度。如今,像外墙砖、砂浆等传统建材在新建建筑中越来越难觅踪影,取而代之的是包括节能保温材料、新型涂料及防水材料、绿色节能建筑技术解决方案在内的建筑节能及新型建筑材料的各种新产品、新技术。随着新技术、新材料的持续应用,建筑将更加安全耐久、健康舒适。

"纵观我国建材工业的发展,无一不与经济发展相适应。"住房和城乡建设部科技与产业化发展中心副主任表示,以往需要解决的是"住得起"的问题,新常态下倡导"双碳"发展理念,要解决的是"住得好"的问题。党的二十大报告提出,要推进生态优先、节约集约、绿色低碳发展,加快发展方式绿色转型。绿色建材强调"全寿命期内"减少对天然资源的消耗和减轻对生态环境的影响,具有"节能、减排、安全、便利、可循环"等特征,能够营造绿色健康的人居环境,在本质上实现对建筑的回归。

作为"碳排放大户",早在20世纪80年代,原城乡建设环境保护部就开始进行建筑节能的研究。1986年出台我国第一部建筑节能领域标准《民用建筑节能设计标准(采暖居住建筑部分)》,20世纪90年代起在党中央、国务院的要求下,将"节能、节水、节材、节地、环境保护"作为建筑行业发展的基本要求。2004年,原建设部和科技部共同开展"绿色建筑关键技术研究"课题,标志着中国绿色建筑的启动。2006年,原建设部颁布《绿色建筑评价标准》;2013年,国家发展和改革委员会、住房和城乡建设部制定并印发《绿色建筑行动方案》,全面推动绿色建筑发展。

绿色建筑需要绿色建材的支撑。2013年,《绿色建筑行动方案》明确大力发展绿色建材的要求,住房和城乡建设部联合工业和信息化部成立绿色建材推广应用协调工作组,同时依托住房和城乡建设部科技与产业化发展中心,设立由两部门共同派员的绿色建材评价标识管理办公室,负责日常管理工作。2019年国家市场监督管理总局、住房和城乡建设部、工业和信息化部联合印发《绿色建材产品认证实施方案》,标志着绿色建材评价工作全面转为认证。目前,共计发布绿色建材评价、认证证书5 000余张。

四、政策导向民生建设呼唤绿色建材

随着住建领域重点工作的不断深入,绿色建材在改善基础民生方面大有作为。住建领域"补齐租赁住房短板"的要求为租赁住房建设提出了要求,长租公寓等发展迅速,既有公寓改造为绿色建材产业发展带来新机;提高城市基础设施和房屋建筑防灾能力,加强城市基础设施建设,海绵城市、垃圾无害化处理设施、地下综合管廊、抗震加固工程成为热点;城市高质量建设发展,推进绿色城市建设,推进老旧小区改造工作,绿色建材成为城市建设的有力支撑;以改善农村住房条件和居住环境为中心,提升乡村宜居水平,为绿色建材下乡提供有效渠道。

住建领域的新任务带来绿色建材产业的新考卷,提升创新能力、满足市场需求,是一个产业得以生存和发展的第一要义。随着绿色建材产业进入高质量发展时代,建材从业者应不断寻找新的发展领域,创造新的发展模式,形成新的发展格局,为绿色建材产业发展增添新的里程碑。

2021 年,财政部、住房和城乡建设部联合开展政府采购支持绿色建材促进建筑品质提升试点工作,大大促进了绿色建材在工程建设中的采信应用,也提高了各地参与试点工作的积极性。2022 年,住房和城乡建设部等六部门开展 2022 年绿色建材下乡活动,使得绿色建材家喻户晓,支持乡村振兴发展。

第二节　我国建材装备行业制造体系现状分析

一、我国建材装备行业制造体系现状探究

随着社会经济的快速发展,中国城市化进程开始不断深化,作为推动城市建设发展的建筑行业迎来了迅猛发展。受到建筑行业的大力带动,以建材工业为主的相关配套产业也进展迅速,作为建材工业下面一个重要分支,建材机械更是迎来了快速转型升级。

国内建材主要分为水泥、玻璃、墙体材料、陶瓷等几大类,根据材料需求的不同,技术、生产工艺的不同,相应建材机械的发展情况也不相同。国内部分建材机械生产技术落后、质量不高、污染严重、价格高昂等问题成为通病,但市场需求和发展潜力仍与日俱增。鉴于此,未来加大研发、增加投入、扩大产能,把握趋势推动设备转型升级,将是建材机械行业的必由之路。

在此背景下,绿色、节能、环保将是中国建材机械发展的转型方向。当前的设备在建材生产过程中易造成固废垃圾污染、气体污染、土地污染、水体污染等众多污染问题,对城市环境和生态造成严重破坏,与此同时,生产过程中也造成资源浪费和能源高耗等情况,有违国家近年来推出的节能环保政策。不管是出于企业生产经济效益的提升、节约资源和能耗成本目的,还是迎合国家绿色生产、节能环保政策,绿色、节能、环保都是建材机械升级的重要趋势。

自动化、智能化无疑是国内建材机械发展的第二个升级方向。目前国内工业制造业生产的自动化需求正在不断释放,建材机械生产的自动化程度还

明显不足，不管是结合国内自动化生产环境氛围来看，还是国外先进智能科技的应用借鉴来看，未来自动化、智能化都是必需的。在这样的情况下，将人工智能、大数据、机器人等新型智能科技集成到生产设备之上，增强建材机械的信息化、数字化、自动化属性，将是推动行业发展的重要途径。

（一）水泥生产设备

水泥是我国建筑行业十分重要的材料之一，我国水泥的生产数量在很长一段时间内居世界首位。虽然目前水泥生产设备技术水平与以往相比已经有了很大的提升，但是仍然存在着一些问题。在很多地区，虽然水泥生产设备已经得到了更新，但是很多企业为了节省成本并没有对这些设备进行更新，而是继续采用以前的设备来进行水泥的生产。旧设备所生产出来的水泥往往会给环境带来很大的污染，这些旧工艺、旧设备生产出来的水泥无论是在质量上，还是在生产过程中的耗能上，都与先进工艺与设备生产出来的水泥有较大的区别，而且旧工艺所生产的水泥往往还存在较多的安全隐患。然而，相关数据显示，当前采用旧工艺生产的水泥产量在我国水泥的总产量中仍然占据了一定比例。近几年，我国不断加大建材机械的研发力度，也通过国外引进的方式引进了许多先进的生产工艺和生产设备，但是由于种种因素的影响，我国在水泥的生产上采用先进的设备进行生产的企业仍然不多，甚至还存在着一些非法生产的厂家采用一些落后的方式来进行水泥的生产，有很多中小型的企业仍然会选择使用这些厂家所生产出来的水泥。水泥生产设备所存在的问题，我们应对其进行解决，尽可能研发出满足中小企业要求的技术装备，只有研发出造价较低、技术较先进的设备才能满足一些中小型水泥制造企业的要求，他们才会对当前的生产设备进行更新，转而使用较为先进的水泥生产设备。

（二）玻璃生产设备

随着建筑行业的不断发展，我国玻璃生产的水平和技术有了很大提升，目前在我国生产的一些玻璃中，平板玻璃仍然占有很大的份额，而生产平板玻璃的工艺也是多种多样的，比如浮法、平拉、引上、下拉、溢流下拉或改拉等。特别是随着近几年建筑行业的发展，我国对于玻璃的需求量也呈现上升的趋势，玻璃生产企业也如雨后春笋般出现。在国外玻璃的生产中，一些较为先进的国家，他们玻璃生产自动化水平很高，制造水平也相对较高，这是我国玻璃生产企业目前无法达到的。在国外很多企业中，计算机和工业电视的结合使用已经十分普遍，他们在生产环节和管理环节当中都使用了计算机，采取这些先进技术生产出来的玻璃在质量上也有了很大的提升，这也是国内玻璃生产所欠缺的。我国在未来玻璃生产设备的研发当中，应该加强这一方面的研发力度,特别是我国当前玻璃的深加工设备技术还相对薄弱,很多设备都是从国外引进的。此外,玻璃设备生产企业要加强和相关科研部门的合作,不断对当前生产玻璃的设备进行更新,科研部门与玻璃设备生产企业两者的结合对于玻璃制造设备的改进有很大的促进作用。

(三)墙体材料生产设备

随着经济的发展以及居住条件的改善,人们对居住舒适度的要求也越来越高,很多新型墙体材料不断地被研发、使用。相对一些发达国家,我国对于墙体材料的开发时间较晚,因此在新型墙体材料的推广中较为落后。很多墙体材料生产机械和设备相对落后,同时设备更新仍然相对缓慢。虽然当前很多人追求居住的舒适度,但是接受新事物的能力还是偏弱,他们往往很难对一些新兴的墙体材料所具备的好处进行深入的了解。此外,墙体材料生产设备更新往往需要较大的投资,而我国进行墙体材料生产的厂家主要是以一些中型或者小型企业为主,他们往往由于资金不足无法对墙体材料生产设备进行更新,因此他们只能继续使用那些已经落后的墙体材料生产设备。

针对墙体材料生产设备当前所存在的问题,我们需要通过企业和科研单位之间高效合作进行改变,加强研发力度以及技术革新,不断对墙体材料生产设备进行更新,特别要重视对墙体材料生产设备成本的管控。此外,国外墙体材料生产设备的技术已经达到了一定水平,我们要对其技术进行借鉴和吸纳,借鉴他们的技术优势来促进我国墙体材料生产设备的不断进步。

(四)陶瓷生产设备

陶瓷生产工艺在我国发展了很长时间,最早可追溯至远古时代,而我国在生产生活中对陶瓷使用也有一定的历史。在陶瓷产量上,我国已多年占据世界第一,已能够很好地满足我国当前的陶瓷需求。但是在陶瓷生产的质量上及陶瓷种类上,我国陶瓷生产还有一定的提升空间。此外,我国陶瓷生产企业在数量上虽已经很多,但是陶瓷设备价格整体上仍然较高,这就导致一些先进的陶瓷设备无法在很多企业中得到使用。我国一些企业进行陶瓷生产的设备往往使用了一定的年限,这导致陶瓷在质量上停滞不前。近几年建筑行业的快速发展对陶瓷的需求量也有了很大的提高,这对于陶瓷生产企业也是一个机遇。

陶瓷设备生产企业要牢牢抓住这一机遇,对本企业的陶瓷生产设备进行更新。企业可以引进国外较为先进的陶瓷工艺及设计理念,并能将其与本土的陶瓷生产设备进行融合,设计出符合我国发展需求的陶瓷生产设备,在不断对国外先进技术的借鉴中,要能在原有基础上寻求突破和超越。国内的陶瓷设备生产企业自身也要加大科创力度，无论是在设备的研发上，还是生产工艺的提高上都应该不断地寻求进步。

（五）水泥机械装备水平现状

1. 主机设备

目前我国水泥厂的规模有 10 000 t/d、6 000 t/d、5 000 t/d、2 500 t/d（3 000 t/d）、1 000～1 500 t/d 等，其中安徽海螺集团有限责任公司拥有 2 条 10 000 t/d 熟料生产线，我国水泥厂 5 000 t/d 以下生产线最多。

（1）10 000 t/d 规模的回转窑的 $\phi 6\times 90$ m、$\phi 6\times 95$ m 结构件部分实现国产化，挡托轮支撑及传动部分依赖进口，上海新建重型机械有限公司成套出口 $\phi 6\times 90$ m 即 10 000 t/d 回转窑，原料粉磨及立磨依靠进口，辅机设备国内配套。

（2）5 000～6 000 t/d 规模的水泥厂大都是原料粉磨及熟料煅烧系统为一条线，水泥粉磨系统为两条线。原料粉磨也有采用管磨机的，华新水泥股份有限公司机械工程分公司生产 $\phi 6\times 12$ m 原料磨，属国内最大规格；熟料煅烧系统（回转窑、除尘器、篦冷机、预热器、分解炉）已经国产化，生产企业不多；水泥粉磨已实现了国产化，有的采用两条 2 500 t/d 生产线，有的采用管磨机加辊压机系统，有的采用管磨机闭路系统，国内最大水泥磨为 $\phi 5\times 15$ m 管磨机，仅华新水泥股份有限公司机械工程分公司生产。具有 6 000 t/d 生产能力的企业有华新水泥股份有限公司机械工程分公司的管磨机、回转窑、选粉机、提升机，江苏鹏飞集团股份有限公司的回转窑，唐山任氏包装设备有限公司及唐山智能电子有限公司的水泥包装机，扬州新建水泥技术装备有限公司及朝阳重工设备制造有限公司的煤粉燃烧器。

（3）2 500～3 000 t/d 规模的水泥厂较多，其所有产品都已实现国产化。

（4）能够生产规模为 1 000 t/d 的水泥管磨机的企业有雅安矿山机器厂及徐州建材机械制造厂。

2. 辅机设备

（1）输送计量给料设备实现了国产化，计量给料设备生产企业较多；提升机以钢丝胶带提升机为主，最大提升高度达到 100 m，且有多家企业生产。

（2）耐热钢：全国耐热钢企业大部分集中在江苏兴化市，如兴化市东方机械有限责任公司、兴化市精密铸钢有限公司，其生产工艺都采用中频炉生产，拥有先进的热处理设备进行热处理，而且企业能够自己加工成品。它们市场份额占全国的 80%。

(3)耐磨材料:包括铸造磨球、各类衬板、锤头等,铸造磨球有高、中、低铬球,衬板有高铬衬板、合金衬板,锤头以合金锤头为主,这些产品国内生产企业很多,能够满足行业需要,且国内多个企业都有产品出口,如安徽省宁国市耐磨材料总厂、东洋铁球(马鞍山)有限公司、北京中发钢球有限责任公司,但也有部分规模较大的水泥厂采用进口的。这方面较好的企业为安徽省宁国市耐磨材料总厂,年生产耐磨材料能力达到 10 万 t。

(4)除尘器、选粉设备能够满足行业发展需要。除尘器有气箱脉冲除尘器、电除尘器。窑尾除尘以电除尘器为主,也有用大型袋式除尘器代替电除尘器。选粉设备以 OSPO 选粉机、旋风式(涡流)选粉机为主,能够满足行业需要。

(5)破碎设备:大型单段锤式破碎机的出现解决了原料破碎问题,上海建设路桥机械设备有限公司、常熟仕名重型机械有限公司是生产这些产品的骨干企业,其产品最大破碎能力能够满足 10 000 t/d 规模的水泥厂的要求。

(6)原料预均化设备:随着水泥厂规模的扩大,原料预均化的作用尤为重要,预均化设备迅速发展,大型的长堆、圆堆等堆取料机设备实现国产化,能够满足行业需要。

3. 设备加工能力

企业的技术改造有了迅速发展,设备加工能力大幅度提高。唐山盾石机械制造有限责任公司拥有 $\phi12.5$ m 立车、$\phi12.5$ m 滚齿机、260 落地镗铣床、260 t 精炼炉、160 t 吊车,具备 10 000 t/d 成套设备生产能力。我国有 9 个企业拥有大型退火窑,对大型结构件(如磨机、立磨、破碎机)进行整体退火,有 11 个企业拥有 $\phi5$ m 以上筒体车床,具备 5 000 t/d 磨机筒体加工能力,尤其是广州市唐水机水泥设备有限公司拥有 $\phi6.5\times18$ m 筒体车床;主要企业都拥有先进的数控切割机、自动埋弧焊机及等离子切割机;少数企业具备大型铸钢件铸造能力,如广州市唐水机水泥设备有限公司、朝阳重型机器有限公司等。行业内铸钢件加工能力明显不足,大部分铸钢件依靠外行业如合肥铸钢责任有限公司、韶关金宝铸造有限公司、河南省辉县市振兴铸钢厂等企业加工。

4. 产品设计开发水平及工艺状况

随着我国改革开放,引进了国外先进技术,现在国内有 4 家科研院所,如天津水泥工业设计研究院有限公司、南京水泥工业设计研究院、合肥水泥研究设计院有限公司、成都勘测设计研究院具备了 5 000 t/d 以下设备研发及工艺设计能力,尤其是天津水泥工业设计研究院有限公司开发设计的 10 000 t/d 水泥项目通过了国家立项。企业开发能力较强的有中天仕名科技集团有限公司、唐山盾石机械制造有限责任公司、江苏鹏飞集团股份有限公司、华新水泥股份有限公司机械工程分公司、上海建设路桥机械设备有限公司等;耐磨材料生产企业安徽省宁国市耐磨材料总厂具有国内先进的实验室,具备研究开发能力;耐热钢产品具备研发能力的有兴化市东方机械有限责任公司和兴化精密铸钢有限公司。

我国加工工艺水平和国际对比没有大的差别,国外先进的加工方法我们已经掌握。华新水泥股份有限公司机械工程分公司磨机筒体加工采用分段出厂、现场组对进行精加工,节约了大量运输成本,得到了国内外专家的好评。

5. 质量保证体系及产品质量

我国通过 ISO9000 质量体系认证的水泥机械装备生产企业有 33 家,未通过认证的企业也在积极准备,企业员工质量意识明显提高,企业都设立产品品质部或质检部(处),配备了专业技术人员负责质量管理和检验控制。企业能够认真执行国家及行业标准,产品都已经经过质检机构的检验,产品整机质量、装配质量合格率达到了 100%,零部件质量合格率都在 95%以上。

6. 综合评价

总体看,我国具备了 6 000 t/d 以下成套水泥设备(除立磨外)工艺设计、技术开发和加工制造水平,10 000 t/d 水泥成套设备也在攻关阶段;国内主要以 2 500 t/d 水泥生产线为主,5 000 t/d 水泥生产线逐步增多;行业装备能力能够满足水泥行业发展的需要,产品质量符合国家及行业标准,80%的企业通过 ISO9000 质量体系认证,产品开发及加工工艺达到了国际水平。从实际情况看,我国水泥装备制造业满足了向大型化发展的条件,水泥机械装备大型化已接近国际水平。

(六)砖瓦机械装备水平现状

近年来随着我国墙改政策的实施,墙体材料也随之发生了变化,非真空挤砖机已基本退出市场,很少有企业在继续生产,绝大部分企业为真空挤出砖机的生产企业。主机有硬塑挤出机、半硬塑挤出机、软塑挤出机,生产的最大挤出端绞刀直径是 700 mm。

辅机有轮碾机、自动码坯机、搅拌机、辊式细碎机、箱式给料机、破碎机、切条机、切坯机、顶车机、输送机、减速机、风机等。大部分企业能生产搅拌机、辊式细碎机、箱式给料机、破碎机、切条机、切坯机、顶车机、输送机,只有少数企业能生产自动码坯机、轮碾机、减速机、风机。配套设备生产能力比较好的有北京东方新强设备制造有限公司、陕西宝深建材机械集团有限公司等几个大中型企业,能够生产全自动成套设备,但是生产高档装饰砖的关键配套设备主要还依赖进口。

(七)砌块机械装备水平现状

总体看来,我国的砌块机生产企业处在发展阶段。部分企业正逐步加大设备改造力度,提高生产能力,福建省泉州鸿昌机械制造有限公司已拥有先进的数控等离子切割机、数控龙门铣等设备;部分企业加强企业的产品设计开发能力,注重引进国外先进技术,福建省泉州鸿昌机械制造有限公司、泉州市群峰机械制造有限公司等几个企业有独立开发设计制造全自动机、电、液压一体化大型成型设备的能力,产品出口很多国家,并且拥有几项专利技术,是砌块机械发展中的亮点。

在建筑领域当中,材料生产机械设备除有水泥生产设备、玻璃生产设备、墙体生产设备及陶瓷生产设备外,还需要有其他建材器械,比如石材加工器械等,这些器械在建材工业中占有十分重要的地位,只有对这些建材企业给予足够的重视,并且不断对建材机械的相关设备进行研发,以及对国外先进的技术进行借鉴,并且不断地进行研发及改进,才有可能推动建材工业的进一步发展,从而促进我国建筑行业的发展。

总而言之,要重视我国建材机械的发展,充分认识到建材机械在建筑行业中的重要性。

二、建材工业智能制造数字转型行动计划

建材工业(含无机非金属材料)是建筑工程和基础设施必不可少的支撑,是国民经济和社会发展的基础性行业,是战略性新兴产业和国防军工发展的重要保障,是环境治理和生态文明建设不可缺少的重要一环。为促进建材工业与新一代信息技术在更广范围、更深程度、更高水平上实现融合发展,促进建材工业转方式、调结构、增动力,加快迈向高质量发展,制订建材工业智能制造数字转型行动计划是非常必要的。

(一)总体要求

1. 指导思想

以习近平新时代中国特色社会主义思想为指导,坚持新发展理念,坚持以供给侧结构性改革为主线,加快新一代信息技术在建材工业推广应用,促进建

材工业全产业链、价值链与工业互联网深度融合,构建网络安全和密码应用支撑体系,促进行业智能化生产、网络化协同、规模化定制、服务化延伸,夯实建材工业信息化支撑基础,提升智能制造关键技术创新能力,实现生产方式和企业形态根本性变革,引领建材工业迈向高质量发展。

2. 基本原则

(1)坚持需求牵引。以行业需求为导向,发挥建材工业规模庞大、场景丰富优势,充分把握不同细分行业、不同企业、不同阶段特点,推动重点领域率先突破,整体水平持续提升。

(2)坚持创新驱动。建立健全产、学、研、用创新体系,推进建材工业与信息技术协同创新共同进步。引导创新资源向智能化、数字化领域汇聚,带动行业技术创新、产品创新和业态创新。

(3)坚持市场主导。充分发挥市场在资源配置中的决定性作用,突出企业主体地位,坚持目标导向和问题导向,激发企业内生改造动力,实现效益提升和转型发展良性互动。

(4)坚持政府引导。分类指导、有序推进,更好发挥政府在方向引导、政策支持等方面的作用,统筹整合资源,加强顶层设计,形成建材工业智能制造数字转型发展合力。

3. 主要目标

到 2023 年,建材工业信息化基础支撑能力显著增强,智能制造关键共性技术取得明显突破,重点领域示范引领和推广应用取得较好成效,全行业数字化、网络化、智能化水平大幅提升,经营成本、生产效率、服务水平持续改进,推动建材工业全产业链高级化、现代化、安全化,加快迈入先进制造业。

(1)支撑体系基本完善。制订和修订 30 项以上建材行业智能制造相关标准,培育 5 家年产值过亿元的建材行业信息化、智能化供应商,建立 10 个建材细分公共服务平台,基本满足建材行业信息化发展需要。

(2)创新能力明显增强。建立 5 个建材行业智能制造创新平台,形成 15 套系统解决方案,突破 50 项建材领域智能制造关键共性技术,培育 100 个建材工业 App,形成若干大数据、云计算、物联网、区块链、5G 通信、虚拟现实、工业互联网等新一代技术应用场景。

(3)推广应用成效显著。推选 6 家智能制造标杆企业,建立 50 个建材行业智能工厂,打造 20 个数字矿山,培育 100 个在研发设计、生产制造、供应链管理、电子商务、设备运维等领域单项应用取得突出成效的典型项目。

（二）重点任务

1. 建材工业信息化生态体系构建行动

（1）完善建材两化融合贯标体系。继续推动建材企业依据两化融合管理体系国家标准开展贯标工作，鼓励有条件的企业申请评定。引导贯标咨询服务机构深入企业，对标国家标准开展基础建设、单项应用、综合集成、协同创新等工作。建立建材企业贯标、年度测评推广和跟踪反馈机制，推动建材工业两化融合不断向更高阶段跃升。

（2）建立建材智能制造标准体系。加强建材行业智能制造标准化协调机制建设，建立健全行业智能制造标准体系。组织开展智能工厂、数字矿山等标准和规程研究制定及宣贯落实。搭建智能制造标准试验验证平台，结合企业实际验证标准的有效性和可行性。

（3）培育信息化公共服务体系。推动装备、软件、自动化、仪器仪表、系统集成、安全防护等不同领域企业紧密合作，加快培育一批针对建材工业的系统解决方案供应商。面向建材行业信息化发展需要，发挥科研院所转制企业优势，推动产业链分工协作、共同发展。

（4）构建网络安全分级防护体系。面向应用工业互联网的建材工业企业，制定网络安全分类分级防护指南、网络安全分级防护规范，推动企业实施分类分级安全防护。开展防护能力贯标，引导企业加强网络安全防护能力建设。强化网络安全产品和解决方案定制化供给，促进建材工业企业网络安全保障能力提升。

2. 建材工业智能制造技术创新行动

（1）突破一批关键核心技术。依托行业骨干企业创建开放共享的建材智能制造创新平台，推动关键共性技术研究以及智能部件、装备、系统研发。引导各类企业加大研发投入，开展适用于建材工业的智能传感器、神经网络芯片等基础元器件以及工业机器人、智能交互系统等智能产品的研发、制造与应用，突破智能控制和优化、数据采集与分析、故障诊断与维护、密码防护等一批核心技术，夯实建材工业智能制造硬件和软件基础。

（2）形成一批系统解决方案。针对建材细分行业特点，以矿山开采、原料制备、破碎粉磨、窑炉控制、物流仓储、在线检测等关键环节为重点，提炼形成若干套具有智能感知、自动执行、深度学习、智能决策、密码防护等功能的智能化、数字化、集成化系统解决方案，促进水泥、玻璃、陶瓷等行业生产方式的自动化、智能化、无人化变革。

（3）创新一批工业互联网场景。构建网络、平台、安全三大功能体系，鼓励企业积极探索“5G+工业互联网”,促进工业互联网与建材工业深度融合。推动建材行业工业互联网标识解析二级节点建设,深化标识解析应用。大力发展建材行业工业互联网创新应用平台,加快开发建材工业 App,推动建材企业和设备云上平台,实现制造资源和制造能力互联互通。构建工业互联网密码支撑体系,加快商用密码在建材行业深度应用。

3. 建材工业智能制造推广应用行动

(1)大力培育智能工厂和数字矿山。发挥智能制造标杆企业的示范引领作用,通过持续完善、迭代和提升,在行业内大规模复制推广。按照智能工厂建设规程和标准,培育一批集智能生产、智能运维和智能管理为一体的建材行业智能工厂,切实提高产品质量、运营效率、设备管理和安全环保水平。运用三维仿真、智能采选、自动配矿、无人驾驶、灾害监控等手段,实施机械化换人和自动化减人,打造一批安全、高效、绿色的数字矿山。

(2)着力推进关键环节典型应用。聚焦建材工业生产和经营关键环节,加快推广窑炉优化控制、智能仓储物流、设备巡检维护、在线监测检测、批量个性定制、网络集成外包、产品质量追溯、数字设计运营等先进技术方案,培育一批单项应用典型项目。在搬运码垛、投料装车、抛光施釉、喷漆打磨、高温窑炉等繁重危险岗位,以及图像识别、切割分拣、压力成型、取样检测等高精度岗位加快实施“机器换人”。推广窑炉协同处置工业固废、生活垃圾、危险废弃物等技术,促进建材行业绿色发展。

(3)加快提高中小建材企业信息化水平。支持大型企业建设工业互联网平台,通过网络协同、平台集成、线上对接等方式,实施产业链协同和大中小企业资源融通,带动中小企业转型发展。结合数字化赋能中小企业专项行动,培育针对中小建材企业的信息技术供应商及产品方案,建设第三方工业互联网公共服务平台,在线提供工业软件、研发设计、市场营销、物流仓储等服务,促进中小企业上云上平台,支撑数字化转型进程。

(三)保障措施

1. 加强组织领导

各地工业和信息化主管部门要加强统筹协调,建立健全本地区建材行业智能制造数字转型推进机制,明确时间进度,落实各项任务。建材各行业协会要结合各自产业规模、技术特点、发展水平等情况,制订工作计划,明确责任部门,提出政策建议。相关产业联盟、骨干企业、科研院所及高校要加强沟通合作,形成推进合力。设立建材行业智能制造专家委员会,提供战略、技术、政策等咨询建议。

2. 加大政策支持

深化产融合作,加大金融支持,鼓励产业和金融资本设立建材智能制造数字转型投资基金,重点投向人工智能、大数据、工业软件、5G 通信、工业互联网等在建材领域的创新应用。支持符合条件的建材智能技术装备企业按规定享受税收优惠、融资担保政策,申请有关保险补偿和资金支持。

3. 强化人才保障

支持开展职业技能培训,鼓励有条件的企业、院校、科研院所联合建设智能制造实训基地,培养一批面向工业化和信息化深度融合的复合型人才,形成一批建材工业智能化数字化发展领军队伍。创新人才引进政策与方式,加强国外高端信息技术人才的引进和交流。

4. 营造良好环境

开展建材企业信息化水平评估,及时总结先进经验和缺点不足,促进各地区各行业不断改进提升。组织开展诊断咨询服务,收集整理相关案例,加强交流宣传。深化技术、管理、标准等方面国际交流合作。

第三节　建材工业智能制造技术创新行动

——促进绿色建材生产和应用的案例探析

绿色建材是指在全生命期内减少自然资源消耗和生态环境影响,具有"节能、减排、安全、便利和可循环"特征的建材产品。促进绿色建材生产和应用,是拉动绿色消费、引导绿色发展、促进结构优化、加快转型升级的必由之路,是绿色建材和绿色建筑产业融合发展的迫切需要,是改善人居环境、推进生态文明建设、全面建成小康社会的重要内容。为加快绿色建材生产和应用,根据工业和信息化部、住房和城乡建设部制定的《促进绿色建材生产和应用行动方案》,以湖南省的发展应用为例,制定实施方案。

一、总体要求

贯彻落实《国务院关于化解产能严重过剩矛盾的指导意见》《湖南省绿色建筑行动实施方案》《湖南贯彻〈中国制造 2025〉建设制造强省五年行动计划(2016—2020)》等要求,以湖南省新型工业化、城镇化建设等需求为牵引,以促进绿色生产和绿色消费为主要目的,以绿色建材生产和应用突出问题为导向,明确重点任务,实现建材工业和建筑业稳增长、调结构、转方式和可持续发展，大力推动绿色建筑发展、绿色城市建设。

二、工作目标

到2020年，湖南省绿色建材生产比重明显提升，发展质量明显改善。绿色建材在行业主营业务收入中占比提高到25%，品种质量较好满足绿色建筑需要，与2015年相比，建材工业单位增加值能耗下降10%，氮氧化物和粉尘排放总量削减10%；绿色建材应用占比稳步提高。新建建筑中绿色建材应用比例达到40%，绿色建筑中的应用比例达到60%，试点示范工程中的应用比例达到80%。

三、工作任务

（一）建材工业绿色制造行动

1.全面推行清洁生产，促进节能减排

支持现有企业实施技术改造，提高绿色制造水平。推广应用建材窑炉烟气脱硫脱硝、除尘、煤洁净气化以及建材智能制造、资源综合利用等共性技术；优先支持建筑卫生陶瓷行业、烧结自保温墙材行业、预拌砂浆行业清洁生产技术改造，平板玻璃、建筑卫生陶瓷行业限制高硫石油焦燃料，鼓励油改气项目；积极引导水泥企业在冬春淡季实行错峰生产，节能减排。推广新型耐火材料，全面推广无铬耐火材料，从源头消减重金属污染；开发推广结构功能一体化、长寿命及施工便利的新型耐火材料和微孔结构高效隔热材料。

2.强化综合利用，发展循环经济

充分利用好现有税收政策，加大财政支持力度，推动利用城市周边现有水泥窑协同处置生活垃圾、污泥、危险废物等，支持利用尾矿、产业固体废弃物，生产新型墙体材料、机制砂石、混凝土掺合料、砂浆掺合料等。以建筑垃圾处理和再利用为重点，加强再生建材生产技术和工艺研发，提高固体废弃物消纳量和产品质量。

3.推进两化融合，发展智能制造

引导建材生产企业提高信息化、自动化水平，重点在水泥及水泥制品、建筑卫生陶瓷、墙体材料等行业推进智能制造。深化电子商务应用，利用二维码、云计算等技术建立绿色建材可追溯信息系统，提高绿色建材物流信息化和供应链协同水平。开发推广工业机器人，在建筑陶瓷、玻璃、玻纤及纤维制品、墙体材料等行业开展“机器代人”试点，降低生产企业劳动强度，提高劳动生产率。在水泥行业建成建材智能工厂示范线，建设基于自适应控制、模糊控

制、专家控制等先进技术的智能水泥生产线,实现原料制备、窑炉控制和水泥粉磨的全智能优化,并在工业窑炉、投料、装车等危险、重复作业环节应用机器人智能操作,开展具有采购、生产、仓储、销售、运输、质量管理、能源管理和财务管理等功能的商用智能管理应用(BI)。

(二)绿色建材评价标识行动

1. 开展绿色建材星级评价

按照《绿色建材评价标识管理办法》要求,建立绿色建材评价标识制度。按照《绿色建材评价标识管理实施细则》和已发布《绿色评价技术导则》的建材产品,开展绿色建材星级评价,对外发布《绿色建材产品目录》,指导建筑业和消费者选材,积极参与建设全国统一、开放有序的绿色建材市场。

2. 构建绿色建材信息系统

对接国家绿色建材信息平台,建立绿色建材数据库和信息采集、共享制度。利用"互联网+"等信息技术构建绿色建材公共服务系统,发布绿色建材评价标识等信息,普及绿色建材知识。构建绿色建材选用机制,疏通建筑工程绿色建材选用通道,实现产品质量可追溯。

3. 扩大绿色建材的应用范围

围绕绿色建筑需求和建材工业发展方向,重点开展通用建筑材料、节能节地节水节材与建筑室内外环境保护等方面材料和产品的绿色评价工作。在推进绿色建筑发展和开展绿色建筑评价工作中强化对绿色建材应用的相关要求,提高绿色建筑评价标准中使用绿色建材的比重。在各类试点示范工程和推广项目中,进一步明确对绿色建材使用的规定。大力促进绿色建筑及绿色生态城区建设,既有建筑节能改造,可再生能源建筑应用,棚改和安居工程,海绵城市、智慧城市建设等工程中,因地制宜使用取得星级标识的绿色建材。

(三)水泥与制品性能提升行动

1. 发展高品质和专用水泥

完善产品质量标准体系,及时跟踪水泥国家标准的修订,鼓励生产和使用高标号水泥、纯熟料水泥。优先发展并规范使用海工、核电、道路等工程专用水泥。支持延伸产业链,完善混凝土掺合料标准,加快机制砂石工业化、标准化和绿色化。

2. 推广应用高性能混凝土和高品质预拌砂浆

鼓励使用C35及以上强度等级预拌混凝土,推广大掺量掺合料及再生骨料应用技术,提升高性能混凝土应用技术水平。研究开发高性能混凝土耐久性设计和评价技术,延长工程寿命。加快实施设区市城区禁止现场搅拌砂浆工作，大力推广应用高品质预拌砂浆，制订预拌砂浆生产、使用管理办法，推广大掺量掺合料及再生细骨料应用技术，提升机械化喷涂装备及施工技术水平，研究开发保温、防水、抗渗、装饰等多功能预拌砂浆，提高建筑装饰装修品质。

3. 大力发展装配式混凝土建筑及构配件

积极适应建筑工业化，按照《湖南省人民政府关于推进住宅产业化的指导意见》（湘政发〔2014〕12 号）和《湖南省人民政府办公厅关于印发〈湖南省推进住宅产业化实施细则〉的通知》（湘政办发〔2014〕111 号）文件的要求，积极推广成熟的预制装配式混凝土结构体系，优化完善现有预制框架、剪力墙、框架-剪力墙结构等装配式混凝土结构体系。完善混凝土预制构配件的通用体系，推进叠合楼板、内外墙板、楼梯阳台、厨卫装饰等工厂化生产，引导构配件产业系列化开发、规模化生产、配套化供应。鼓励和引导大型商品混凝土生产企业、传统建材企业向预制构件和住宅部品件生产企业转型，为湖南省建材行业培育新的增长点。

（四）钢结构和木结构建筑材料推广行动

1. 发展钢结构和金属建材

在文化体育、教育医疗、交通枢纽、商业仓储等公共建筑中积极采用钢结构，发展钢结构住宅。工业建筑和基础设施大量采用钢结构。在大跨度工业厂房中全面采用钢结构。推进轻钢结构农房建设。鼓励生产和使用轻型铝合金模板和彩铝板。结合棚改和安居工程等开展钢结构建筑试点。

2. 发展木结构建筑

促进城镇木结构建筑应用，推动木结构建筑在政府投资的学校、幼托、敬老院、园林景观等低层新建公共建筑，以及城镇平改坡中使用。推进多层木-钢、木-混凝土混合结构建筑，在以木结构建筑为特色的地区、旅游度假区重点推广木结构建筑。

3. 大力发展生物质建材

促进木材加工和保护产业发展，支持利用农作物秸秆、竹纤维、木屑等发展生物质建材，优先发展和使用生物质纤维增强的木塑、新型镁质建材等围护用和装饰装修用产品。鼓励在竹资源丰富地区，发展竹制建材和竹结构建筑。

（五）平板玻璃和节能门窗推广行动

1. 大力推广节能门窗

实施建筑能效提升工程，建设高星级绿色建筑，发展超低能耗、近零能耗建筑。鼓励新建公共建筑、绿色建筑和既有建筑节能改造使用低辐射镀膜玻璃、真（中）空玻璃、断桥铝合金等节能门窗，带动平板玻璃和铝型材生产线升级改造。

2. 严格使用安全玻璃

加强安全玻璃生产和使用监督检查,切实规范建筑安全玻璃生产、流通、设计、使用和安装管理,防止以次充好,消除玻璃门窗和幕墙安全隐患。

3. 发展新型和深加工玻璃产品

鼓励太阳能光热、光伏与建筑装配一体化,带动光热光伏玻璃产业发展。支持发展电子信息用屏显玻璃基板、防火玻璃、汽车和高铁等用风挡玻璃基板等新产品,提高深加工水平和产品附加值。

(六)新型墙体和节能保温材料革新行动

1. 新型墙体材料革新

重点发展本质安全和节能环保、轻质高强的墙体和屋面材料,全面推进城乡建筑绿色新型墙体材料应用工作。各市(州)城市规划区禁止使用黏土制品,各县级城市规划区严格限制使用黏土制品,县级城区禁止使用黏土实心砖。引导利用可再生资源制备新型墙体材料,建立与各类固体废弃物排放行业紧密衔接的循环经济体系,提高综合处置能力和利用效率。继续推进粉煤灰、煤矸石、矿渣(尾矿)、河(湖)淤(污)泥、脱硫石膏等在墙体材料生产中的综合利用。进一步提高资源综合利用水平,扩大资源综合利用范围并提高资源综合利用总量。加大对协同处置城市污泥、建筑废弃土、建筑渣土及其他有害废弃物的技术装备研发和推广力度,探索利用大型烧结砖隧道窑安全处置城市污泥,推进利用污泥、废渣与其他原料配合生产烧结制品。重点发展节能型墙体及部品部件,开发轻质高强、施工便利的防火保温外墙承重材料制造和应用技术、复合型墙体材料工业化制造和应用技术。非承重类的建筑内、外墙板包括外墙复合保温墙板、轻质内墙板、集成式一体化外墙、屋面系统。

2. 发展高效节能保温材料

鼓励发展保温、隔热及防火性能良好、施工便利、使用寿命长的外墙保温材料,开发推广结构与保温装饰一体化外墙板。推动既有新型墙体材料产品向轻质、高强、自保温方向发展。继续发展烧结砌块和自保温混凝土砌块、加气混凝土砌块等产品。烧结制品向高孔隙率、高强自保温方向发展;混凝土制品要着力解决使用中因发生体积变形而引起的建筑物开裂问题,并通过块型设计和复合保温材料提高产品的保温性能;加气混凝土制品应朝低容重、高强度、自保温方向发展,鼓励加气混凝土条板的发展。

(七)陶瓷和化学建材消费升级行动

1. 推广陶瓷薄砖和节水洁具

推广使用大型化、薄型化的陶瓷砖,节水、轻量的坐便器(小便器)。开发新型水龙头、马桶盖等智能卫浴用品,促进卫生陶瓷人性化、智能化生产,更好地满足个性化消费。发展透水砖等城镇道路建设材料及集水系统,支撑海绵城市建设。推广应用陶瓷窑炉烟气脱硫脱硝除尘、煤洁净气化等技术,优先支持建筑卫生陶瓷行业实施清洁生产技术改造,促进现有陶瓷企业实施技术改造,提高绿色制造水平。

2. 提升管材和型材品质

大力推广应用耐腐蚀、密封性好、保温节能的新型管材和型材,提高使用寿命和耐久性。支持生产和推广使用大口径、耐腐蚀、长寿命、低渗漏、免维护的高分子材料或复合材料管材、管件,支撑地下管廊建设。

3. 推广环境友好型涂料、防水和密封材料

支持发展低挥发性有机化合物(VOCs)的水性建筑涂料、建筑胶黏剂,推广应用耐腐蚀、耐老化、使用寿命长、施工方便快捷的高分子防水材料、密封材料和热反射膜。

(八)绿色建材下乡行动

1. 支持绿色农房建设

结合新农村建设、绿色农房建设需要,引导各地因地制宜生产和使用绿色建材,编制《绿色农房用绿色建材产品目录》,重点推广应用节能门窗、轻型保温砌块、预制部品部件等绿色建材产品,加强规划并鼓励支持在乡镇农村建设小型预拌混凝土搅拌站,制订农村推广预拌混凝土配套政策,加快预拌混凝土在绿色农房等建设中的应用,提高绿色农房防灾减灾能力。

2. 支持现代设施农业发展

围绕现代设施农业,积极发展和推广安全性好、性价比高、使用便利的玻璃、岩棉等产品。

(九)试点示范引领行动

1. 工程应用示范

制定绿色建材应用试点示范申报、评审和验收等办法。结合绿色建筑、保障房建设、绿色生态城区、既有建筑节能改造、绿色农房、建筑产业现代化等工作,明确绿色建材应用的相关要求。选择典型城市和工程项目,开展钢结构、木结构、装配式混凝土结构等建筑应用绿色建材试点示范。

2. 产业园区示范

在绿色建材发展基础好的地区,依托优势企业,整合要素资源,完善研发设计、检测验证、现代物流、电子商务等公共服务体系,支持建设以绿色建材为特色的产业园区。

3. 协同处置示范

按照国家发改委等七部委《关于促进生产过程协同资源化处理城市及产业废弃物工作的意见》,持续开展好水泥窑协同处置城市生活垃圾等废弃物的试点示范。开展固体废弃物再生建材综合利用示范,建立再生建材工程应用长期监测机制,积累再生建材应用安全性技术资料。

四、政策措施

(一)加强组织领导

建立由省经济和信息化委员会、住房和城乡建设厅牵头,相关部门参加的绿色建材生产和应用协调机制。加强湖南省绿色建材生产应用与绿色建筑发展、绿色城市建设的内在联系,统筹绿色建材生产、使用、评价等环节,加强政策衔接,强化部门联动,组织实施相关行动,督促落实重点任务,协调完善推进措施,组织开展绿色建材评价工作。

(二)研究制定配套政策

利用现有渠道,引导社会资本,加大对共性关键技术研发投入,支持企业开展绿色建材生产和应用技术改造。研究制定财税、价格等相关政策,激励水泥窑协同处置、节能玻璃门窗、节水洁具、陶瓷薄砖、新型墙材、预拌混凝土、预拌砂浆等绿色建材生产和消费。支持有条件的地区设立绿色建材发展专项资金,对绿色建材生产和应用企业给予贷款贴息。将绿色建材评价标识信息纳入政府采购、招标投标、融资授信等环节的采信系统。研究制定建材下乡专项财政补贴和钢结构部品生产企业增值税优惠政策。

(三)完善标准规范

强化环保、能耗、质量和安全标准约束。加强建筑工程设计规范与绿色建材产品标准的对接。实施绿色导向工程,鼓励和支持建材企业、科研院所、质检机构、行业协会等开展产学研合作,编制绿色建材应用技术标准,设计、施工和质量验收规范。完善绿色建筑与建筑节能设计、施工验收和评价标准,建立绿色建材标准体系。

(四)搭建创新平台

依托中国建材集团有限公司、中材水泥有限公司、安徽海螺水泥股份有限公司、湖南省建材设计研究院、湖南大学、中南大学、长沙理工大学等大型企业集团、科研院所、高校，构建完善产、学、研、用相结合的产业发展创新体系。创建一批以绿色建材为特色的技术中心、工程中心或重点实验室，整合湖南省现有资源，重点支持集技术开发、建筑设计、检验认证为一体的综合性科研机构的发展，完善产业发展所需的公共研发、技术转化、检验认证等平台。加强建材生产与建筑设计、工程建造等上下游企业互动，组建绿色建材产业发展联盟。

（五）开展宣传教育和检查

加大培训力度，开展绿色建材生产和应用的培训。开展形式多样的绿色建材宣传活动，强化公众绿色生产和消费理念，提高对绿色建材政策的理解与参与，使绿色建材的生产与应用成为全行业和社会各界的自觉行动。开展绿色建材行动检查，对不执行绿色建材生产和使用有关规定的，要加强舆论监督和通报批评。

第四章 绿色建材产业生态系统可持续发展探究

第一节 推动建材行业绿色低碳高质量发展探析

国家发展和改革委员会等四部门联合印发了《高耗能行业重点领域节能降碳改造升级实施指南(2022 年版)》(简称《实施指南》)。《实施指南》作为《关于严格能效约束推动重点领域节能降碳的若干意见》《关于发布〈高耗能行业重点领域能效标杆水平和基准水平(2021 年版)〉的通知》的配套文件,针对建材、石化化工、钢铁、有色等行业的 17 个重点领域,分别提出了节能降碳改造升级方案,对有效提升重点领域能效水平,降低碳排放强度,加快实现绿色低碳高质量发展,具有重要指导作用。

一、《实施指南》对推进建材行业节能降碳的重要意义

建材行业是国民经济的重要基础产业,由于产业规模大、过程排放高、能源结构偏煤等,能源消费量和碳排放量位居工业行业前列。其中水泥、平板玻璃、建筑卫生陶瓷制造业作为建材传统窑炉工业,能源消费量和碳排放量较大,是建材行业节能降碳的重点领域。

《实施指南》瞄准建材行业的水泥、平板玻璃、建筑卫生陶瓷产业,抓住了关键领域,阐明了各产业能效基本情况,提出了节能降碳改造升级的工作方向和目标,对推动建材行业重点领域节能降碳,实现绿色低碳高质量发展具有重要意义。

(一)强化目标导向,形成合力,加快推进节能降碳改造升级

《实施指南》提出,到 2025 年,通过节能降碳改造升级,水泥(熟料)、平板玻璃、建筑卫生陶瓷行业达到能效标杆水平以上的产能比例分别为 30%、20%、30%,能效基准水平以下产能基本实现清零。鉴于目前水泥、平板玻璃、建筑卫生陶瓷行业达到能效标杆水平以上的产能较少,部分行业能效基准水平以下产能较多,要实现上述目标,任务艰巨,时间紧迫。

全行业要统一认识，强化目标导向，加快谋划，共同行动，科研院所要加强先进技术攻关，加快先进适用节能低碳技术产业化应用；生产企业要在研究《实施指南》提出的相关技术方案基础上，结合企业实际，提出可操作的节能降碳技改方案，并加快实施，提升能效水平，争取达到能效标杆水平；行业协会要搭建交流推广平台，推动科研院所、技术研发单位和行业企业形成合力，加快推进建材行业节能降碳改造升级工作，确保科学、有序、如期实现上述目标。

（二）加强先进技术攻关，加快成熟工艺普及推广，推动能效水平持续优化

《实施指南》从调整产业结构、产品结构、能源结构和提升能源利用效率等方面明确了水泥、平板玻璃、建筑卫生陶瓷行业的改造升级路径，提出了两个工作方向：一是加强先进技术攻关，培育标杆示范企业；二是加快成熟工艺普及推广，有序推动改造升级。

在加强先进技术攻关方面，重点围绕窑炉利用氢能制造技术及装备、窑炉烟气二氧化碳捕集与纯化催化转化利用关键技术、新型固碳胶凝材料制备技术、新型煅烧熔化烧成技术及装备等重大关键性节能低碳技术，加大攻关力度。中国建筑材料联合会已通过“揭榜挂帅”形式，组织行业内外科研力量开展上述关键节能低碳技术的攻关。

在加快成熟工艺普及推广方面，重点围绕提升生产线各系统能源利用效率，减少化石燃料的消耗量，降低单位产品能耗，推动自动化、信息化、智能化系统技术改造，提高生产效率和生产管理水平，加强清洁能源原燃料替代，合理压减终端排放等方面开展改造升级，推动节能减污降碳协同增效。

（三）有序推动改造升级，推进建材行业绿色低碳高质量发展

一是要注重政策衔接。要发挥产业政策和能效标准的协同作用，统筹做好重点领域节能降碳一系列政策与《产业结构调整指导目录》、碳达峰实施方案等各项政策的衔接，发挥政策协同效应，有效推进重点领域节能降碳改造升级工作。

二是要注重系统集成。对于企业改造升级，单项技改效果有限，要达到标杆水平，需要进行多项技改、全方位升级，因此要注重技术集成、系统集成，达到集成效果，实现节能减污降碳协同增效。

三是要加强节能监察。要加强对能效水平执行情况的日常监测和现场检查，建立常态化节能监察机制，强化节能监督管理体系建设。

二、建材行业碳排放问题

建材行业核算报告和核查共性问题主要有核算报告主体的确定、跨行业经营的确定和电力排放因子数值的选取问题。

(一)电力排放因子的选择

国家发展和改革委员会应对气候变化司组织国家应对气候变化战略研究和国际合作中心研究确定了中国区域电网的平均二氧化碳排放因子(见表4-1),水泥和平板玻璃企业根据所在省或省级行政区域选择对应的区域电网排放因子。

表4-1 中国区域电网平均二氧化碳排放因子

区域电网	省份	二氧化碳排放因子/[tCO_2/(MW·h)]
华北区域	北京市、天津市、河北省、山西省、山东省、内蒙古自治区西部地区	0.884 3
东北区域	辽宁省、吉林省、黑龙江省、内蒙古自治区东部地区	0.776 9
华东区域	上海市、江苏省、浙江省、安徽省、福建省	0.703 5
华中区域	河南省、湖北省、湖南省、江西省、四川省、重庆市	0.525 7
西北区域	陕西省、甘肃省、青海省、宁夏回族自治区、新疆维吾尔自治区	0.667 1
南方区域	广东省、广西壮族自治区、云南省、贵州省、海南省	0.527 1

(二)水泥行业碳排放问题

1. 窑头粉尘量的确定

水泥企业窑头粉尘是水泥熟料冷却过程中,篦冷机风机冷却风经窑头除尘后废气带出的粉尘,此部分粉尘与熟料性质相同,均是经煅烧碳酸盐分解后的烧结产品。通过统计超过40家水泥企业的数据,窑头粉尘计算所得碳排放数据占水泥企业碳排放总量的1‰以下,对水泥企业碳排放数据影响极小。

水泥企业窑头粉尘含量数据的来源包括环保在线监测统计数据和第三方监测窑头粉尘报告。水泥企业可根据所拥有的项目资料统计或计算窑头粉尘总量。

(1)环保在线监测统计数据:企业可以根据环保在线监测数据或环保排污缴费单窑头粉尘数据填报。

(2)没有窑头粉尘总量统计,只有窑头粉尘第三方检测报告,企业可以根据检测报告进行计算,检测报告有的数据是排放浓度、烟气流量,可用式(4-1)估算窑头粉尘量:

$$Q_{ckd} = \frac{C \times Q}{m_s} \times m_{ys} \times 10^{-9} \tag{4-1}$$

式中　Q_{ckd}——年窑头粉尘量，t；

C——监测报告中窑头烟气粉尘浓度，mg/Nm³；

Q——监测报告中窑头烟气流量，Nm³/h；

m_s——熟料生产线正常生产工况下台时产量，t/h；

m_{ys}——企业统计期内年熟料产量，t。

(3)没有窑头粉尘总量统计，有窑头粉尘第三方检测报告和统计期内窑运行时间，可根据式(4-2)计算：

$$Q_{ckd} = C \times Q \times T \times 10^{-9} \tag{4-2}$$

式中　Q_{ckd}——年窑头粉尘量，t；

C——监测报告中窑头烟气粉尘浓度，mg/Nm³；

Q——监测报告中窑头烟气流量，Nm³/h；

T——统计期内窑运行时间，h。

(4)如历史核查中企业无环保在线监测统计数据或窑头粉尘第三方检测报告，由于此部分对总排放影响较小，可以将窑头粉尘量记为0，并在排放报告和核查报告中进行说明。

2. 熟料中不是来源于碳酸盐分解的CaO、MgO的含量计算

《中国水泥生产企业温室气体排放核算方法与报告指南(试行)》中计算原料分解产生的排放量采用了不是来源于碳酸盐分解的碳排放，如果是未采用钢渣、电石渣、黄磷渣等配料，则为0。采用钢渣、电石渣、黄磷渣等原料配料按照熟料中钢渣、电石渣引入的氧化钙和氧化镁含量比例填写。

由于《中国水泥生产企业温室气体排放核算方法与报告指南(试行)》中未对熟料中不是来源于碳酸盐分解的CaO、MgO的含量计算给出具体的计算方法，因此国家发展和改革委员会MRV平台进行了规定，计算公式如下：

$$\mathrm{FR}_{10} = \frac{\mathrm{FS}_{10}}{(1-L) \times F_c} \qquad \mathrm{FR}_{20} = \frac{\mathrm{FS}_{20}}{(1-L) \times F_c} \tag{4-3}$$

式中　L——生料烧失量，以%表示；

F_c——熟料中燃煤灰分掺入量换算因子，取值为1.04；

FS_{10}——生料中不是以碳酸盐形式存在的氧化钙(CaO)的含量，以%表示；

FS_{20}——生料中不是以碳酸盐形式存在的氧化镁(MgO)的含量，以%表示。

三、水泥行业温室气体排放补充数据表填报

“57 号文”中《全国碳排放权交易企业碳排放补充数据核算报告模板》对水泥生产企业生产工艺段碳排放边界及计算方法进行了要求,且水泥行业补充数据表为水泥企业碳排放配额分配的主要来源,补充数据表的填报直接关系到水泥生产企业参与全国碳交易的利益。

水泥生产企业与配额相关的碳排放边界:包括从原燃材料进入生产厂区开始,到水泥熟料烧成的整个熟料生产过程消耗的化石燃料(烘干原燃材料和烧成熟料消耗的燃料),不包括替代燃料的消耗量,也不包括厂区内辅助生产系统以及附属生产系统的燃料消耗量。消耗电力、热力包括原燃料制备粉磨、均化、烘干等以及熟料制备、预热、煅烧、冷却等用电和用热,不包括采用废弃物作为替代燃料和替代原料时处理废弃物的电耗和热耗,也不包括用于基建、技改等项目建设消耗的电力和热力。与整个企业层面的碳排放边界不一致,因此也要求水泥生产企业做好设施层面的活动水平数据和碳排放因子数据的计量、记录和统计工作。水泥生产企业一般有余热发电情况,电力消耗排放因子如下:

(1)企业无余热发电情况即为区域电网排放因子,按照本书表 4-1 中排放因子进行计算。

(2)企业有余热发电按照式(4-4)计算。

$$EF_{设施电力} = \frac{AD_{外购电量}}{AD_{余热电量} + AD_{外购电量}} \times EF_{电力} \tag{4-4}$$

式中 $EF_{设施电力}$——水泥生产企业设施层面电力排放因子,$tCO_2/(MW \cdot h)$;

$AD_{外购电量}$——净购入使用的电力量,$MW \cdot h$;

$AD_{余热电量}$——企业利用余热发电量,$MW \cdot h$;

$EF_{电力}$——区域电网电力排放因子,$tCO_2/(MW \cdot h)$。

四、结语

建材行业是纳入全国碳排放交易的八大行业之一,水泥和平板玻璃行业碳排放具有一定的特殊性,碳排放核算和核查中的技术问题也需要进行规范,以保证核算和核查标准的统一。通过对建材行业碳排放核算报告及核查常见问题进行分析并提出解决方案,既是对现有建材行业碳排放核算核查工作的一个补充,又能对建材企业和第三方核查机构起到一定的指导作用。

第二节　新形势下绿色建材行业的发展趋势探析

——以水泥行业为例

一、建材涨价的原因

建材行业各细分领域纷纷涨价，原因如下：

一是资产贬值。受疫情的影响，许多国家通过发行货币刺激市场，但是在这个过程中，大量的钱会流入市场，许多商品的价格一路上涨，主要是大型资本拿着钱，炒作材料，获取利润。

二是供需矛盾。材料价格上涨向中下游扩散，特别是在能耗双控、限电停产等因素的催化下，供需矛盾进一步加剧。

三是产能下降。在疫情和政策影响下，各原材料产能大幅度下降，市场供不应求，因而材料价格不断上升。

四是节能压力。建材市场可能会面临更多挑战，如环保、物流、疫情等不可控因素，尤其是环保方面，对建材的管束不断加强。工业和信息化部召开2022年扩大绿色建材消费的线上会议，这意味着绿色环保是建材市场的发展目标，许多企业都将面临生产节能等压力。

二、建材领域发展趋势

根据现状推测，建材行业的后续价格走势依然还会增高，不过涨幅可能会减小。建材价格波动并不少见，2017—2018年就出现过一轮上涨，但是涨幅并不大，并且及时被房产调控政策打压控制了。但目前的建材上涨幅度要比以往猛烈得多，并伴随着煤炭、汽车、家电等一系列大宗商品全面上调，且叠加了国际形势的变化，疫情的出现，货币大量放水，碳达峰、碳中和带来的限电限产等复杂因素。就目前来看，这些因素将长期存在，未来大概率还会延续，短期内难以改变。

（一）瓷砖行业

从房地产的现状来看，土地流拍现象严重，未来的方向可能会放在清理库存、减少新房建设。所以瓷砖行业的趋势是环保，低耗能的清洁陶瓷应用前景为替代塑胶进入各家电、手机后板、家具等领域。

(二)新型建筑材料

科学技术发展如此快速的时代,各种新颖的建筑材料正在兴起。它们基本都自带轻质、保温、高强度、节能、节土、装饰等优良特性,不仅大大改善房屋功能,还可使建筑物内外更具现代气息,满足人们的审美要求。建筑材料是建筑业经营发展的物质基础,材料成本在施工总成本中占 2/3。新型建筑材料成为降低建筑成本的新方法,也是建筑业未来发展势不可挡的一种趋势。

城市建设、高品质生活环境的建造都离不开建筑劳务,而建筑工人是支撑建筑及建筑装饰装修行业的核心。和"建"字相关的行业都是劳动密集型产业,但随着工人老龄化严重,年轻一代愿意从事建筑工作的人少之又少,建筑行业的从业者已经越来越少了。经验技艺的传承、新生产力的推广都面临着很大的考验。

(三)发展趋势

(1)提倡绿色发展。随着中国建材行业向以"绿色发展"为主题的方向发展演变,环保节能的建筑材料已成为建筑市场的主流。近几年,国家逐步推出一系列法规,如《打赢蓝天保卫战三年行动计划》《关于促进砂石行业健康有序发展的指导意见》,提倡建筑材料行业的绿色发展。

(2)在水泥生产过程中采用信息技术及节能技术。越来越多的水泥建筑材料制造商采用信息技术及节能技术支持自动化及流程控制,以提高燃料效率、优化生产及提高产品质量。例如,数字信息技术使制造商能够更好地监控水泥厂设备及生产过程,还可做出更迅速及更明智的管理决策,例如根据实时数据选择修理或维护设备的时间;进而通过减少瓶颈及停机时间以及最大限度地减少环境足迹来提高生产力并优化生产流程。此外,NSP(新型干法)等节能技术亦可降低熟料生产过程中的煤炭及能源消耗。

三、中国特种水泥的发展现状探析

在欧美国家,特种水泥一般占水泥总量的 6%~8%。我国特种水泥生产和应用的体量均小得多,在水泥总量中不到 1.5%。然而,特种水泥在工程中起到的作用却是非常重要的。石油工业的油井固井必须采用油井水泥,大坝建设应采用中热水泥或低热水泥,有硫酸盐侵蚀的工程应采用抗硫酸盐水泥,高温工业设备内衬必须使用耐火水泥等。这些领域中所使用的特种水泥是普通水泥无法替代的。三峡大坝高 185 m,底部宽 121 m,共浇筑了近 3 000 万 m^3 混凝土,使用了 500 万 t 中热水泥。火箭发射塔导流槽要承受火箭发射时高温、高速、高压燃气流的冲刷,需要承受 1 300 ℃以上的高温,必须使用耐火水泥。我国南极考察站建设的环境年平均温度为-20 ℃,其框架混凝土基础使用了硫铝酸盐水泥进行快速浇筑,为我国南极长城站、中山站等工程的顺利建成奠定了基础。因此,从应用的角度上讲,特种水泥是具有特殊性能的,是普通水泥无法替代的重要水泥。

(一)特种水泥的发展

19 世纪 70 年代,德国、日本、美国等国家就已经开始研究使用特种水泥。我国特种水泥的研究生产较晚,始于 20 世纪 30 年代。1932 年,王涛先生被聘任为启新洋灰公司总技师,从而结束了中国水泥工业一直聘用洋人担任总技师的历史。不久,王涛应母校校长、著名桥梁专家茅以升先生的邀请,着手研究抗海水侵蚀的水泥新品种,用于建设钱塘江大桥的墩基,从而开创了中国特种水泥研究的先河。

中华人民共和国成立后我国特种水泥的发展经历了仿造、自主研发和创新提升三个阶段。仿造阶段(1949—1953 年)主要是仿制苏联产品,研制了快硬硅酸盐水泥、冷堵和热堵油井水泥、大坝水泥等,并投产应用。1954 年,中国建筑材料科学研究院成立后进入自主开发研制阶段(1954—1972 年)。在这个阶段,结合我国工程建设需要和使用功能,在仿造中独立开发了一批新品种水泥,主要成果有以回转窑烧结法生产的矾土水泥,耐高温铝酸盐水泥,快硬高强铝酸盐水泥,自应力硅酸盐水泥,硅酸盐膨胀水泥,石膏矾土膨胀水泥,浇筑水泥,明矾石膨胀水泥和 45 ℃、75 ℃、95 ℃油井水泥系列等。1973 年以来是我国特种水泥创新提升阶段,这时期我国自主创造发明了多种新品种水泥及延伸产品,广泛应用于国家各类重点工程建设,主要成果有硫(铁)铝酸盐水泥、API 油井水泥系列、120 ℃油井水泥、快凝快硬氟铝酸盐水泥、双快抢修水泥、双快型砂水泥、低热微膨胀水泥、明矾石膨胀水泥、特种油井水泥、低热硅酸盐水泥(高贝利特水泥)、混凝土膨胀剂系列、无声破碎剂等。

截至 2018 年 8 月底,我国获得水泥生产许可证且处于有效期的水泥企业有 3 500 余家,具备生产特种水泥和专用水泥的企业有 240 余家(见表 4-2),占全部许可证数量的 6.86%。其中大坝水泥 123 家、抗硫酸盐硅酸盐水泥 119 家,铝酸盐水泥生产企业 42 家(未包含铝酸钙粉生产企业),硫(铁)铝酸盐水泥生产企业 19 家(未包含以特种材料名义生产的企业)。我国具有特种水泥生产许可的企业主要分布于西北、中南、西南地区,尤其是西北地区,新疆、青海、宁夏具备特种水泥生产资质的企业数量占省内企业总数量的比重超过 30%,而江、浙、皖、粤地区,这一比例不足 3%(见图 4-1)。

表 4-2 2018 年 8 月底特种水泥生产许可企业数量

特种水泥(品种)	企业数/家
中热硅酸盐水泥、低热硅酸盐水泥、低热矿渣硅酸盐水泥	123
铝酸盐水泥	42
抗硫酸盐硅酸盐水泥	119
白色硅酸盐水泥	60
低热微膨胀水泥	1
油井水泥	58
道路硅酸盐水泥	62
硫(铁)铝酸盐水泥	19
快凝快硬硫铝酸盐水泥	9
海工硅酸盐水泥	4
核电工程用硅酸盐水泥	12
明矾石膨胀水泥	1
彩色硅酸盐水泥	2
低热钢渣硅酸盐水泥	1
硫铝酸钙改性硅酸盐水泥	2

注:有些企业生产多种特种水泥。

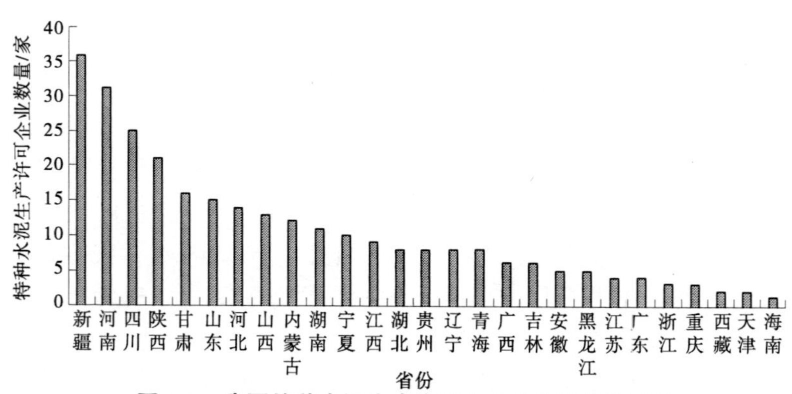

图 4-1 我国特种水泥生产许可企业的主要分布省份

我国特种水泥年产量约 3 000 万 t，占全国总水泥产量 1.2%。许多工程应当使用特种水泥却没有使用，如海洋工程、道路工程等，从而造成工程质量问题，缩短了工程使用寿命。由此可见，我国水泥工业的特种化程度还远远不够。

目前，我国特种水泥生产线（不含特种硅酸盐水泥）大多数是日产 1 000 t 以下，多数生产线为中空窑改造的立筒预热器和预分解窑。特种水泥行业整体生产工艺落后，产能低，生产成本高，在水泥工业的节能减排和产业结构调整上还没有发挥应有的作用。

（二）特种水泥的分类和建议

根据《水泥的命名原则和术语》（GB/T 4131—2014），水泥按照用途及性能可分为通用水泥和特种水泥，其中特种水泥是指具有特殊性能或用途的水泥，有别于一般土木建筑工程通常采用的水泥。《水泥的命名原则和术语》（GB/T 4131—2014）共对 15 类特种水泥进行了命名，而现行的国家标准中涉及的特种水泥标准达 14 个。

特种水泥的种类繁多，分类方法不一。通常，特种水泥划分成 6 大体系和 8 大类，6 大体系分别是硅酸盐系列、铝酸盐系列、硫铝酸盐系列、氟铝酸盐系列、铁铝酸盐系列和其他系列（包括无熟料、少熟料）；8 大类则分别是快硬高强水泥、膨胀自应力水泥、水工水泥、海工水泥、油井水泥、装饰水泥、耐高温水泥和其他水泥。6 大体系、8 大类特种水泥和专用水泥品种共有 60 个，我国也成为世界上水泥品种最多的国家。

目前，现有特种水泥的定义虽然能够将其与通用水泥分开，然而 8 大类和 6 大体系相互交叉重叠，水泥品种繁多，非常不利于管理。近年来，建材工业的“十二五”“十三五”发展规划明确指出，水泥特种化是水泥产业结构调整的重要方向。国家相关管理部门也支持发展特种水泥。然而，普通水泥产能严重过剩，属于国家限制发展行业。由于多数目前定义的特种水泥仍然属于硅酸盐水泥的范畴，与硅酸盐水泥生产难以分开，造成管理部门在制定政策时有意向特种水泥倾斜却在实际中无法操作，限制普通水泥产能过剩的相关政策，最后却成了特种水泥发展的镣铐，阻碍了特种水泥行业的发展。

本书赞成细分水泥应用领域，发展特殊工程专用水泥；但本书反对以商业为目的、矿物组成或性能无实质性改变的水泥被命名为某工程用水泥或某性能水泥，混淆特种水泥概念。本书建议，水泥分类应主要按照水泥矿物组成进行划分，这样除硅酸盐体系水泥外的其他矿物体系水泥均称为特种矿物水泥。而对硅酸盐水泥体系中除通用硅酸盐水泥外的水泥品种称为特种硅酸盐水泥，特种硅酸盐水泥可以按照工程领域和性能特点命名和分类，例如：海工硅酸盐水泥[已制定国家标准《海工硅酸盐水泥》(GB/T 31289—2014)]、核电硅酸盐水泥、道路硅酸盐水泥、油井硅酸盐水泥、大坝硅酸盐水泥等。这样的水泥分类方法简洁明了。国家政府主管部门在制定相关政策时，就可以将特种矿物水泥、特种硅酸盐水泥与通用硅酸盐水泥区分开来。

若按照上述水泥分类方法，特种水泥包括特种矿物水泥和特种硅酸盐水泥；特种矿物水泥主要有铝酸盐水泥系列、硫(铁)铝酸盐水泥系列及其他系列，如氟铝酸盐水泥、磷铝酸盐水泥等。水泥的分类见图 4-2。

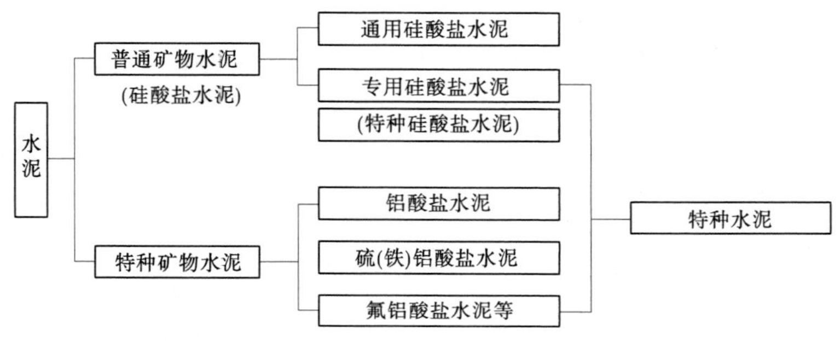

图 4-2 水泥的分类

四、水泥市场发展趋势分析

水泥是国民经济建设的重要基础原材料，目前国内外尚无一种材料可以替代它的地位。作为国民经济的重要基础产业，水泥工业已经成为国民经济社会发展水平和综合实力的重要标志。

国家统计局数据显示，2020 年全国水泥累计产量 23.95 亿 t，同比增长 1.6%。2020 年，地产开发投资累计为 14.14 万亿元，同比增长 7%。基建投资继续维持逐年增长态势，宏观预期保持乐观，水泥行业或能受益。

2021 年 1 月之后市场进入淡季、水泥市场需求下滑，加上外来低价水泥冲击，同时为了应对疫情反弹，抓住工地提前放假前的需求量，降低后期库存压力，中国水泥价格连续两次下跌。

受下游开工率减少、需求减少等因素影响，近期多地水泥厂出现降价促销现象，水泥价格走低明显。截至 2021 年 1 月 21 日晚，A 股共有 4 家水泥上市公司对外披露 2020 年业绩预告，1 家略增，3 家略减。对于 2021 年水泥市场的行情，机构普遍看好基建投资及存量项目对水泥需求的拉动作用。

水泥对于建筑行业来说可谓是太重要了,有部分地区出现了水泥缺货的现象,导致了水泥价格大涨。2019 年第四季度以来,水泥需求旺盛,推动价格上行。而作为行业龙头企业,海螺水泥也是整水泥行业的代表。2019 年三季报显示,海螺水泥实现营业收入 1 107.56 亿元,净利润 238.16 亿元。到 2018 年,水泥全行业实现利润超过 1 500 亿元。2019 年,水泥行业的利润超过 1 800 亿元。

据了解,水泥建材行业是一个与经济周期联系非常紧密的行业,宏观经济的波动将直接反应到水泥的需求上,房地产和基建是水泥需求的“双引擎”。国家统计局数据显示,截至 2019 年 12 月下旬,普通硅酸盐水泥(P. O 42.5 袋装)、普通硅酸盐水泥(P. O 42.5 散装)的价格分别为 532.9 元/t、486.2 元/t,较同年 9 月下旬的 405.0 元/t、440.4 元/t 分别上涨了 31.58%、10.4%。公开数据显示,2020 年 11 月,全国散装水泥平均价格为 477.43 元/t,环比上涨 5.47%。其中,河南局部地区水泥价格单月高位上涨 200 元/t,导致 11 月中南市场散装水泥价格达到 514.58 元/t,环比上涨 10.61%。另外,华北、华东市场,水泥价格也大幅上涨。

近期,随着多地建设项目进入施工高峰期,华北、华东和华南等多地的水泥市场普遍出现价格上涨局面,引发资本市场的广泛关注。国家统计局数据显示,2019 年 1—11 月,全国水泥产量为 21.3 亿 t,同比增长 6.1%。其中,11 月,全国单月水泥产量 2.2 亿 t,同比增长 8.3%。事实上,目前水泥需求总体仍然旺盛,价格保持着增长态势。水泥、熟料运输一直依赖陆路卡车运输,此次高速费用的大幅上涨,必将会传导到下游的各行各业,2024 年水泥价格继续飙涨将会成大概率事件。

2019 年前三季度,固定资产投资增速持续下行,累计增长 5.4%,其中房地产投资是主要的支撑力量,累计增长 10.5%,基建投资和制造业投资增速处于低位,同比增速分别为 2.5%和 3.4%,成为下拉投资和经济增速的主要力量。2019 年,前三季度全国水泥产量和行业利润仍然保持上涨的势头,行业经济指标上行已成定局。水泥行业实行错峰生产已成常态,淘汰落后产能及加大环保投入成为趋势。但西南、华南等地区新建产线不断投入生产,仍有企业有意新增产能,水泥价格行情大幅波动时有发生,水泥行业发展仍有多重矛盾急需解决,如何保证水泥行业持续良性发展,不断推进行业迈向高质量台阶成为主题。

截至 2019 年 10 月,房地产投资增速为 10.3%;基础建设投资增速偏弱运行,目前增速为 4.2%;新开工面积增速振荡偏强运行,增速为 10%;水泥产量增速振荡偏强趋势,增速为 5.8%。随着近几年水泥行业产能置换、错峰生产、减产排能等政策的实施,水泥产能过剩现象逐步得到管控,水泥产能利用率持续提升。从 2016 年水泥产量增速与新开工面积增速走势来看,基本保持一致。因水泥产品属性不同于其他建筑材料,储存时间较短,速产速销,供需相对平衡,所以新开工面积增速高低直接影响对水泥需求总产量增速走势。政府加大基建项目投资,加上逆周期调控政策逐步加码,未来基建投资有望发挥托底作用。

展望 2023 年,随着建筑行业不断进入高质量发展阶段,也将推动建筑材料行业同步良性发展。三大主材之一的水泥行业产能结构优化继续推进,国内大型水泥产线占比稳步增长,同时新增和淘汰产能总量不相对称,过剩产能淘汰任重道远。行业利润保持上涨的同时,涨幅或将收窄,喜忧参半。水泥行业供给侧结构性改革持续推进,需求端基建投资加速、地产韧性十足,预计 2023 年将维持量价齐升态势。

第三节　全国碳市场建设现状及水泥行业应对措施探讨

碳交易市场机制是完成《巴黎协定》目标的一项主要手段。全球有 39 个国家和 23 个地区已采用或计划采用碳定价工具,主要包括碳排放交易机制和碳税。碳排放交易机制即通过碳排放配额进行交易,碳税即根据排放二氧化碳强度进行征税。根据碳交易市场制度设计,碳排放权配额的分配方式主要可以分为免费发放、拍卖发放、以政府规定的固定价格购买配额等形式。从目前的实施情况看,全球各碳市场均面临着或大或小的问题,以运行时间最长,也是最为成熟的欧盟碳市场为例,从 2008 年经济危机以来,由于碳配额的过剩,其碳排放权价格已经从最高 32 欧元下降到 4~5 欧元,大大削弱了欧洲节能减排计划的实施效果。由此可见国际碳交易市场的建设仍处在“从实践中学习”(Learning by Doing)的阶段。

根据世界银行的统计,改革开放以来,伴随着经济的高速增长,我国的二氧化碳排放总量从 1980 年的不到 15 亿 t,至 2013 年已超过 100 亿 t,20 年间增长了近 10 倍。

为了落实到 2030 年左右二氧化碳的排放达到峰值这一中国气候变化自主贡献的目标,习近平主席在 2015 年明确提出我国在 2017 年建立起全国性碳排放权交易系统。

从2013年开始交易试点已经先行在七个省(市)展开,共有约2 000余家控排企业纳入试点范围;共有建材企业189家(其中水泥企业143家,玻璃企业25家)参与其中。试点省(市)碳市场覆盖行业及范围中除涵盖钢铁、石化、建材等工业领域外,北京、上海、深圳等发达地区还根据地区经济结构特点,将交通、建筑和服务业等非工业部门纳入碳交易覆盖范围。尽管目前这些行业的碳排放占比相对较低,但在工业化和城市化快速发展的背景下,未来的能源消费需求将不断上升。

一、碳交易制度对水泥行业的影响

我国水泥行业产量约占全球水泥产量的60%,全国水泥制造企业数量逾3 300家,根据中国建筑材料联合会的测算,水泥制造业的碳排放量大概占到了建材行业总二氧化碳排放量的65%~67%,其中工艺环节的碳排放又占到水泥制造业的60%以上。水泥行业作为我国化解过剩产能的重点行业,淘汰落后产能、促进低碳转型升级将是行业未来发展的主基调。

(一)碳市场管理框架

2017—2020年是全国碳市场启动的第一阶段,2017年水泥、电力、电解铝作为第一批纳入行业率先启动,后续逐步扩大交易范围,至2020年以后,不仅碳排放权交易的范围要进一步扩大,为控制未纳入碳市场交易企业的温室气体排放,碳税等其他措施也将被考虑。

碳市场的总体管理框架可以分为中央政府和地方政府两级,企业则是被监管的对象。中央政府的主要职责首先是负责碳排放企业核算标准的制定、确定配额分配的基本原则,其次是监管相关第三方核查机构和交易平台的工作;地方政府的主要工作是严格按照中央统一的规则来实施配额分配。中央、地方两级监管机构之间通过互相配合,以提高实施工作的规范性与一致性,进而确保我国碳市场能在统一完整的规则下运行。

(二)碳配额的分配方法

水泥工业作为首批纳入碳市场的行业之一,碳配额的分配将直接关系到企业的履约成本。根据目前政策,水泥工业将以基准线法作为基本分配原则,纳入交易范围的核算边界为水泥熟料生产,行业的配额分配公式如下:

$$企业配额=国家公布基准值\times产量$$

基准值即指二氧化碳排放强度基准,单位为tCO_2/t熟料,目前水泥行业的国家基准值尚未公布,假设某年行业基准值为0.86,某省现有A、B两家水泥熟料生产企业,产量均为100万t水泥熟料,那么此两家企业当年所获得的配额即 0.86×100 万 t 等于 86 万 tCO_2。此时,若 A 企业经第三方核查实际排放强度为 0.84,B 企业为 0.88,那么两家企业的实际排放量即为 84 万 t 和 88 万 t,扣除配额后 A 企业盈余 2 万 t 配额,而 B 企业尚存 2 万 t 配额缺口。由此,在碳市场履约过程中 B 企业需要进行购买配额,A 企业则可以选择销售剩余配额。图 4-3 即为完整的碳市场交易过程。

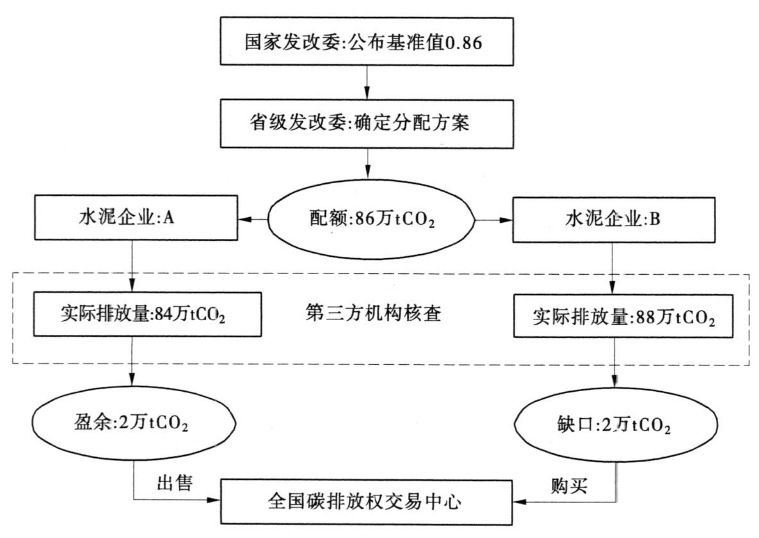

图 4-3 水泥企业参与碳市场交易过程

(三)碳市场对控排企业的主要影响

根据上文的分析可以看出,碳市场对于相关行业企业带来的影响是不能忽视的。在生产经营层面,之前国家对于温室气体排放的管控较为宽松,碳市场启动后对于排放行为的监控趋势将越来越严,国家通过调整行业基准值逐渐减少企业配额的分配额度,技术落后的企业生产成本将随着购买配额而逐渐上升,技术先进的企业将可以通过销售配额获得额外收益;因此在技术层面上,碳市场的调节作用将推动企业进行生产流程上的改革,促进技术创新;在企业的管理层面,为了配合相关核查工作与配额清缴工作,企业需要完善监测、核查、清缴和履约等相关流程的工作制度,多个部门的协调配合也将对企业管理提出比较高的要求。

二、为什么要控制碳排放

（一）与气候相关的水深火热现象

2020 年 7 月距南昌 100 km 内的鄱阳县发生了百年一遇的一场洪水，2021 年我国郑州和远在万里之外的德国又发生了千年一遇的洪水。江西洪水发生的同时，美国东海岸距加州 600 km 的亚利桑那州山火爆发。加利福尼亚州死亡谷 2020 年 8 月 16 日气温为 54.4 ℃（80 年来全球已知的最高温度），中美脱钩后唯一的协议是 2021 年 4 月 18 日“中美应对气候危机的联合声明”。

全球变暖、温升，引发冰川融化，更多的水汽进入大气层形成厚重的雨云，这些雨云在一个地区会停留很长时间，可引发强暴雨，同时也会影响雨云的行进路线，造成严重的高温干旱天气。

另外一组数字：亚马逊雨林面积 720 万 km^2，世界雨林的一半，在过去 50 年的时间里，亚马逊雨林的面积缩小了 17%，其中有 14%的雨林是人为砍伐，可以吸收二氧化碳 5 亿 t/a，但由于天气变得更干燥，雨林燃烧产生 16 亿 t 二氧化碳。2019 年以来，亚马逊雨林已发生超过 72 000 起火灾，照此速度，30 年后雨林消失，维持人类生存的氧气也会减少 1/3，这样就相当于人们在大陆上天天爬青藏高原，天天有“高反”。另外，2019 年澳大利亚大火，烧了半年，释放 3.5 亿 t 二氧化碳；美国死亡谷竟然出现 81 ℃的高温（地表温度）；科威特温度突破 74 ℃；阿尔及利亚突破 60 ℃高温；特别是西伯利亚北极地区，那里的气温比平均气温高了 5 ℃，2020 年 6 月下旬，西伯利亚高温达到顶峰，20 日在韦尔科扬斯克达到 38.0 ℃，是北极圈以北已知的最高温度……

（二）温室气体前世今生

地球上的温室气体由二氧化碳（CO_2）、甲烷（CH_4）、氧化亚氮（N_2O）、氢氟碳化物（CHFs）、全氟化碳（HFC）和六氟化硫（SF_6）等六类大气微量气体组分组成。由于二氧化碳对温室效应的贡献超过 60%，故目前主要研究对象是降低二氧化碳的排放，减弱温室效应对人类的影响。

什么是温室效应？地球大气层中温室气体对于太阳短波辐射几乎透明，能大量吸收长波辐射，并以大气逆辐射的形式将大部分热量返还地表，使地球表面从太阳辐射获得更多能量或者更少散失到大气层以外，维持适合人类生存的地表温度。目前地球表面温度在 15 ℃左右，二氧化碳是地球恒温器的主要成分，如果没有二氧化碳等温室气体，地球表面平均温度可能下降 33 ℃，海洋就会结冰，大量生命就不复存在。

大气中二氧化碳早期是天然的温室气体，早在40亿年前，碳循环基本特征已经确立。火山爆发产生的气体、小行星撞击地球产生的气体，形成由氮气、二氧化碳和惰性气体组成的大气，大部分的二氧化碳溶解于水中，与钙、镁金属发生反应，形成碳酸盐岩石沉积，即目前水泥的主要原材料石灰石，其主要成分为 $CaCO_3$ 及少量 $MgCO_3$。

温室气体含量越高，地球表面温度就越高。300万年前人类开始直立行走，二氧化碳浓度约400 ppm，和今天相似，之后缓慢下降，到第一次工业革命爆发前的1万年内，二氧化碳浓度维持在280 ppm左右。工业革命后，二氧化碳浓度开始上升，尤其是近100年，增速更快。1950年开始年增长率约为0.7 ppm/年，1958年为310 ppm；进入21世纪，年增速约为之前的3倍，2020年在疫情影响下仍然比上年增长2.3 ppm，到2021年3月7日，浓度是418.17 ppm。如果按照目前的速度，没有任何变化，二氧化碳排放量将持续上升，最不利情况是到2500年，浓度将达到2 000 ppm，地表温度会上升9 ℃，植物、海洋可以吸收部分二氧化碳，但目前吸收远小于人类排放的量。

因此，从地球创造自然生态开始，大气中二氧化碳含量就在不断波动，有高有低，不是单一趋势，今天大气里二氧化碳含量仍然处在地球历史上的中低水平。目前全球气候变暖的主要原因是人类在自身发展过程中对能源的过度使用和自然资源的过度开发，造成大气中温室气体浓度以极快的速度增长所致，而由此造成的危机不是地球的危机，也不是大自然的危机，而是人类和大多数动植物面临的生存危机。

（三）碳排放的国际公约

1988年，联合国环境规划署（UNEP）协同世界气象组织（WMO）共同成立政府间气候变化专门委员会（IPCC）。1990年12月，建立气候变化框架公约政府间谈判委员会（INC/FCCC）。1992年5月9日通过了《联合国气候变化框架公约》（缩写为UNFCCC，简称《公约》），同时成立UNFCCC秘书处，总部位于德国波恩Haus Carstanjen。

《公约》于1994年3月21日正式生效。中国于1992年11月7日经全国人大批准该《公约》，并于1993年1月5日将批准书交存联合国秘书长处。自1994年3月21日起对中国含澳门地区生效，并自2003年5月5日起适用于香港特别行政区。UNFCCC五大原则：一是共同而区别的原则；二是要考虑发展中国家的具体需要和国情；三是各缔约国方应当采取必要措施，预测、防止和减少引起气候变化的因素；四是尊重各缔约方的可持续发展权；五是加强国际合作，应对气候变化的措施不能成为国际贸易的壁垒。UNFCCC是世界上第一个为全面控制二氧化碳等温室气体排放，应对全球气候变暖给人类经济和社会带来不利影响的国际公约，也是国际社会在共同应对全球气候变化问题上进行国际合作的一个基本框架，137 个国家签约，截至 2016 年 6 月底，共有 197 个缔约方。

1995 年起，公约缔约方每年召开缔约方会议（COP）评估应对气候变化的进展；1997 年，《京都议定书》达成，温室气体减排成为发达国家的法律义务。但是，《京都议定书》到 2005 年方才艰难生效，且仅谈 2008—2012 年期间国际社会应对气候变化的责任问题。对于 2012 年后的问题一直拖延到 2012 年《联合国气候变化框架公约》第 18 次缔约方会议即多哈会议，才达成将《京都议定书》的有效期延长至 2020 年的决定。

（1）巴黎协定：2014 年，IPCC 第五次评估报告提出，为实现升温低于 2 ℃的控制目标，2030 年全球温室气体排放至少要回到 2010 年的水平；2050 年要比 2010 年降低 40%～70%；2100 年则须接近零排放。

基于此共识 COP21，2015 年 12 月 12 日，《联合国气候变化框架公约》178 个缔约方在 COP21 巴黎气候变化大会上通过《巴黎协定》，这是《京都议定书》后第二份有法律约束力的气候协议，也是第三个里程碑式的国际法律文本，指导 2020 年后全球应对气候变化的行动，其长期目标是将全球平均气温较前工业化时期上升幅度控制在 2 ℃以内，并努力将温度上升幅度限制在 1.5 ℃以内。

2016 年 4 月 22 日，《巴黎协定》在美国纽约联合国大厦签署，中美同时签署《巴黎协定》，开放签署首日，共有 175 个国家签署协定，创下国际协定开放首日签署国家数量最高纪录。2020 年 11 月 4 日，美国正式退出《巴黎协定》，成为迄今为止唯一退出的缔约方。2021 年 1 月 20 日，美国总统拜登上任第一天签署行政令，美国将重新加入《巴黎协定》。2 月 19 日，美国方面宣布，正式重新加入《巴黎协定》，历时 30 d。

根据联合国政府间气候变化专门委员会 IPCC 第五次评估科学基础报告显示：如果将工业化以来全球温室气体的累计排放控制在 1 万亿 t 碳（约合 3.7 万亿 tCO_2），人类有 2/3 的可能性能够把全球升温幅度控制在 2 ℃以内；如果把累计排放控制在 1.2 万亿 t 碳（约合 4.4 万亿 tCO_2），有一半的可能性能够实现温控目标；如果把累计排放限额放宽到 1.6 亿万 t 碳（约合 5.7 万亿 tCO_2），则只有 1/3 的可能性能够实现温控目标。

2019 年全球温室气体排放总量（包括土地利用变化）创下了 591 亿 t 二氧化碳当量（Gt CO_2e），要实现 1.5 ℃的温升目标，2030 年温室气体排放总量需要下降 45%左右,2050 年实现净零排放。IPCC 第五次评估科学基础报告显示:若全球气温升温不超过 1.5 ℃,那么在 2050 年左右,全球就可达到碳中和。柏林 Mercator 研究所根据 IPCC 报告设置的碳钟指出,我们按照目前的速度,如果温升 2 ℃,截至 2021 年 6 月还有 24 年的时间;如果温升 1.5 ℃,截至 2021 年 6 月还有 6 年的时间。

(2)中国对外承诺。2020 年 9 月 22 日,习近平主席在第七十五届联合国大会一般性辩论上宣布了中国的"30·60"碳目标:中国将提高国家自主贡献力度,采取更加有力的政策和措施,力争 2030 年前二氧化碳排放达到峰值,努力争取 2060 年前实现碳中和。

2020 年 12 月 12 日世界气候峰会,习近平主席在"30·60"碳目标的基础上,进一步提出了我国应对气候变化的几项总量指标:到 2030 年,中国单位国内生产总值二氧化碳排放将比 2005 年下降 65%以上,非化石能源占一次能源消费比重将达到 25%左右,森林蓄积量将比 2005 年增加 60 亿 m^3,风电、太阳能发电总装机容量将达到 12 亿 kW·h 以上,这些分别代表碳排放强度、碳汇和新能源发展总方向。

2020 年 10 月,世界主要经济体和碳排放大国相继做出承诺,全球碳中和承诺国已经达到 127 个。2014 年 6 月 13 日中央财经领导小组第六次会议研究我国能源安全战略,指出能源安全是关系国家经济社会发展的全局性、战略性问题。

推动能源生产和消费革命是长期战略,必须从当前做起,加快实施重点任务和重大举措。第一,推动能源消费革命,抑制不合理能源消费;第二,推动能源供给革命,建立多元供应体系;第三,推动能源技术革命,带动产业升级;第四,推动能源体制革命;第五,全方位加强国际合作,实现开放条件下能源安全。在主要立足国内的前提条件下,在能源生产和消费革命所涉及的各个方面加强国际合作,有效利用国际资源。习近平主席多次强调,这是党中央国务院经过深思熟虑,做出的对世界的慎重承诺。

三、能源与碳排放

(一)世界碳排放

2019 年全球能源相关碳排放 330 亿 t,占比 83%。中国占比更大,因为中国工业生产占 GDP 比重更大,疫情过后,这个占比可能不会降低太快,因为中国的物资供应恢复非常快,所以可再生能源类的股票都在大涨。全球碳排放总量见图 4-4。

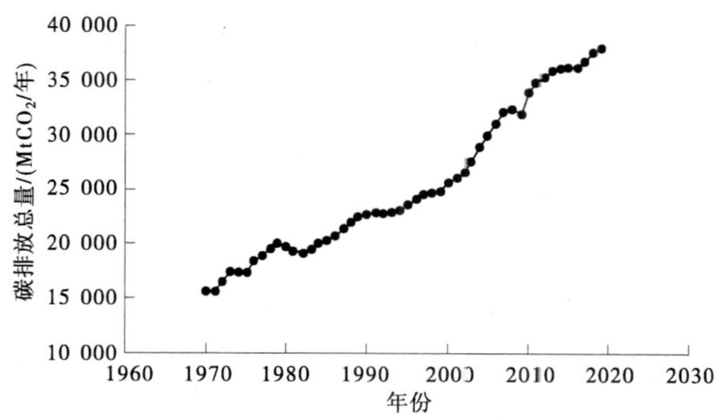

图 4-4 全球碳排放总量

(二)中国碳排放及碳达峰预测模型

2006 中国碳排放量为 55 亿 t,开始超过美国,保持世界第一,2019 年占世界的比例超过 28.8%,减排的责任重大。如果按照 5% GDP 增速计算,2030 年中国 GDP 可达 163 万亿。2005 年的万元 GDP 排放为 1.83 t(2005 年经过折算的 GDP 为 30 万亿元),推算 2030 年碳达峰最高值为 134 亿 t 碳排放,符合 IPA 吨模型的测算,届时人均排放 9.72 t。但也应当同时注意中国的经济发展与西方及日本等发达国家不在同一个阶段,经济增速比较快,碳排放也在上升阶段,在 2008—2018 年,经济合作与发展组织(OECD)碳排放年均增速为-1.1%,全世界的平均值是 1.1%,而中国则为 2.6%,是世界平均增速的 2.36 倍,既保持经济快速增长,又需要同时实现碳减排,两个步骤同步进行是中国特色,挑战巨大。

(三)中国碳中和达峰

根据《IPCC 全球升温 1.5 ℃特别报告》提出的一些碳中和具体目标:如到 2050 年,煤炭在全球电力供应中的比例需降至接近为零,可再生能源比例应达到 70%~85%;工业的二氧化碳排放要比 2010 年低 75%~90%;低碳能源技术和能效上的年度投资,需比 2015 年多出 5 倍。2019 年,全球一次能源消费总量前三甲依次是中国、美国和印度,分别占全球一次能源总消费量的 24.3%、16.2%和 5.8%。2019 年,全球人均一次能源消费量为 75.7 GJ,比上年增长 0.2%,2008—2018 年平均复合增长 0.4%。2030 年前后中国二氧化碳排放峰值预测见表 4-3。

表 4-3　2030 年前后中国二氧化碳排放峰值预测

研究方法	达峰时间	CO_2 峰值/亿 t	人均 CO_2 排放/(t/人)	CO_2 排放强度	峰值 GDP 增长率/%
情景分析	2030	<110.00	<8.00	比 2010 年下降约 60%	4.50
LAMC 模型	“十五五”末期	120.00	8.50	相比 2005 年降低至 65%以上	—
IPAC 模型	2030 年	81.77	5.56	—	4.98
IPAT 模型	2030 年	135.20	9.72	—	—
EKC 理论	2033 年	100.85	6.52	—	—
MARKAL-MACRO 模型	2031 年	94.72	-6.51	—	—

(四)能源结构与碳排放基本参数

煤炭燃烧产生的二氧化碳导致全球年平均表面温度比工业化前水平增加 0.3 ℃。这使得煤炭成为全球温度升高的最大单一来源。

2018 年全球发电平均碳强度为 375 g/(kW·h),比 2010 年降低 10%,减排 15 亿 t。天然气发电 400 g/(kW·h),石油发电 600 g/(kW·h),煤发电 845~1 020 g/(kW·h)。欧盟发电碳强度为 235 g/(kW·h)[挪威 20 g/(kW·h),法国 61 g/(kW·h),德国 560 g/(kW·h),2038 年关闭所有煤电];英国发电碳强度为 237 g/(kW·h),2025 年关闭所有煤电;美国发电碳强度为 433 g/(kW·h);日本发电碳强度为 544 g/(kW·h);俄罗斯发电碳强度为 358 g/(kW·h);中国发电碳强度为 574 g/(kW·h)。

全球电力行业二氧化碳直接排放量达到 130 亿 t,占能源相关二氧化碳排放总量的 38%。据某五大电力集团做的预测,电力行业碳达峰时间点为 2027 年,碳达峰时的碳排放强度为 482.9 g/(kW·h),与目前约 550 g/(kW·h)发电碳强度相比下降 12%,所以节能减排是重中之重。2019 年能源需求结构对比见图 4-5。

四、建筑建材机遇

(一)全球建筑碳排放

2019 年全球建筑部门二氧化碳排放总量大约 100 亿 t,占到了全球能源

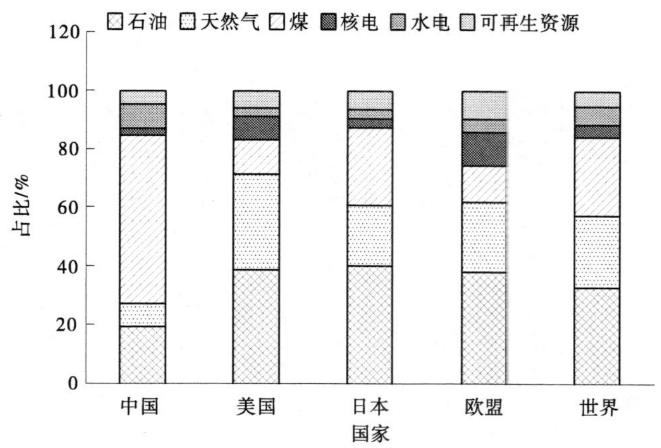

图 4-5　2019 年能源需求结构对比

相关的碳排放总量的 28%，若加上建筑材料生产的工业部分的排放，建筑的全链条碳排放占全球年碳排放的 38%。到 2060 年，全球人口有望达到 100 亿，其中 2/3 会生活在城市，需新增建筑面积 2 300 亿 m^2，即翻倍现有建筑存量。

(二) 中国建筑建材碳排放

根据中国建筑节能协会《中国建筑能耗研究报告(2020)》，2018 年建筑全过程碳排放量为 49.3 亿 t，占全国的 51.3%，其中建材生产阶段碳排放量为 27.2 亿 t，占比 28.3%；建筑施工碳排放量为 1 亿 t，占比 1%；650 亿 m^2 建筑运行阶段碳排放量为 21.1 t，占比 21.9%。减排需求巨大。

2020 年，根据建材联合会统计资料，水泥工业二氧化碳排放量为 12.3 亿 t，同比上升 1.8%，其中煤燃烧碳排放量同比上升 0.2%，工业生产过程碳排放量同比上升 2.7%。2005—2018 年全国建筑全过程碳排放变动趋势见图 4-6。

直接排放：包括建筑行业本地发生的化石燃料直接燃烧过程中导致的 CO_2 排放，主要包括建筑内的直接供暖、炊事、生活热水、医院或酒店蒸汽等导致的燃料排放。

间接排放：包含建筑行业外购的电力、热水、冷冻水、蒸气等，指外界输入建筑的电力、热力包含的碳排放。

以上建筑直接排放和间接排放为建筑运营碳排放，主要来源为建筑运行能耗产生的碳排放，包括供暖、空调、照明、插座设备及特殊用能，如实验室、数据中心和交通充电桩等用能。为了全面反映建筑全生命周期的碳排放，很多

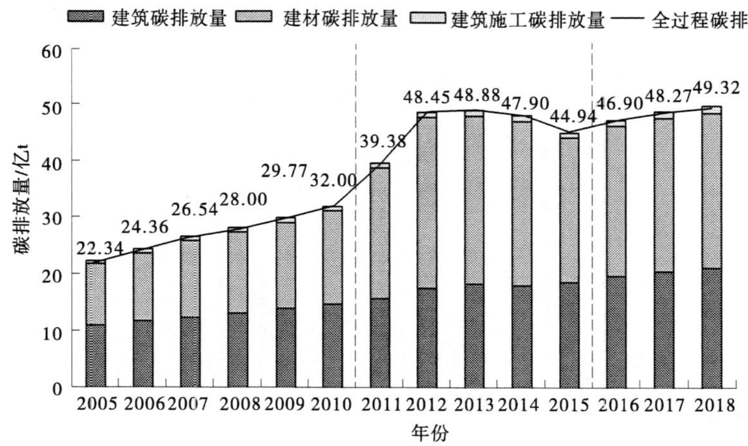

图 4-6 2005—2018 年全国建筑全过程碳排放变动趋势

地方间接排放还包含建材(如钢铁、水泥、玻璃等)生产运输施工过程所产生的碳排放,也叫内含碳排放的概念,即建筑建造过程的碳排放。

联合国政府间气候变化专门委员会(IPCC)体系下,一般将碳排放的部门划分为工业、电力、建筑和交通 4 个行业。这种语境下的建筑行业碳排放一般不包括建材生产运输,这部分排放被算在工业领域。

(三)建材行业的机遇——新四化

一是能源脱碳化:指电力无碳化,主要是利用新能源发电,如光伏发电、风能发电、氢能发电等。二是资源减量化:可采用预制构件、超高性能混凝土(UHPC)、高强度材料和利用废弃物资源、可循环利用技术等措施减少资源的消耗。三是终端电力化:指推广电动汽车、电动挖掘机、电动搅拌车和氢能源卡车等。四是系统智能化:指能源使用智能化,根据需要随用随开,如混凝土智能加热系统。

1. 能源脱碳化

2020 年 12 月发布的《新时代的中国能源发展》白皮书指出,统筹光伏发电的布局与市场消纳,集中式与分布式并举,开展光伏发电建设,实施光伏发电“领跑者”计划,采用市场配置方式配置项目,加快推动光伏发电技术进步和成本降低,光伏产业已成为具有国际竞争力的优势产业。

2019 年,中国光伏年均实际利用小时数为 1 169 h,光伏电站建设成本 4.5 元/W,度电实际成本为 0.44 元/(kW · h),而全国脱硫燃煤电价平均值为 0.362 4 元/(kW · h),根据 2021 年出台的规定,2022 年 1 月 1 日后并网的太阳能热发电示范项目中国中央财政将不再补贴，光伏将进入平价时代，中东光伏发电成本已经到 3 美分/(kW · h)，欧洲近几年风能发电成本也连续下降一半以上，提供 16%欧盟的电力。

2018 年弃风、光、水总量可制绿氢 2 亿 m^3/182 万 t，供近 40 万辆氢燃料电池汽车使用。以光伏为例，2025 年和 2035 年，中国光伏电总装机规模将分别达到 730 GW 和 3 000 GW，到 2050 年该数据将达 5 000 GW。

值得关注的一个项目是瑞典大型钢铁公司 SSAB，联合欧洲最大的能源公司 Vattenfull、欧洲最大的铁矿石生产商 LKAB，2016 年成立了联合公司 Hybrit，致力于打造全流程无化石燃料的电力和氢燃料钢材，氢由瑞典 Boden-Luea 地区通过风能发电生产，最终大规模取代焦炭炼钢的工艺，预计瑞典碳排放能够减少 10%和芬兰碳排放能够减少 7%，钢厂预计投产时间为 2024 年，生产热轧、冷轧钢板及镀锌线材，用于汽车、交通、建筑、管道及白色家电等领域，预计到 2030 年达产后，每年能够生产 500 万 t 零碳 H2GS 品牌的钢材。

2. 资源减量化

中国建筑材料联合会：中国建筑材料工业碳排放报告(2020 年度)显示，水泥碳排放量占全行业碳排放总量的 84. 3%；燃料燃烧排放量占全行业燃料燃烧排放总量的 75. 5%；过程排放量占全行业生产过程排放总量的 89. 9%。

中国水泥产量占全球的 70%，人均水泥是美国的 6 倍。

替代燃料：如可再生能源制造绿氢，作为绿色燃料替代，4. 5~5 kW · h/m^3 电解水制氢，目前主流是生物质燃料替代。

减少水泥用量：包括使用水泥替代物、UHPC、高强度材料，以及利用废弃物、可循环利用等。2015—2020 年，在我国政府和行业的共同努力下，我国水泥制造业生产每 t 水泥的能源消费量从 0. 112 t 标准煤下降到 0. 108 t 标准煤，但水泥碳排放量从 0. 463 t 上升到 0. 517 t。水泥工业年消纳电石渣等工业废渣 4 500 万 t，替代石灰石消耗减少二氧化碳排放 1 800 万 t。

1) C^3 碳纤维混凝土项目

C^3 碳纤维混凝土复合材料项目是目前德国建筑领域最大的研究项目。2014 年开始，140 个合作伙伴的联合开发，复合材料碳纤维混凝土已在 61 个联合项目和 300 多个单项项目中进行研发，从 2016 年开始越来越多地应用于实践。

C^3 碳纤维混凝土是钢筋混凝土的替代品，钢的强度被由碳纤维制成的棒或网片代替，因为它们今天已经使用在赛车或航空领域。碳纤维有几个优点：比钢轻得多，强度更高，不会腐蚀。因此，许多混凝土构件可以做得更薄，并且它们的耐用性显著增加，最长可达200年。这些优势显著改善建筑材料的生态平衡。生产中使用的资源越来越少，二氧化碳排放量也越来越小，尤其是由于使用寿命长。

德累斯顿的“立方体”是世界上第一座用碳纤维混凝土建造的房子，建筑总建筑面积约220 m^2，是一座实验楼，同时也是一个整体试验房屋。碳纤维混凝土的高强、轻薄特点，钢筋混凝土、混凝土材料的减量化和碳纤维替代钢材都可大量减少碳排放。

2）案例：驻马店平舆项目工业污泥资源再利用

通过技术处理把重金属严重超标的河道淤泥、底泥，各种工业污泥，经过无害化处理后，用作建材生产的原材料，不仅节省天然沙石的使用，同时也减少了用于填埋或焚烧造成的污染。挡土墙、生态河道护坡砌块、河道边坡、水工砌块、市政砌块中的干淤泥，其1 t含碳200 kg，烧了会产生大量二氧化碳且消耗能源。

3）案例：紫金矿业尾矿资源再利用生产PC、砌块及UHPC

通过使用先进的多功能生产装备，不仅可以把大量的工业废弃物资源化利用，同时由于高效的分散技术，大量地使用掺合料，生产干硬性混凝土，水泥用量也同时减少。从装备上解决设备适用性，一套设备可以满足不同的生产功能，减少设备的重复性投入。适用范围非常广泛，如市政砌块、高铁砌块、建筑PC预制构件、SCC（自密实混凝土）、UHPC（超高强混凝土）。

4）案例：湖北襄阳护城河淤泥改性园林种植土

用途：对护城河的清淤底泥进行改性，制成合格的园林种植土，实现淤泥资源化利用。利用高分散搅拌系统将脱水泥饼与外加剂、糠醛粉均匀拌和。

固废物资源化：脱水淤泥通过和石粉、钢渣粉、脱硫石膏等工业固体废弃物的混合使用，改性为工程土用于路基、矿上修复，以及其他岩土工程领域。

据UHPC分会统计，2020年中国UHPC的总用量超过4万 m^3（整个欧洲的UHPC用量不到2万 m^3）。国内首次将大体量UHPC用于截断箱型梁的生产，是UHPC在桥梁施工领域的重大突破。

2020年7月14日，保利长大工程有限公司承建的英德北江四桥项目102 m大跨径UHPC预制箱梁首个节段浇筑成功，在桥梁主体结构梁板上应用大体量UHPC新材料，在国内尚属首次，是UHPC桥梁施工建设领域上一项重大突破。该项目采用设计抗压强度为120 MPa的UHPC混凝土，项目总计100节UHPC预制箱梁。混凝土横截面面积由700 mm减少到200 mm。

混凝土装配式建筑技术的趋势：实心剪力墙、90%以上的装配式建筑采用剪力墙体系、纵肋叠合剪力墙、欧洲叠合剪力墙、SPCS 空腔后浇剪力墙体系、复合模壳体系混凝土剪力墙结构(UHPC 模壳)等,这些新的技术体系无一例外地摈弃了钢筋套筒连接技术,采用了更为简单高效的空腔 PC 构件和钢筋搭接技术。空腔现浇带将大量使用自密实混凝土。

新筑磁悬浮轨道梁预制自密实混凝土:RIV 2.5-D 搅拌站用于 C75 自密实混凝土生产,拓展度≥750 mm。

3. 终端电力化

绿色矿山=电动矿山设备+绿色能源+储能;绿色混凝土运输=绿色能源+电动搅拌车+储能。

4. 系统智能化

用于混凝土搅拌站的 TURBOMATIC 加热系统的主要功能包括快速融化冻结的骨料,高效预热及加热骨料,生产提供配料用热水;TURBOMATIC 同时可以处理其他加热需求:为搅拌站设施、办公区等提供加热服务,为搅拌车清洗、填充水等提供热水。

五、水泥企业应对碳市场的措施

(一)有效管理碳资产

碳资产管理作为伴随着碳排放权交易制度产生的新兴领域,主要包括综合管理、技术管理、实物管理和价值管理等。综合管理包括规划、制度、流程、碳信息披露、碳风险、培训、咨询等的管理,是碳资产管理的基础;技术管理包括碳标准、碳统计、碳核证、碳足迹、减排技术、能效技术、低碳解决方案等的管理,是碳资源转变为碳资产的技术支撑;实物管理包括碳盘查、碳捕集、碳综合利用、碳排放等的管理,是价值管理的基础;价值管理包括 CDM 或 CCER 项目注册、碳交易、碳市场以及碳的金融衍生品,如碳债券、碳信用等的管理,价值管理体现的是碳资产价值实现。

(二)替代原料的开发

鼓励采用电石渣、造纸污泥、脱硫石膏、粉煤灰、冶金渣尾矿等工业废渣和火山灰等非碳酸盐原料替代传统石灰石原料,降低原料中碳酸盐分解二氧化碳排放量。当前我国工业固废消纳利用的重点领域在建材行业,以水泥行业为例,我国水泥年总产量已达到 25 亿 t(2016 年数据),以平均掺入 20%的废渣作为混合材料计算,年可消纳工业固废 5 亿 t。替代原料与利废原料的使用,其一提高了资源利用率,增加有效供应量;其二有利于减少土地占用、环境保护,促进社会可持续发展;其三促进循环经济发展,有助行业节能减排。

(三)降低化石能源的消耗

通过推广纯低温余热发电技术和水泥窑协同处置废弃物技术,降低化石能源的消耗。纯低温余热发电是不带补燃锅炉的蒸汽动力循环发电技术方案,是在预分解窑系统上加设纯低温余热发电,利用中低温的废气生成低品位蒸汽,来推动低参数的汽轮机组做功发电,使水泥生产的综合热利用率提高到90%以上,是当前节能和环保要求下的必然趋势和产物。

(四)推行节能减排新技术

目前我国正在大力推进第二代新型干法水泥技术与装备,实施回转窑热工效率提升行动,降低单位产品能源消耗和碳排放强度。第二代新型干法水泥技术和装备是在不改变悬浮预热和预分解这一主要工艺技术特征基础上的进一步创新,根据干法水泥工艺的主要特点,“二代”技术具体体现在以下方面。

(1)运用高效能和低氮燃烧理论指导水泥窑高效利用资源、能源,降低污染物排放。

(2)新型辊磨的开发。基于高效料床破碎理论与计算机仿真模型,提升水泥立磨终粉磨优化技术和水泥辊压机终粉磨优化技术,提升无球化料床粉磨技术的效能效率。

(3)不同原料、燃料均化配置技术提升。进一步开发科学的不同质原料、燃料配方及使用规则,使其发挥提升产品质量、节能减排、扩大资源利用的支撑作用。

(4)全面提升自动化生产控制和管理水平。通过运用模糊逻辑、神经网络理论和模型预测控制技术,将现代智能化控制与现代管理的原理融入水泥生产全过程。

(5)开发协同处置工业废弃物、城市垃圾、污泥等技术,提高替代燃料利用率。

(6)充分利用各种工业废渣、低品位矿物尾渣,开发以硅酸盐矿相、硫酸铝盐矿相为主的新型低碳高标号、多品种的水泥产品。

(7)实现水泥工业粉尘有组织零排放。通过研究开发高性能高效率滤膜材料,优化提升薄膜袋收尘和提高创新电收尘技术装备。

(8)提升处置氮氧化物还原催化技术,降低氮氧化物排放浓度,实现氮氧化物窑体内自身消化与窑尾排放相结合的处置方式。

水泥行业即将迎来全国碳市场启动,为了确保碳交易这一市场化手段按照设想最大化地促进我国节能减排工作的发展,水泥企业应积极主动地履行自身义务,将温室气体减排工作视为企业经营过程中的重要一环。企业通过转变原料、能源消费方式,加大节能减排新技术的推行力度,结合碳资产的有效管理,不仅可以消除碳交易制度带来的影响,先进减排企业还可以做到在碳市场中有所盈利。

“十三五”时期是实现全面建成小康社会目标的决战决胜阶段。建材工业作为国民经济的重要基础产业,在改善人居条件、治理生态环境和发展循环经济等领域发挥着关键作用。水泥企业能否顺应形势,把握机遇,将低碳发展概念落到企业经营实处,将切实助力行业供给侧结构性改革,提升行业淘汰落后产能、低碳转型升级的行动效果。

第五章 建材行业智能化的发展探究

第一节 建材行业智能化的发展现状

“十三五”期间，建材机械行业根据《中国制造 2025》和“一带一路”等国家战略，推进行业结构改革，加快结构调整优化和转型升级，产业结构向延伸产业链和高附加值、绿色低能耗方向发展。以水泥和平板玻璃为代表的成套技术装备和工程总承包服务占据了国际市场主要份额，水泥、平板玻璃、建筑卫生陶瓷、玻璃纤维等产业的成套技术装备已达到世界先进或领先水平。数字化日新月异，各行各业都在寻求智能化转型升级。早已进入持续变革期的建材行业也在加速实现智能制造。

一、建筑智能化定义

建筑智能化是以建筑物为平台，将现代信息技术应用于建筑自动化系统中，集架构、系统、应用、管理及优化组合为一体，具有感知、传输、记忆、推理、判断和决策的综合智慧能力，形成以人、建筑、环境互为协调的整合体，实现建筑物的安全、高效、便捷、节能、环保、健康等属性。

二、建筑智能化的发展历程

我国建筑智能化行业经历了四个发展阶段，包括探索阶段（1990—1996年）、初步发展阶段（1997—2006 年）、高速发展阶段（2007—2014 年）和稳定发展阶段（2015 年至今）。目前，智能化系统已在我国公共建筑、住宅及工业建筑领域得到了广泛应用，持续、稳定的国民经济增长促进了建筑智能化行业的迅速发展，建筑智能化技术也日趋成熟，我国不少建筑智能化技术研发成果接近国际水平（见表 5-1）。

表 5-1　建筑智能化行业发展历程

时间	内容
1990—1996 年	建筑智能化的对象主要是宾馆和商务楼,智能化系统的各子系统相互独立。没有行业管理的统一标准,形成自由发展的局面
1997—2006 年	1997 年 10 月国家住房和城乡建设部颁布了我国智能建筑领域的第一个法规性文件,实行了市场准入制度,出台了中国《智能建筑设计标准》,我国建筑智能化的发展已从随意混乱无序开始逐步走上规范有序,智能化系统建设和运营走向规范化,成为新建建筑和老建筑改造中的“标配”
2007—2014 年	2007 年,建筑智能化工程开始作“D-B”(设计-施工)工程承包模式的探索,《建筑节能智能化技术导则》为行业发展提出了技术指导,2012 年以来,节能减排已提升到列为“十二五”规划里的专项内容,行业发展规范进一步完善,政策扶持与建筑市场需求推动行业发展
2015 年至今	2015 年颁发的新版《智能建筑设计标准》增加了对智慧建筑技术水平,尤其是“学习能力”的要求。绿色节能建筑以及新型材料的研究不断深入,产、学、研相结合,形成一批具有较强信息技术创新能力和信息化应用达到国际先进水平的建筑智能化企业

三、建筑智能化行业的政策环境

近年来,国务院、住房和城乡建设部、发展和改革委员会等陆续出台建筑智能化相关政策,政策内容主要围绕加快智慧城市建设、建筑节能、推动物联网技术在节能减排和建筑智能化中的应用等领域,以促进建筑行业绿色、节能、安全、高效发展。《建筑业发展“十三五”规划》(建市〔2017〕98 号)指出,推进建筑节能与绿色建筑发展,积极开展超低能耗或近零能耗建筑示范,大力发展绿色建筑,从使用材料、工艺等方面促进建筑的绿色建造、品质升级。《住房和城乡建设部等部门关于加快新型建筑工业化发展的若干意见》(建标规〔2020〕8 号)旨在推动城乡建设绿色发展和高质量发展,以新型建筑工业化带动建筑业全面转型升级,加快信息技术融合发展,推广智能家居、智能办公、楼宇自动化系统,提升建筑的便捷性和舒适度,推动物联网技术在监控管理、节能减排和智能建筑中的应用。建筑智能化行业相关政策见表 5-2。

表 5-2 建筑智能化行业相关政策

年份	名称	内容
2017	《建筑业发展“十三五”规划》	在新建建筑和既有建筑改造中推广普及智能化应用，完善智能化系统运行维护机制，逐步推广智能建筑
2019	《智能建筑工程质量检测标准》	加强智能建筑工程质量管理，规定智能建筑工程质量检测的组织程序和合格评定标准，保证智能建筑工程质量
2020	《住房和城乡建设部等部门关于加快新型建筑工业化发展的若干意见》	大力推广建筑信息模型（BIM）技术、加快应用大数据技术，推广应用物联网技术、推进发展智能建造技术等
2021	《物联网新型基础设施建设三年行动计划（2021—2023年）》	以农业、制造业、建筑业、生态环境、文旅等数字化转型、智能化升级为驱动力，加快数据采集终端、表计、控制器等感知终端应用部署，支持运用新型网络技术改造企业内网和行业专网，建设提供环境监测、信息追溯、状态预警、标识解析等服务的平台，打造一批与行业适配度高的解决方案和应用标杆
2022	《“十四五”建筑业发展规划》	智能建造与新型建筑工业化协同发展的政策体系和产业体系基本建立，装配式建筑占新建建筑的比例达到30%以上；绿色建造方式加快推行；提升工程建设标准水平，完善既有建筑绿色改造技术及评价标准，编制超低能耗、近零能耗建筑相关标准

四、建筑智能化产业链

我国建筑智能化产业链上游包括电子设备、软件、材料供应商和劳务分包商，其中电子设备在建筑智能化行业中占据较大的采购成本；中游由建筑智能化产品制造商、工程服务商及综合类企业构成，主要企业有延华智能、达实智能、佳华科技、同方股份、金智科技、中电兴发、中控技术等；下游行业为建筑业尤其是房地产业，如办公建筑、商业建筑、文化建筑、医院建筑、学校建筑、住宅建筑和工业建筑等。

五、建筑智能化行业市场现状

(一)市场需求分析

1. 存量建筑智能化需求

随着城市快速发展,城镇化率不断提高,2021 年中国常住人口城镇化率达到 64.72%,城市中部分原有建筑功能已不能满足时代需求,存在空置或低效利用状况。国家为提高城市效能、提升环境品质改善民生,陆续出台各项政策,促进存量高效利用、建筑的再开发和再利月。通过对存量建筑进行智能化改造,能够完善人们的居住环境,提高生活品质,存量建筑智能化需求十分可观。

在存量建筑中,每年约 3%(平均改造周期 30 年)的住宅以及 6%(平均改造周期 15 年)的工业、公共建筑会进行智能化改造,按住宅 60 元/m^2、公建 150 元/m^2 的平均改造成本计算,2021 年我国建筑智能化改造市场规模为 3 224.89 亿元。

2. 新增建筑智能化需求

随着居民收入水平提升,居民消费能力也水涨船高,消费升级成为不可阻挡的时代大势,同时带动住房消费的升级,居民开始追求高品质的生活,关注住宅相关的配套设施,这也将带动商业建筑、办公建筑、商业综合体、科教文卫建筑等公共建筑市场的发展,新增的建筑市场为建筑智能化建设提供了更大的发展空间。

以住宅 150 元/m^2、厂房仓库 250 元/m^2、办公商业服务用房 350 元/m^2 的建筑智能化成本计算,2021 年我国建筑智能化新建市场规模为 3 320.98 亿元。

(二)市场规模分析

我国建筑智能化市场包括存量建筑市场和新增建筑市场的智能化需求,建筑智能化市场规模从 2012 年的 3 948.91 亿元增长至 2021 年的 6 545.87 亿元,年度复合增长率为 5.18%。

六、建筑智能化行业的竞争格局分析

截至 2022 年 10 月,根据企查查搜索关键词“建筑智能化”,存续在业的建筑智能化经营范围相关企业超过 100 万家,其中江苏省分布最多,共有 183 960 家,其次为广东省和山东省,分别为 161 777 家和 146 433 家。

目前,我国的建筑智能化市场重点发展区域为长三角、珠三角及京津冀地带。上海自贸区建设如火如荼地开展,基础设施的建设与完善、邻边环境的改善等给建筑业带来新的机遇。而以北京为中心的京津冀地区和以上海、江苏为中心的长三角地区已成为我国建筑产业现代化发展的两大引擎,未来将成为我国建筑智能化产业发展的重点核心区,产业规模非常大。

我国建筑智能化企业分为智能设备产品制造、建筑智能工程服务以及综合类企业三类。产品制造类企业中,外资设备制造商如西门子、江森自控等进入我国市场较早,在设备技术方面具有优势;工程服务企业中,由于智能化的实施对象不同,涉及的集成技术及服务管理系统区别较大,各家企业根据自身在软件技术和工程施工上的优势,分别侧重于住宅、公共及工业建筑等不同物业类型。

目前,建筑智能化行业内企业数量较多,虽然有大量的本地企业从事这个行业的中游,但它们的规模普遍较小,行业的竞争集中于中低端市场,行业内仅有少数企业具备工程设计建筑智能化系统专项甲级、电子与智能化工程专业承包一级以及计算机信息系统集成一级资质,获得三甲资质的代表企业有达实智能、延华智能、佳华科技、同方股份、中电兴发。

目前行业内领先的企业有达实智能、延华智能、佳华科技、同方股份、中电兴发、中控技术、金智科技等,其中领先企业占据的建筑智能化整体市场份额不足5%,行业内市场集中度偏低(见表5-3)。

表5-3　建筑智能化行业主要企业及市场份额

企业简称	建筑智能化业务	市场份额/%
达实智能	自主研发的达实Alot智能物联网管控平台,结合C3物联网身份识别与管控系统、EMC007中央空调节能控制系统以及物联网空间场景控制系统等核心应用系统,并高效集成多项智能化应用子系统	0.47
延华智能	拥有建筑信息模型(BIM)技术应用管理平台、智慧工地管理平台、基于云计算技术的公共信息服务核心平台、智慧园区管理平台等	0.09
佳华科技	以IBMS为基础、云平台为核心,融合BIM、IOT、AI、边缘计算等先进技术,实现建筑管理的可视化、数字化、智慧化、云应用化,将基础设施互通互联,结合大数据分析与融合,为用户提供安全、高效、便利及可持续发展的智慧建筑解决方案	—

续表 5-3

企业简称	建筑智能化业务	市场份额/%
同方股份	公司专注于从智能建筑、智慧园区、智慧综合体互联到公共建筑能耗监控的各类建筑与园区的智能化、建筑节能改造和运营	—
中电兴发	提供智能型输配电设备、智能型元器件、自动化产品，以及电力设计、电力安装服务等集研发、制造、销售、安装、维保、技术服务于一体的产品提供商和服务商，充分依托物联网、大数据等技术的应用实现，助力运维与节能的双效提升，加速电气化与数字化的融合	—
中控技术	具有自主知识产权的楼宇控制系统，智能照明控制系统、能源管理系统、停车引导系统等系列产品	—
金智科技	在园区咨询规划、智慧化集成，园区空间智慧服务，园区智慧运营等环节积累了具有鲜明特色的解决方案	—

七、建筑智能化行业发展趋势

（一）市场趋势

目前建筑智能化行业受到各类政策的支持，处于持续发展中，随着行业发展的不断深化，低端企业将面临淘汰出局，具有竞争优势的深度系统解决方案提供商企业注重创新研发，能够开拓更多的市场份额，建筑智能化行业内企业将不断朝着规模化、集约化以及专业化方向发展。

（二）技术趋势

绿色节能是建筑智能化行业技术发展的趋势。目前，行业内已经采用了相当的建筑节能技术，如在照明方面采用的数字可调光技术，选择清洁能源作为建筑的主要供应能源，同时与城市电网相融合，形成智能供电系统，总体上现有的建筑节能技术成效并不理想，未来仍需要建立完善能源监测系统，通过分析历史耗能数据，制订更加高效的节能方案。

（三）行业发展的挑战与机遇

1. 挑战

建筑智能化行业发展区域不均衡。目前我国建筑智能化行业市场需求主要集中在华东、华北及华南地区，且行业的集中度低，行业内中小企业缺乏充足的资金进行技术研发，难以获得规模经济的优势来节约运营成本，行业的区域性市场的发展导致资源无法进行优化配置,不利于行业整体的健康可持续发展。

相比国外成熟的建筑智能化市场,我国建筑智能化行业的期望值普遍较高,但实际施工和管理质量较低,主要体现在市场招标投标管理不严格,缺乏专业的监理和系统的验收系统,缺少严格的施工规范、验收标准以及对目前市场上智能化产品技术的测试、评审和监督的系统指标。此外,行业缺乏标准化的人才,未来行业发展需要注重监管体系的建设以及人才体系的培养。

2. 机遇

随着计算机、自控、通信、互联网等技术的发展,尤其是近几年势头正猛的IT新技术,如物联网、云计算、大数据、BIM、AI等,为建筑智能化的实现与发展提供了有力的技术支撑。在国家数字经济建设浪潮下,建筑智能化行业将会再次迎来重要的变革与重塑的机会,相关企业和从业者应紧扣“新时代建筑智能化”的历史性机遇,积极推进信息基础设施建设,前瞻布局5G、云计算、人工智能等新型网络与智能设施,为建筑智能化行业的发展拓宽边界。

第二节　建材行业智能化未来趋势探究

“十三五”期间,我国经济发展已经取得了阶段性的成功,面对不断涌现的新技术,我国制造业紧抓数字技术与制造业深度融合的关键,加速从“制造”到“智造”发展。

一、行业转型升级的主要途径

我国政府高度重视建材行业智能制造数字化转型发展。一方面,建材行业实现智能制造是制造业发展的必然要求。当前制造业数字化、智能化趋势明显,建材行业也已做好了准备。为了更好地推进智能制造工作进程,行业成立了建材行业智能制造推进联盟。另一方面,建材行业自身亟须加快转型升级,经过多年发展,建材行业已经成为建筑工程和基础设施必不可少的支撑,是国民经济和社会发展的基础行业。但行业还存在不少短板,去产能、调结构依然是当前工作的重点和难点,亟须利用大数据、工业互联网等数字化技术加快转型升级的步伐。

2020年,工业和信息化部办公厅印发《建材工业智能制造数字转型行动计划(2021—2023年)》。其中提出,到2023年,制修订30项以上建材行业智能制造相关标准,培育5家年产值过亿元的建材行业信息化、智能化供应商,建立5个建材行业智能制造创新平台，形成15套系统解决方案，突破50项建材领域智能制造关键共性技术，培育100个建材工业App；推选6家智能制造标杆企业，建立50个建材行业智能工厂。

2022年，工业和信息化部依据《建材工业智能制造数字转型行动计划（2021—2023年）》和《国家智能制造标准体系建设指南（2021版）》，组织编制了《建材行业智能制造标准体系建设指南（2021版）》。其中提出，到2023年，初步建立建材行业智能制造标准体系，制定不少于20项相关标准；对于智能化水平较高的细分领域，实现智能装备、智能矿山、智能工厂标准基本覆盖，重要的智能服务、智能赋能技术、集成互联标准有所覆盖；其他细分领域优先制定智能工厂标准；实现重要关键技术标准在行业的示范应用。

二、企业转型升级的主要方向

智能制造发展和推广是建材行业转型升级的主要途径，亦是建材企业转型升级的主要方向。2022年，在工业和信息化部、国家发展和改革委员会、财政部、国家市场监督管理总局联合发布的2022年第5号公告中，公布了《2021年度智能制造试点示范工厂揭榜单位和优秀场景名单》，共110家企业、241个场景上榜。其中就包含了中国建材集团所属企业、东方雨虹等多家建材企业与场景。

荣誉背后是企业数字技术实力的体现，中国建材集团响应国家“新基建”号召，加速数字化、智能化转型，推进在智慧物流、智慧工厂、数据中心等方面的发展。中国建材集团所属企业南方水泥打造了5G智慧矿山示范区，中国巨石建设玻璃纤维生产智能制造基地“未来工厂”，将工业机器人应用于生产线，将智能化、数字化嵌入全流程，提升生产效率。

东方雨虹将信息化建设作为企业高质量发展的重要手段，打造智能生产线、智能仓储、智能监管系统，引入国外先进生产设备，创新开发出适应自身的技术、装备、系统控制程序，打造“无人车间”“黑灯车间”。利用数字化手段解决了防水材料以及各种建材产品生产需求端与后端供应连接的诸多问题，对平衡生产计划、降低生产风险、提升企业信息化水平起到了重要的示范作用。

智能制造时代正在大跨步来临，面对新一轮产业变革，智能制造已成为建材企业转型升级，抢占发展机遇制高点的主攻路径。在国家政策的引导下，充分发挥有关部门、机构、协会的指挥、协同作用，助力建材行业加速智能制造转型升级、解决产能过剩矛盾、提升行业整体实力，必将持续助推“中国制造”迈向“中国智造”。

三、建材装备主要技术

“十四五”期间建材装备绿色化和智能化将聚焦低碳化、智能化和成套化发展，重点可关注以下几方面技术。

（一）建材装备先进设计制造技术

建材生产工艺复杂，建材装备也向着大型化、自动化与智能化的方向发展。建材装备先进设计制造技术将设计与制造融为一体，在建材设备的设计制造方面引入计算机辅助设计、计算机集成制造、最优化技术、信息技术、传感技术、自动化技术、新材料技术和现代系统管理技术。全面采用三维设计，实现全三维数字化产品建模、三维数字化零件工艺规划、三维零件工艺仿真，将制造规划的虚拟环境与零件加工的现实世界连接起来，通过动态仿真和优化，使零件设计及加工效率达到最优化。

（二）建材装备测控技术

对建材装备的运行状态进行测控，是提升装备运行的自动化水平及提高产品质量的重要手段，也是生产线弹性生产、企业运营管理优化及生产协同组织的重要支撑。建材装备运行过程复杂，需要检测的物理量繁多，为实现对建材装备多源数据的实时检测，通过应用自动化技术、通信技术、物联网技术，实时采集任何需要监控、连接、互动的生产过程信息，实现对建材生产过程重要数据的主动感知，从而为系统的智能决策提供及时、准确、全面的制造过程运行信息。建材装备现场监控方案见图 5-1。

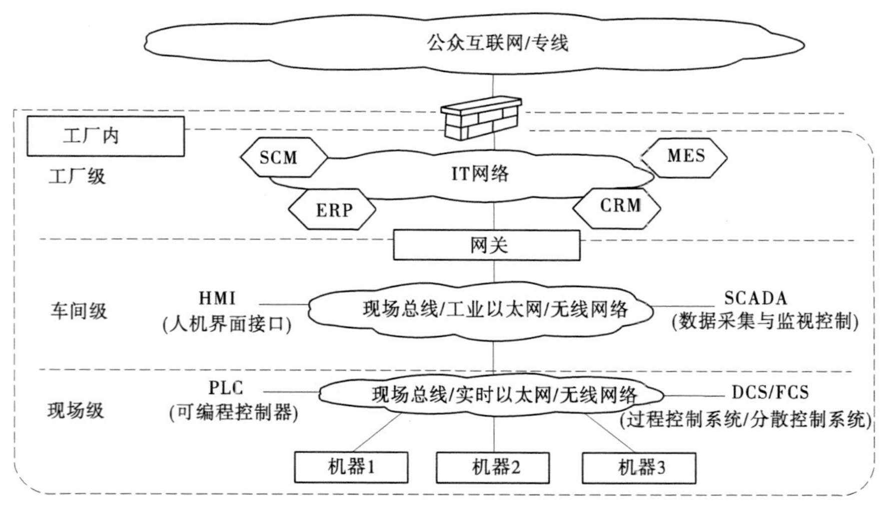

图 5-1　建材装备现场监控方案

建材生产过程除工艺复杂外，环境亦比较恶劣，将建材生产设备采用信息化、网络化技术进行互联，采用分布控制，集中管理的 DCS 结构，是建材设备智能制造的重要组成部分。通过建材装备的自动化技术及现场互联技术，可以完成整个生产车间级设备的分散控制与集中管理，实现生产过程的信息化与智能化，最终实现生产过程能源消耗的透明化。

(三)建材生产过程的无线物联技术

将无线物联技术运用于建材生产的全过程，对加快转变建材生产方式、提高建材生产的技术进步和管理效率及促使传统建材企业的转型升级具有重要的意义。工业无线物联技术的应用正逐渐向生产控制及全网方向发展。工业领域的无线技术主要包括短距离通信技术 RFID、Zigbee、Wi-Fi 等，用于车间内的传感数据读取、物品及资产管理、自动导引运输车(AGV)等无线设备的网络连接。水泥生产过程中的破碎、配料、除尘、预热分解、冷却、硫化物与氮氧化物排放、热量的回收与利用等过程，都可以采用无线物联及无线传感器进行采集，并对之进行有效的分析处理，使生产线的运行技术人员及其上层管理者了解生产线实时、精确、全面的运行状态，进而完成控制、分析与决策。无线物联技术在建材生产中的应用，是建材生产企业绿色化、智能化的重要方向。

(四)建材生产过程的节能降耗技术

节能减排是实现建材工业转型、实现可持续发展的必经之路，可以通过开展技术创新来解决。以水泥生产为例，可重点在水泥粉磨工艺的改进、污染物在线监测及提高建材余热发电效率三方面进行技术攻关，具体如下。

(1)水泥粉磨工艺的改进：围绕水泥粉磨(联合粉磨、半终粉磨)系统，从粉磨机制、粒度与水泥物理性能关系、参数检测、模型构建等着手，开发水泥粉磨系统智能化控制关键技术。在破碎和粉磨领域，进行单段破碎机破碎理论的基础研究；研究层压破碎设备，进行高压辊磨、大型立磨、旋回破碎机的研究。

(2)污染物在线监测：通过自动化与智能化的采集检测设备，结合现代通信技术对污染物排放进行实时监测与控制，监测废气中主要污染元素的浓度和流量、污染物排放总量等数据，推动主要污染物排放监测信息管理系统的应用，减少污染物排放，提高建材生产企业的环境效益。

(3)提高建材余热发电效率：根据建材行业的特点，通过技术创新，加大主要耗能、耗材设备和工艺流程的信息化改造，利用烧成系统废气的余热作为原料粉磨、原煤粉磨、水泥立磨等系统的烘干热源，剩余的热量用于纯低温余热发电,争取最大限度地合理利用能源。

(五)建材制造成套设备

具有物料自动配送、设备状态远程跟踪和能耗优化控制功能的水泥成套设备、高端特种玻璃成套设备、建筑卫生陶瓷生产成套设备,碳纤维、玄武岩纤维等加工技术装备。

(六)智能化成形和加工成套设备

基于机器人的自动化成形、加工、装配生产线及具有加工工艺参数自动检测、控制、优化功能的大型复合材料构件成形加工生产线。

"十三五"以来,建材装备绿色化和智能化转型升级成效显著,国际竞争力持续增强。但是面对新形势,建材装备行业还存在关键材料核心工艺技术与装备自主可控水平不高、绿色低碳发展任重道远、智能化水平尚难以有效支撑高质量发展、关键战略资源保障能力不强等问题亟待加快解决。因此,保持战略定力,增强底线思维,坚持系统观念,才能加速推动双碳目标的达成和高质量发展。

第三节　水泥企业运营管理智能化案例探析

案例1——天瑞水泥:流程行业智能制造解决方案

本书提供的案例为"2021年度中国智能制造最佳应用实践奖"参评案例。该次活动评选出2021年度为中国智能制造领域带来突出效益的最佳实践工程,全面介绍企业推进智能制造的步骤、重点与难点、获得效益等,分享建设过程中的经验,供广大制造业行业企业学习借鉴。

在很多人眼里,水泥企业是传统落后型产业的代名词,工艺简单、高耗能、生产粗放。其实不然。在天瑞水泥集团有限公司(简称天瑞水泥),从原燃材料进场,到水泥产品发运出厂,全部采用全流程化和自动化闭环作业,基本实现了生产过程无人化,资源利用、质量控制和生产控制的智能化,迈入了国内领先行列。2019年,天瑞水泥成功入选省级智能工厂。

一、企业简介

天瑞水泥集团有限公司是天瑞集团主要产业之一,2000年9月成立,是国家重点支持的十二家全国性水泥集团之一,是工业和信息化部确定的水泥行业兼并重组的五大龙头企业之一。截至目前,公司熟料产能 3 520 万 t,水泥产能 5 780 万 t,砂石骨料产能 2 100 万 t,在中国水泥行业排名第九位;2011 年 12 月 23 日在香港主板上市,2021 年位居水泥上市公司综合实力第七位;2021 年 9 月被河南省认定为首批重点支持的头雁企业。

近年来天瑞水泥集团有限公司在从传统制造向数字化转型升级等方面进行了积极探索,先后完成了集团财务业务一体化、数字工厂与集团管控、智能工厂、建材行业工业互联网平台建设。经过多年努力,天瑞集团郑州水泥入选工业和信息化部"智能制造试点示范项目",天瑞集团汝州水泥等 15 家水泥企业入选河南省智能工厂,26 家水泥企业完成两化融合贯标认定,天瑞集团信息科技公司入选河南省第一批智能制造解决方案供应商、中小企业数字化服务商和河南省人工智能企业,天信工业互联网平台入选河南省首批行业工业互联网平台。

天瑞集团联合华为成立天瑞华为联合创新实验室,主要围绕建材行业及流程制造业的五大数字化应用进行联合创新和实践,包括国内领先的无人矿山,智慧矿山建设创新,效率倍增的智慧办公实践,基于大数据的产业链协同创新,基于数字技术的 IOC 集控中心实践,基于 5G、AI 等新一代信息技术建设的天信工业互联网平台。

二、企业在智能制造方面的现状

智能工厂项目的应用是国内整个水泥行业的代表,起到示范和带动作用,构建了一个"可测可控、可产可管"的集成环境。天瑞水泥在规划初期就引入了实时成本的目标,让企业在激烈的市场竞争中保持先知先觉,通过基础管理智能化逐步实现从产品成本的视角实时地为管理者提供生产成本信息,为管理者市场决策提供依据;以生产线、班组为颗粒度进行日成本计算,分析成本波动,挖掘降低成本潜力,分析影响成本因素;以标准成本为标杆,实时地跟踪产品成本执行情况,提高企业对产品成本管控能力,实现数据和信息的流通和交换。

智能工厂项目的实施能有效地通过子系统与子系统的衔接、内部管理系统与电子商务平台衔接、信息管理系统与工业自动化系统衔接等方法,解决企业生产和经营管理方面的漏洞,充分利用信息化手段来提高产品质量、提高资源利用率、降低能源消耗,从而建立可持续发展绿色经济,有利于当前水泥行业在环保排放、降本增效、资源重组等方面提高竞争力。

三、参评智能制造项目详细情况介绍

(一)项目背景介绍

水泥行业作为传统制造业,行业信息化和智能化水平参差不齐,亟须采用物联网和大数据等现代技术,推动生产管理向信息化、智能化和绿色化方向发展,实现水泥行业节能降耗,从而进一步促进水泥产业走新型工业化道路。

(二)项目实施与应用情况详细介绍

1. 数据采集:全方位的数据互联互通

数据采集能够将原来分散在各个系统中的数据全部统一采集到一个系统中,可供随时调用和分析,解决了之前数据分散无法打通的难题。通过天信工业采集终端实时采集各类设备工作和运行状态数据,并完成数据清洗、标准化转换和存储;借助物联网、互联网技术实现不同类型设备的快速连接,实时采集数据到云端,为大数据分析提供入口。数据采集架构见图 5-2。

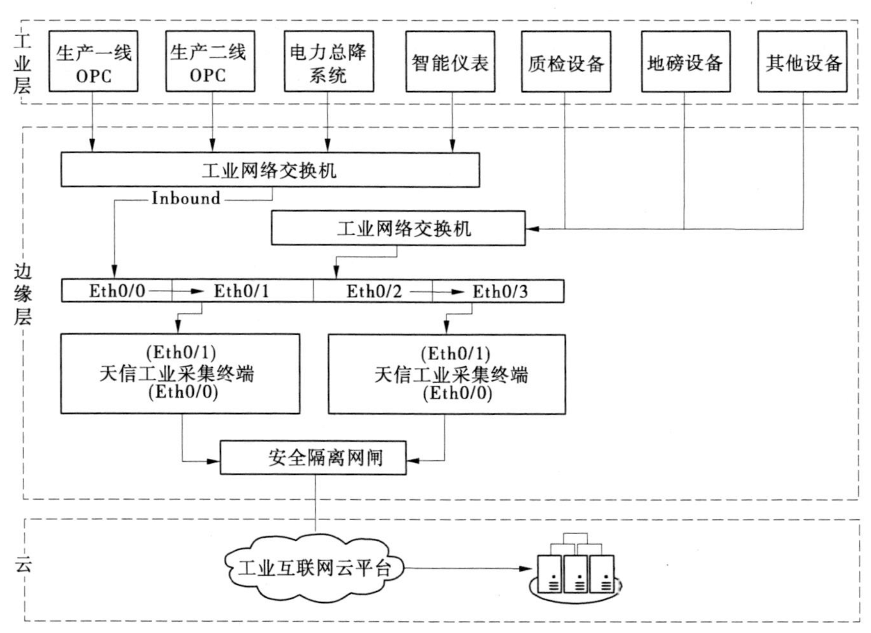

图 5-2 数据采集架构

在智能生产方面,通过自研的采集终端为流程制造企业提供数据采集服务,全量采集工艺、能源、质量等数据,通过生产云平台实现智能化在线分析,生产调度中心实时预警,驱动生产全流程管理,按事件级别推送到手机,借助于大数据分析和人工智能技术，结合 MPC 优化控制模型，实现窑炉优化控制，打造生产线的自动化、智能化运行，减少人为操作失误，优化工艺降低单耗，单生产线年减少工艺事故 35%以上，降低能耗 1%~3.6%。按照天瑞水泥熟料产能 3 500 万 t、平均降低能耗 2%测算，可节约原煤 6.76 万 t、减少 CO_2 排放 12.49 万 t，节约用电 2 791.2 万 kW·h、减少 CO_2 排放 1 898.01 万 t，预计共可节约费用 8 406.72 万元/年。

天瑞水泥目前在运行的生产线平均能耗综合标准均优于《水泥单位产品能源消耗限额》(GB 16780—2021)规定的行业标准。下一步将积极通过智能化改造和技术改造，使全部生产线达到新标准的Ⅰ级能效等级。

在水泥生产超低排放方面，自 2018 年以来已累计投入 5 亿多元，对所有生产线进行了超低排放改造，目前河南区域 14 条生产线全部达到《水泥工业大气污染物排放标准》(DB41/1953—2020)要求的排放标准。

天瑞水泥采用 SNCR 优化升级、分级燃烧及脱硝智能控制改造的生产线有 7 条，其 NO_x 排放标准达到了《水泥工业大气污染物排放标准》(DB41/1953—2020)要求的小于 100 mg/Nm^3(标准立方)以下，引进洪堡深度脱硝生产线共有 7 条，其 NO_x 排放达到了 50 mg/Nm^3 以下的超低排放标准。

在颗粒物排放方面，对全部生产线的窑头、窑尾收尘器进行了升级改造，其平均排放标准达到 5 mg/Nm^3，远优于《水泥工业大气污染物排放标准》(DB 41/1953—2020)要求的小于 10 mg/Nm^3 的标准。

在脱硫改造方面，天瑞水泥首先从原燃材料源头加以控制，减少硫排放，对各条生产线增加了脱硫设备，另外对部分生产线通过添加电石渣进行深度脱硫，目前又引入了热生料脱硫技术，使全部生产线均达到《水泥工业大气污染物排放标准》(DB41/1953—2020)要求的小于 35 mg/Nm^3 的标准，10 条生产线都控制在 5 mg/Nm^3 的标准。

2. 工艺预警：实时掌控设备运行状况

水泥行业作为传统流程制造业，各个工序之间相辅相成，如果一个设备出现异常，会影响整条生产线的连续生产；如果能够实时掌控生产线中的工艺数据，出现异常自动预警，使技术人员能够及时发现并解决，对于保障整条生产线的连续运行有非常大的意义。

通过边缘设备采集实时数据，分析并建立工艺模型，实现对现有生产管理工艺数据采集、集中监控、异常预警等功能。借助平台的大量可视化工具，方便用户对各主机设备、工艺参数的运行趋势进行详细分析，例如设备的温度、压力、振动、电流等各类数据，实时在平台展示和分析，真正掌控设备运行情况。通过工艺智能优化分析,可以更加智能地将工业实时数据库中的实时数据和历史数据向用户展示,帮助用户查找问题,优化工艺。

3. 画面仿真:生产过程优化专家

在传统的工业设计、制造和服务领域,经验往往是一种模糊而很难把握的形态,很难将其作为精准判决的依据。通过画面仿真的手段,将原来无法保存的专家经验进行数字化,并提供了保存、复制、修改和转移的能力。

通过采集生产线上的各种生产设备的实时运行数据(如原材料、设备、能源、工艺配方等),实现全部生产过程的可视化监控,并且通过机制模型建立关键设备参数、检验指标的监控策略,对出现违背策略的异常情况进行及时预警,实现稳定并不断优化的生产过程。

4. 智慧能源:科学地指导企业节能降耗

水泥行业作为高耗能行业,根据国家水泥产业调整和振兴规划有关要求,为提高能源管理水平以及能源利用效率,各水泥企业加大了节能技术改造的力度,由原来的人工抄表转变为通过智能仪表自动采集记录能源数据,但是对能源数据缺乏精细化、科学化的分析。

智慧能源可以帮助企业建立一个可视化、信息化、智能化的能效综合管理体系,从管理上规范用电,从技术上降低成本,达到科学用电、智慧用电、节约用电的目标。

通过智慧能源,可以直观地监测和统计整个工厂的能源消耗情况,对各工段、各主机设备的能源消耗情况按时间进行横行和纵向的对比,帮助用户清晰地查看生产工艺过程中的能源使用情况,确定节能点,实现节能降耗。

5. 在设备智能服务方面

面向流程制造业通过振动、加速度传感器和 AI 建模等技术,实现流程制造行业设备智能化运维,保障设备健康安全。专家实时掌控设备运行状态,高价值设备实时监测,精确定位故障部位降低备件库存,减少突发故障停机等非计划停机给企业造成的巨大损失,提升设备运行寿命。单次事故减少损失 50 万~200 万元。

6. 在智慧矿山方面

面向运营管理,通过管理对象的全连接、数据的全融合,实现矿山可视、可管、可控,平台可以为客户提供全流程一体化管理、智能配矿、无人驾驶、安全底座等服务,矿山资源综合利用率提升 30%、产能提升 5%、入厂石灰石合格率提升 12%、油耗降低 7%、骨料投入产出比提高 5%、作业效率提升 10%,按照 3 800 万 t/年开采量,预计综合节约吨矿石开采成本 1 元左右,综合收益为

3 800 万元/年。

7. 在智能物流方面

基于天信工业互联网平台，自主研发了物流云服务，以优化人力成本、精细流程管理、提升效率、服务客户为宗旨，运用智能计量终端、激光雷达和自动化控制等技术，实现厂内物流环节无人化、精细化、动态化、可视化管理，提高智能化分析决策和自动化操作执行能力，为企业提供“智能+管控+物流”的全流程无人化服务，降低企业人力成本 15%，企业计量人员节约 100%，收发货效率可提高 120%，业务岗位人员工作强度降低 70%，纸质票据打印耗材成本降低 5%。

8. 在行业监管方面

基于天信工业互联网平台，自主研发了重点用能单位能耗在线监测系统、安全风险分级管控和隐患排查治理双预防系统、工业大气污染物排放大数据平台等，为行业主管单位和服务企业提供数据分析、能耗监测、安全预警、环保管控等各项服务。

（三）效益分析

以天瑞集团禹州水泥有限公司为例，通过工业数据采集，实现现场数据的全部互联互通，完成“数字化”升级的关键一步；工厂采集点位约 8 000 个，采集的数据包括生产 DCS 系统数据、余热发电 DCS 数据、总降系统数据、能源数据、质检数据等。

通过平台提供的画面仿真、工艺预警和智慧能源等服务实现了对禹州水泥的生产远程监测、实时预警及智能化分析，能够提前发现设备故障，保障生产的连续和稳定，从而降低电耗和煤耗成本。

案例 2——洛阳中联水泥有限公司：智能化“无人”值守创新案例

一、实施背景

洛阳中联水泥有限公司（简称洛阳中联）成立于 2007 年 12 月，2014 年 10 月正式投产，拥有一条 4 500 t/d 新型干法熟料水泥生产线，配套 9 MW 纯低温余热发电，两条 180 m^3/h 商品混凝土生产线，一条 200 万 t/年的低碱非活性石灰石资源综合利用生产线，配套年处理 14.8 万 t 生活垃圾和危废固废生产线。

目前，水泥行业的发展正处于新旧动能更迭的关键阶段，自动化、智能化和信息化水平参差不齐，亟须采用融合工艺机制的智能化和信息化技术，推动生产、管理和营销模式从局部、粗放向全流程、精细化和绿色低碳发展方向变革，解决资源、能源与环境的约束问题，提高生产制造水平和效能，实现水泥行业"降成本、补短板"和跨越式发展。运用人工智能和信息网络等现代技术，推动水泥工业生产、管理和营销模式的变革，是我国水泥工业高质量转型发展的重要任务。

洛阳中联贯彻新发展理念，在学懂、弄通、做实党的十九大精神上下功夫，公司发展规划与党的十九大精神紧密结合，2019 年以来，通过一系列有益的尝试和探索，以绿色智能助力灰色水泥向绿色水泥转型，使水泥工业焕发出了新的生机和活力，实现了产业良性发展，同时依托智能制造、绿色发展契机，坚持整合优化，培育出智能化无人值守创新的管理创新思路。

二、体系内涵

(一)智能化无人值守创新硬件支持

洛阳中联以"三大改造"为契机，进行了信息化、智能化、绿色化提升改造，全力打造绿色智能化示范企业，建设了以 MES 系统为核心的智能管控平台，涵盖了生产管控系统、水泥生产专家智能控制系统、智慧水泥设备管理系统、智能质量控制系统、智能矿山系统、精益生产管理系统、一卡通无人值守系统等七大模块。

(二)智能化在生产环节得到综合应用

1. 工艺组织方面

水泥生产专家智能控制系统集合了集团公司最优秀中控操作员的操作思想，配合水泥生产专家智能控制系统 APC 模型图，形成统一的操作"大脑"，和质量及能管系统互相配合，构建出最优工艺调节模型，降低人的主观因素对系统的干扰，达到操作员劳动强度降低 90%，系统能耗下降 1.8%，稳定产品质量的效果，最终达到中控只需 1 人监控全生产线。智能化系统投运前后中控人员对比见表 5-4。

表 5-4　智能化系统投运前后中控人员对比

岗位配置	中控操作员				
	生料磨	回转窑	余热发电	水泥磨	合计
投运前	1 人/班	1 人/班	1 人/班	1 人/班	12 人+2 名替班
投运后	1 人/班				3 人+1 名替班
可节约劳动力 10 人，降低劳动成本 7 万元/月					

通过精益生产管理系统实时统计、计算生产系统各工序能耗，随时随地掌握生产、销售、能耗信息，减少管理环节人员。

2. 设备管理方面

智慧水泥设备管理系统通过对现场设备的振动、温度、电流等运行状态实时全方位监测，替代了依靠通过人的五感（视、听、嗅、味、触）等主观方法进行巡检的传统办法，精确掌握设备的真实健康程度，并通过大数据故障分析，自动生成故障分析报告，做到了设备提前预测、计划维修和全生命周期管理，实现了企业全面动态设备管理，现场巡检工作量下降了40%，设备运行周期延长了37%，专业用工优化了20%以上。

洛阳中联充分开发智能化系统的应用领域，原生产线有20名专职保全检修工，主要负责处理专职巡检工发现的问题监控带隐患运行的设备等工作。维修模式以计划维修和事后维修两种模式为主，辅助状态维修。定期维修经常造成过维修和欠维修现象发生；事后维修导致设备损坏，增加维修成本，对设备的突发性故障处理经验不足，增加了设备故障停机，提高了维修成本，状态维修则手段匮乏，缺少数据支撑。20名保全维修工实际上是“救火队”的定位，每天都在抢修设备故障，维修不及时、不彻底，重复的故障多次发生，顽疾得不到解决。主机设备在线监测及智能巡检模式实现了对绝大多数设备的预知性维修，再加上对现有巡检任务量的优化，使“零故障零不良”不再成为梦想，劳动生产率大幅提升。智能化系统投运前后岗位人员对比见表5-5。

表5-5　智能化系统投运前后岗位人员对比

<table>
<tr><th>岗位配置</th><th>巡检岗位人员/人</th><th>保全岗位人员/人</th></tr>
<tr><td>投运前</td><td>27</td><td>20</td></tr>
<tr><td>投运后</td><td colspan="2">18</td></tr>
<tr><td colspan="3">可节约劳动力29人，降低劳动成本14.5万元/月</td></tr>
</table>

生产管控方面：随着自动插袋机、自动装车系统与一卡通无人值守系统相继投运，实现了数据共享，司机将车辆停稳后，进入休息室休息，通过卡片自动识别，车型自动扫描，机器人自动装车，全过程封闭管理，无人操作，彻底解决了粉尘无组织排放及现场人员职业病风险。自动装车、发运系统投运前后人员对比见表5-6。

表 5-6　自动装车、发运系统投运前后人员对比

岗位配置	岗位人员/人
投运前	6
投运后	无
可节约劳动力 6 人,降低劳动成本 3 万元/月	

3. 质量控制方面

智能质量控制系统投运后能实时监控各工序产品的质量,配套智能化验室,自动采样器在下料口自动采样,通过炮弹管道输送至自动化验室,机器人自动识别物料后,抓取到相应的检测设备,进行元素分析,并根据质量要求,自动调节生产配料,改变了过去人工取样劳动强度大、取样频次低、滞后性强的缺点,有效提高了产品合格率。初步测算,通过绿色智能化改造,洛阳中联全公司人员有望控制在 100 人左右。智能质量控制系统投运前后人员对比见表 5-7。

表 5-7　智能质量控制系统投运前后人员对比

岗位配置	岗位人员/人
投运前	4
投运后	无
可节约劳动力 4 人,降低劳动成本 1.8 万元/月	

三、主要做法

(一)信息基础设施

企业网络布局采用层级管理模式,通过智能交换机进行模块化管理。利用软路由技术、防火墙、网闸、VPN 等手段进行安全防护,进而实现了公司网络环境稳定性、安全性的全面提升与管理。

(二)生产制造

1. 信息互联互通和有效集成

水泥企业的每一个设备所使用的通信协议都不一样,数据采集格式、采集频率也不一样,将这些异构的设备连接起来的过程即为信息的互联互通,实现在一个平台上“书同文、车同轨”。

2. 精益化生产管理系统

精益化生产管理系统帮助管理层及时高效获取有效数据，快速追溯问题根源，落实各级责任，实现企业扁平化管理。精益化能源管理系统架构见图 5-3。

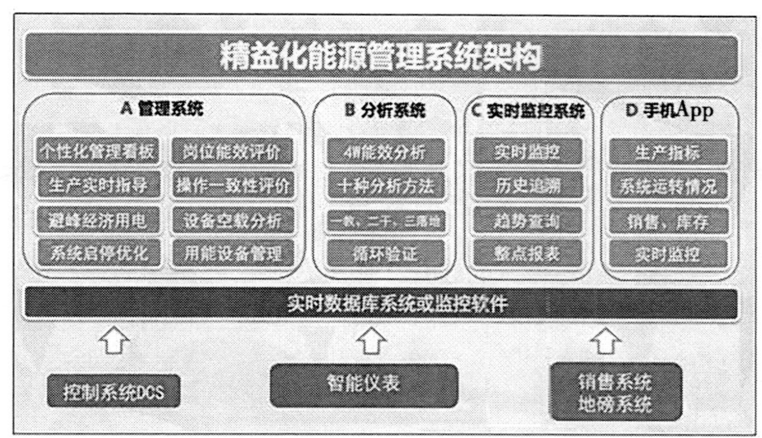

图 5-3　精益化能源管理系统架构

3. 水泥生产专家智能控制系统（APC 系统）

通过监控各种扰动因素，利用优化理论，选择最经济的操作手段实现控制目标，保证装置一直在最优化区间运行，从而实现生产过程控制的高效化、最优化、智能化管控。

4. 一卡通无人值守系统

在称重的整个过程做到计量数据自动准确采集、智能分析、自动指挥、自动处理、自动控制，最终实现产品销售管理全流程自动化、数字化、智能化。

配套机器人自动装车系统：司机将车辆停稳后，进入休息室休息，通过卡片自动识别，车型自动扫描，机器人自动装车，全过程封闭管理，无人操作，彻底解决了粉尘无组织排放及现场人员职业病风险。

5. 智能化矿山系统

通过搭建矿山三维仿真、矿石在线监测和车辆智能调度平台，实现矿山生产的可视化、数字化和智能化管理。

6. 智慧水泥设备管理系统

通过对现场设备的振动、温度、电流等运行状态实时全方位监测及大数据故障分析，实现了企业生产设备的全面动态管理，使巡检工作量下降了40%，设备运行周期延长了37%，专业用工优化了20%以上。

7.智能质量管理系统

实时监控各工序产品质量，配套全自动智能化验室，改变了过去人工取样劳动强度大、取样频次低、滞后性强的缺点，有效提高了产品合格率。

（三）取得成绩

通过绿色智能化改造，各类能耗和污染物排放指标显著下降，生产运营集约化、智能化水平实现大幅提升，提高了生产运营质量，降低了员工劳动强度，改善了工作环境，有效降低了安全风险，有效提升了经济效益及社会效益，实现了整个制造过程信息化、可视化和智慧化，使企业能以最经济、最稳定的方式生产运营。

同时，生产效率提高10%，生产成本降低15%，可比熟料综合能耗达到96标准煤/t以下，厂界噪声降低30%，年减少二氧化碳排放量超过4万t，各项指标均处于同行业领跑水平。

（四）经济效益

通过信息化改造，员工劳动强度大幅度降低，工作效率显著提升，生产有效数据得到充分分析与利用。2019年上半年已完成集团下达的全年利润目标，全年实现销售收入6.05亿元，实现净利润1.07亿元，超额完成了集团下达的年初利润目标，这也是建厂以来的最好业绩。

（五）获奖情况

2019年3月荣获汝阳县“2018年度安全生产先进单位”和“产业发展工作先进单位”荣誉称号。

2019年6月，娘娘山水泥灰岩矿被评为河南省绿色矿山，12月入选国家级绿色矿山名单。

2019年11月27日被评为“河南省智能工厂”。

2019年11月28日取得“两化融合管理体系评定证书”。

“创新管理培育绿色低碳经济增长点”项目被评为全国建材企业管理现代化创新成果一等奖。

2019年12月，被评为“建材制造业与互联网融合发展试点示范企业”。

2020年2月，被评为“智能工厂卓越奖”。

全年获得授权专利3项，获得中国建材集团技术革新奖11项，获得河南省建材行业技术革新奖 10 项。

四、实施效果

无人值守创新大大提高了洛阳中联的生产效率，同时实现了绿色智能的发展目标，为企业带来良好的经济效益和社会效益，也为洛阳中联的发展增添了浓墨重彩的一笔。

（一）经济效益

可分流人员 49 人，节约劳动成本 26.3 万元/月。产能大幅提升，产品质量显著提高，同时还节约了能源，减少了碳排放。初步评估总体生产效率提高 10%以上，生产成本降低 15%以上。

水泥单位产品能源消耗限额：可比熟料综合煤耗、可比熟料综合电耗、可比熟料综合能耗、可比水泥综合电耗及可比水泥综合能耗达到行业领跑先进水平。

（二）社会效益

如今的洛阳中联集先进工艺、技术和管理于一身，无人值守创新具有极高的可操作性和推广应用价值，实施以来，生产运营集约化、智能化水平大幅提升，提高了生产运营质量，降低了员工劳动强度，改善了工作环境，有效降低了安全风险，社会效益明显，依托该管理创新成果的成功经验，洛阳中联必将成为水泥行业名副其实的示范工厂。

案例 3——海螺集团水泥生产全流程智能工厂

一、企业简介

（一）企业基本情况

安徽海螺集团有限责任公司（简称海螺集团）组建于 1996 年，是国务院确定的 120 家大型试点企业集团之一，总部设在安徽省芜湖市。集团拥有国家级企业技术中心，控股经营海螺水泥和海螺型材两家上市公司，下属 390 多家子公司，分布在 24 个省（自治区、直辖市）和 20 个境外国家及地区，经营产业涉及水泥制造、化学建材、节能环保新材料、国际贸易、工程建设、现代服务业等领域，营业收入和总资产双双跨过 2 000 亿元大关，已连续 16 年位列中国企业 500 强。2020 年，集团荣列中国企业 500 强第 92 位、中国制造业企业 500 强第 30 位、中国跨国公司 100 大第 96 位，并以 339.16 亿美元的营业收入荣列世界500强榜单第367位,排名较2019年提升74位。

水泥制造是集团的主导产业,下属安徽海螺水泥股份有限公司,是水泥行业首家A+H股上市公司,主要从事水泥、商品熟料、商品混凝土及骨料的生产和销售,目前已拥有熟料产能2.62亿t、水泥产能3.69亿t、骨料产能5 800万t,产业规模、销量和盈利能力均已进入世界前列,产品长期广泛应用于全球标志性工程,是世界先进的单一品牌供应商。2017年被国际水泥评论杂志社(ICR)评为世界水泥六强第二位,2020年名列《福布斯》"全球上市公司2 000强"第312位,并获得了业界最高的国际信用评级——标普A、穆迪A2、惠誉A,在业内享有"世界水泥看中国,中国水泥看海螺"的美誉。

(二)所属行业及特点

按照《国民经济行业分类》(GB/T 4754—2017),安徽海螺集团有限责任公司属于非金属矿物制品业大类(代码30),水泥、石灰和石膏制造中类(代码301),水泥制造小类(代码3011)。

经过几十年的发展,我国水泥工业在全球水泥行业发展进程中经历了"跟跑—并跑—领跑"的过程,目前无论是生产工艺,还是装备水平,总体上已处于世界领先地位,但水泥工业属于传统制造业,当前的发展模式还比较粗放,再加上我国水泥产能基数大,能耗高、资源利用率低、生产效率低、环境负荷重等问题仍未得到有效解决。随着我国经济高质量发展和生态文明建设的加速推进,加快传统产业转型升级,向信息化、智能化和绿色低碳方向发展是大势所趋。

水泥制造属于典型的流程行业,具有流程行业所共有的特性,主要表现为生产过程的流程性、运行维护的保障性和运营管理的关联性。

(1)水泥生产过程的流程性,表现为从石灰石开采、原燃材料进场到产品发运出厂,整个生产过程全部采取流程化、自动化封闭作业,基本实现生产过程的无人化。因此,提高生产过程中资源利用、质量控制和生产控制的智能化是快速提高生产效率的有力手段。

(2)运行维护系统保障了工厂设备的稳定运行和物流通道的畅通,同时能源监控、安全管理和环保清洁生产都是水泥生产安全稳定运行的重要保障。

(3)水泥工厂的日常管理包含了生产调度、物资、能源、设备、质量、安全、环保、统计等环节和要素的生产全过程管理及水泥产品的营销物流管理。各系统数据的真实有效和互联互通是智能化应用后有效提高管理效率的重要条件。

二、智能制造亮点及模式总结

安徽海螺集团有限责任公司围绕水泥生产核心业务，利用自身长期生产经营过程中积累的生产制造、设备运维和经营管理知识，基于移动通信网络、数据传感监测、信息交互集成及自适应控制等关键技术，创新应用了数字化矿山管理系统、专家自动操作系统和智能质量控制系统等涵盖水泥生产全过程的智能化控制及管理系统，实现了工厂运行自动化、管理可视化、故障预控化、全要素协同化和决策智慧化，形成了“以智能生产为核心”“以运行维护做保障”“以智慧管理促经营”的水泥生产智能化模式。为传统产业的转型升级和高质量发展起到了良好的示范引领作用。

（一）建设基于水泥制造知识库的智能生产平台

建立水泥制造全过程知识库，构建包含数字化矿山管理、专家自动操作和智能质量控制三大系统的智能生产平台，将工艺机制特性、装置运行数据和专家操作经验等深度融合，让积累的生产知识、管理经验软件化，实现知识传承，最终达到降低人员劳动强度、提高产品质量和降低资源能源消耗的目标。

（二）构建水泥生产支撑保障的智能运维体系

突出“稳产助优产、优产促节能、节能优环保”的生产理念，建设包含设备管理及辅助巡检、能源管理和安全环保三大系统的智能运维平台，实现原料磨、预热器、回转窑、篦冷机、水泥磨等核心装备及辅机设备的在线监管、重大故障提前预判，实现全厂能源消耗和安全环保的集中与区域管控，为智能生产平台提供高效、安全、节能、环保的运行环境；采用信息化手段减少高、偏、远等高安全风险区域人员介入强度，使人员作业轨迹可查询，人员、设备、环境安全隐患可预警，促进设备长周期、高效运行，有效降低生产经营风险。

（三）打造水泥生产销售的新模式

利用云计算、物联网、大数据等信息通信技术，将水泥传统生产、销售模式与互联网融合，建设包含制造执行系统和营销物流管理系统的智慧管理平台，将生产原料消耗、能源消耗、备品备件消耗等生产数据与供、销、财、物等业务数据互联互通，打通了从市场到工厂、从需求到产销的水泥生产全流程的数据流、信息流，实现了水泥工厂订单、计划、生产、发运、销售、服务整个过程的信息化，有效优化了生产组织体系和销售服务流程，大幅提升了客户体验。

三、智能制造项目建设

(一)项目背景

海螺集团作为水泥行业龙头企业,在水泥生产过程管控方面有着深厚的工业积淀,不仅拥有水泥工艺、电气自动化、机械装备和工业信息化等方面的专业技术人才队伍,而且建立了专业化的信息技术工程公司。二十多年以来,海螺集团对水泥自动控制、装备管理、工艺操作和供应链管理知识进行不断地总结和优化,并通过计算机应用软件进行固化和统一,形成了具有海螺特色的水泥生产知识库,促进了海螺集团水泥产业的高标准化和高速发展,同时也为海螺集团水泥智能工厂建设奠定了良好基础。

海螺集团以企业实际需求为导向,针对原料来源多、质量波动大、质量检测及时性和准确性不足、生产操作依赖人工经验、产品发运环节劳动强度大等痛点问题,深入分析行业生产管理现状,通过聚焦生产管控、设备管理、安全环保和营销物流等核心业务,建成了行业首个水泥生产全流程智能工厂示范项目,并快速推广应用,初步形成了水泥智能工厂集群。

(二)实施路径

海螺集团深入分析行业未来发展趋势,以解决生产实际问题为目标,在水泥生产管理和自动化控制技术积累的基础上,采用自主研发与集成创新相结合的方式,以典型生产线为试点,由点到面逐步推广应用,持续迭代升级,不断提升智能工厂技术及应用水平。

1. 战略规划

海螺集团水泥智能工厂以提高生产线效率和管理效能为目标,综合运用移动通信网络、数据传感监测、信息交互集成和自适应控制等先进技术,打造以水泥制造为基础,向产业链上下游同步延伸,涵盖产品全生命周期的智能制造体系,总体战略规划如下:

(1)生产操作实现专家优化系统全覆盖。

(2)大型及复杂矿山实现数字化矿山管理系统全应用。

(3)熟料基地实现设备管理及辅助巡检系统全面推广应用。

(4)大型熟料基地全面实施智能质量控制系统。

(5)所有生产线全面实施生产制造执行系统(MES)。

(6)建设具有海螺特色的工业互联网平台,打造"海螺工业大脑",实现"设备—生产线—工厂—区域—集团"级智能制造协同体系。

在此基础上,逐步建成国内智能化覆盖率领先的水泥工厂、世界单体产能领先的智能水泥工厂、国内行业水泥智能工厂集群、水泥智能制造和商业运营产业链。

2. 总体规划

海螺集团水泥智能工厂包含智能生产、智能运维和智慧管理三大平台(见图5-4),具体包括数字化矿山管理系统、专家自动操作系统和智能质量控制系统等八个涵盖水泥生产全过程的智能化控制及管理系统。

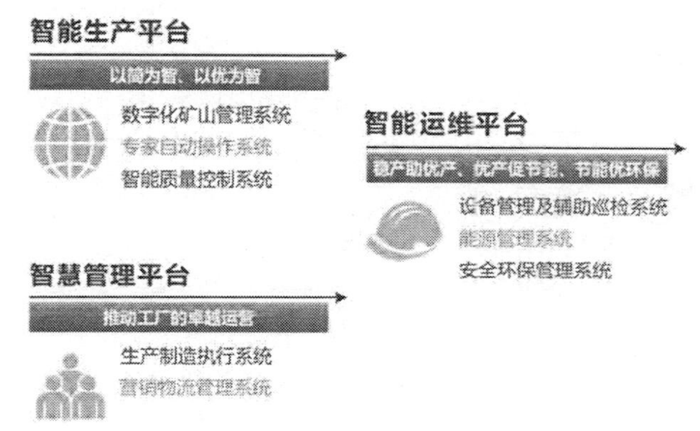

图5-4　水泥智能工厂三大平台

3. 实施内容

1) 基于智能生产平台,实现“一键输入、全程智控”的生产模式

智能生产平台(见图5-5)包括数字化矿山管理系统、智能质量控制系统和专家自动操作系统。

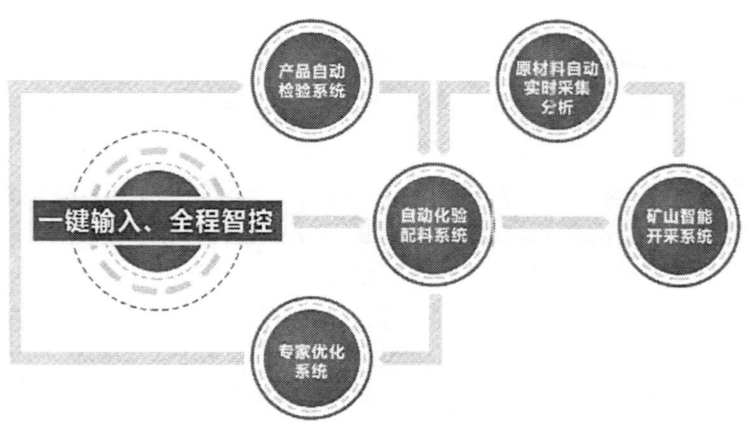

图5-5　水泥智能生产平台功能示意图

该平台在行业率先实现“一键输入、全程智控”的生产模式，只需在智能质量控制系统中输入熟料或水泥的质量预控目标，系统自动根据原燃材料信息完成生产配料，并向数字化矿山管理系统下达开采和配矿指令。专家自动操作系统按照配料参数和品质要求在节能稳产模式下自动引导生产。进入智能生产闭环后，开采的矿石品位和终端产品的质量数据则又会由系统自动实时采集分析，用以不断优化生产方案，使产品品质、能源消耗等控制目标不断逼近预设的最优参数，最终实现降低人员劳动强度、提高产品生产品质和降低资源能源消耗的运营目标。

(1)数字化矿山管理系统。涵盖了矿山三维模型、中长期采矿计划、爆破管理、取样化验、采矿日计划、精细化配矿、GPS 车辆调度、卡车装载量监控、混矿品位在线分析、配矿自动调整、生产管理、司机考核等矿山管理的各领域，实现三维采矿的智能设计、配矿质量在线分析、矿车调度优化管理、矿山生产立体化管控，解决水泥企业在矿山生产方面存在的配矿、监督和管理问题，提高矿山生产效率、资源利用率和安全保障水平。

(2)智能质量控制系统。进厂原煤、入堆场石灰石等大宗原燃材料采用在线式跨带中子活化分析仪进行实时检测，并建立堆场质量数据三维模型；生料、熟料、水泥等经全自动取样器取样，由炮弹输送系统送至中央实验室，通过机械手、粉磨珏片一体机等全自动制样设备进行制样，并由中子活化在线分析仪、激光粒度仪、X 荧光分析仪及 XRD 衍射仪等检测分析设备进行自动检测，结合海螺集团多年来的生产控制经验，开发了自动配料软件系统，形成了集自动采样、样品传输、在线检验、自动化验和智能配料一体化的管理平台，实现对原料、燃料、熟料和水泥等各类物料的全程自动取样、化验分析和配料调控。

(3)专家自动操作系统。利用世界先进的实时智能专家系统开发平台，针对水泥生产过程中长滞后、多变量、难检测和多扰动的特点，总结梳理近万条水泥矿山开采、工艺控制、生产操作、质量管理等相关技术知识和管理经验，建立海螺集团水泥生产知识库，并将大数据分析、人工智能技术与海螺工匠实操经验完美结合，搭建最符合水泥生产的专家自动操作系统。

专家自动操作系统以 MPC(模型预测控制)、规则控制、模糊逻辑控制等先进的控制理论为基础，将海螺集团水泥工艺控制思想进行标准化、软件化，并与 DCS(分散控制系统)、数字化矿山管理系统和智能质量控制系统无缝集成、协调共进，实现水泥生产线的智能化操作控制，摆脱人为操作的波动性，使生产线始终以最佳参数自动完成熟料、水泥的连续稳定生产。

2）基于智能运维平台，实现能耗精细化管理、设备预测性维护

智能运维平台主要为智能生产平台提供高效、安全、节能、环保的运行环境，包括设备管理及辅助巡检、能源管理和安全环保管理三大系统，具有“稳产助优产、优产促节能、节能优环保”的特点。

（1）设备管理及辅助巡检系统。利用现代化网络和通信技术，通过温度压力传感器、振动检测器、高清视频摄像仪和移动巡检设备等先进仪器，实现对原料立磨减速机、回转窑主电机、高温风机等设备运行、保养、检修和故障诊断的管理，并通过 PC 端与手机 App 数据交互，达到“降低劳动强度、信息实时共享、提高管理效率”的目标；将重大设备故障自检测、主要设备实时在线监测、点巡检移动物联网化、三维仿真全息管理四大功能全面融合，实现设备在线监管、重大故障提前预判。

（2）能源管理系统。水泥行业是能源消耗大户，能源消耗占水泥生产总成本的 50%以上，节能减排对水泥行业可持续发展具有重要意义。通过实施能源管理系统，可实现对水泥生产过程的用煤、用电、用油等能源消耗数据的在线收集、实时传输，结合各工序产量、设备开停状态等生产过程数据，实现各工序电耗的统计、分析，吨石灰石、吨熟料、吨水泥能耗对标分析，以及能源指标数据的横向比较等功能，有效提升水泥工厂能源管理水平，从而使水泥企业的能源管理由传统方式、常规方式，向可视化、数字化、网络化、智能化转变，达到节约用煤、减少用电的效果。

（3）安全环保管理系统。安全生产和环境保护既是人们生命健康的保障，也是企业生存与发展的基础，更是社会稳定和经济发展的前提。海螺集团安全环保管理系统，从企业领导决策者、安全环保管理者、安全环保参与者等多角度出发，围绕“事前、事中、事后”三条业务主线，利用 AI 视频分析、GPS 定位等信息化技术手段，为企业建立“日常监管、提前预警、事中救援、事后提高”的包含安全环保管理全过程的业务系统，实现危险区域作业风险智能监控、污染物排放指标预测预警、人员轨迹跟踪及安全风险分析警示、安全培训、应急演练、事故处置等功能，大幅提升企业安全环保管理水平。

3）基于智慧管理平台，实现企业经营决策数字化

智慧管理平台包含生产制造执行系统和营销物流管理系统，在系统整合智能生产和智能运维平台数据的基础上，推动工厂的卓越运营。

（1）制造执行系统。水泥制造是典型的流程化生产，在生产过程中，各工序的生产调度、生产部门间的组织协调、销售部门的发运组织、各职能部门的职能管理，乃至企业级的整体运营决策等行为，都需要及时、有效的数据支撑。

通过制造执行系统的实施，打通智能工厂各系统间数据壁垒，实现各大工业智能系统的互联互通、全面融合，建成以产品生产为主线，贯穿生产调度、物资、能源、设备、质量、安全环保、统计等生产全过程管理环节，支撑生产管理业务全面信息化，提高生产效率，降低生产成本，使企业始终以最经济、优化的方式生产。MES 架构见图 5-6。

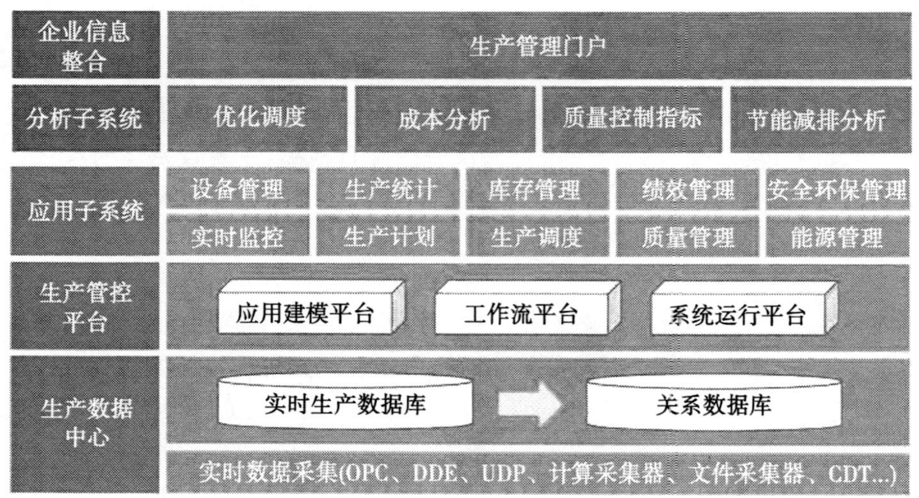

图 5-6　MES 架构

(2)营销物流管理系统。传统的水泥工厂都设有销售大厅，车辆排队签单、开票，工作既耗时又烦琐。通过“互联网+ 物联网”的技术应用，建设包含水泥电商平台、物流通道无人值守子系统、水泥全自动包装子系统、产品流向监控子系统的营销物流管理系统。将互联网销售、工厂智能发运和水泥运输在线监管全面融合，实现工厂订单处理、产品发运、货物流向监控等业务流程无人化和数据应用智能化，提升服务质量与效率、互动参与度以及便捷性，为客户提供更为方便、快捷的服务，实现水泥传统营销、管理模式的创新和升级。

(三)实施成效

海螺集团水泥智能工厂充分融合了生产工艺特征和海螺集团多年在生产过程管控方面深厚的工业积淀，实现了数据的大平台、大交换、大融合，真正做到了生产工序操作全自动、过程分析全数据的智能化工厂。以 2 条标准的 5 000 t/d 生产线进行智能工厂综合效能考核评测，系统运行效果如下：

(1)数字化矿山管理系统通过对矿体三维地质建模、采剥编制、计算机优化，集成在线质量分析与检测等设备，实现了自动化配矿和车辆智能调度，每月可多搭配低品位矿石 2 万 t，柴油消耗同比下降 7%，轮胎消耗同比下降36%。

(2)专家自动操作系统通过小幅多频自动优化控制代替人工操作,使原料磨、回转窑、煤磨、水泥磨、余热发电机组等水泥生产主机设备始终逼近最佳状态运行,实现标准煤耗下降1.17 kg/t,操作员劳动强度降低90%,综合在线达到98%以上,产品稳定性显著提升。

(3)智能质量控制系统投运后,入堆石灰石CaO堆平均合格率提升7.2%,熟料CaO合格率提升3.67%,熟料28 d强度上升1.10 MPa。取消矿山化验及部分过程样品的人工取、制、检工作,大幅降低了取样人员劳动强度和安全风险。

(4)设备管理及辅助巡检系统投运行以后,水泥烧成系统机电设备故障率下降70%,现场巡检工作量下降40%,设备运行周期延长37%,专业用工优化20%以上。

海螺集团水泥智能工厂实施后,生产线设备自动化控制率达100%、生产效率提升21%、资源综合利用率提升5%,能源消耗下降1.2%,质量稳定性提升3.7%,工厂主要经济技术指标得到持续优化,员工劳动强度得到有效减轻,取得了良好的经济效益及社会效益。

四、经验复制推广

海螺集团水泥智能工厂在推广过程中,按照“整体规划,分批实施,逐步推进”的原则,分阶段逐系统推广应用。首先由各子公司根据自身实际情况提出智能化技术应用需求,各专业技术委员会组织进行评估论证,最终决定各子公司实施的系统或平台。在此基础上,集团公司根据各子公司实际生产情况和整体战略规划,制定年度智能工厂推广目标,并列入年度经营计划予以执行。

海螺集团水泥智能工厂试点成功以来,在集团内部快速启动了推广应用工作。截至2020年年底,数字化矿山管理系统已在安徽芜湖、广东英德和贵州贵定等地的11家公司建成投用;专家自动操作系统已在安徽池州、江西弋阳、山东济宁、湖南益阳、云南文山等地的25家公司建成投用;智能质量控制系统已在安徽池州、铜陵、枞阳、芜湖等地的5家千万吨级特大型熟料基地开展建设实施;营销物流管理系统已于2018年底实现海螺集团所有水泥公司全覆盖。经初步测算,预计智能工厂在海螺集团全面推广完成后,每年可节约标准煤近28万t、降低柴油消耗约3 500 t、减排CO_2约100万t,各类资源消耗降低及劳动生产率提升带来的经济效益逾10亿元/年,对水泥等传统行业具有较好的借鉴意义。

五、体会与建议

(一)体会

(1)以企业需求为导向,加强企业需求与智能化技术的有效融合。智能制造目前基本处于起步阶段,智能制造供应商掌握技术,但不熟悉行业业务流程和企业需求,行业用户理解需求,也难以找到合适的智能制造解决方案和成熟产品,所以需要具有水泥行业丰富技术基础的厂商与用户进行有效沟通、深度融合。

(2)能化建设永远在路上,需要持续的创新和技术迭代。海螺集团水泥智能工厂取得了较好的经济效益和社会效益,随着应用场景的不断丰富和现场应用条件的变化,对智能工厂各系统的适应性提出了新的挑战,需要运用新技术对智能工厂各系统进行持续不断的创新和技术迭代升级。海螺集团对矿山开采无人驾驶和5G技术在水泥生产的应用场景研究进行了探索,综合运用大数据分析、人工智能和5G技术,持续开展智能工厂技术优化和新技术应用研究,不断提升智能化技术水平。

(3)智能化成效建立在生产线稳定运行的基础上,需要在技术升级和管理变革方面进行持续性投入。水泥行业属于传统流程行业,近20年得到了快速发展,关键环节基本实现了自动化控制,但与智能制造的要求相比,在设备信息采集、智能化程度等方面还有较大差距。

目前,水泥工厂设备智能化改造资金投入较大,部分改造还需要生产线停机方可进行,对生产线的运行影响较大,一定程度上影响了智能制造项目的推广,需加强对智能制造的认识和管理力度。此外,智能制造系统的顺利实施和长期稳定运行,更需要持续的技术升级和与之相匹配的管理架构、管理流程再造,这些都需要企业进行人力、物力和财力的持续投入。

(二)建议

随着新技术、新装备的应用,水泥行业结构调整、转型升级、强化两化深度融合、向智能化迈进已势在必行。未来的水泥企业集团将会由单一生产水泥、熟料的制造型工厂,升级为涵盖上下游产品的多业态水泥产业集群,对资源综合利用率、生产效率和成本管控方面的要求进一步提高,水泥生产智能化将是解决企业痛点问题的重要途径。

(1)从整个水泥行业来看,智能制造目前仍处于起步阶段,下一步应继续以水泥生产实际需求和痛点问题为导向,加强技术研发和集成创新,在自动寻优、跨系统协同、机器人应用、5G 及 AI 等方面持续开展智能制造系统迭代升级，并借鉴离散型行业智能制造技术及经验，扩大智能制造应用范围，提升水泥行业智能制造技术水平。

(2)水泥智能工厂是建立在工厂稳定运行的基础上更高层次的提升和优化，在实施智能工厂建设之前，应持续加大工艺、装备及信息系统等方面的投入，进一步提升物料输送、设备监控、DCS、基础网络等方面的稳定性和可靠性，为智能工厂的稳定高效运行提供基础条件。

(3)鼓励企业在现有的水泥智能工厂体系基础上，结合人工智能、大数据、5G+AI 等新一代信息技术的前沿科研成果，开展水泥智能工厂迭代升级等技术的攻关研发，提高水泥行业整体智能化水平，推动传统制造向数字制造、智能制造转型升级。

(4)高度重视水泥工厂智能化核心技术和基础软件平台的开发，进一步加强对自主知识产权工业基础软件和智能装备的研发和支持力度，切实解决部分底层基础软件平台和智能装备系统的制约问题，对全面提升我国水泥工业智能制造自主化水平有重大现实意义。

总体来看，水泥智能制造技术本质上是 IT(信息技术)和 OT(运行技术)的融合，关键是要立足于企业的实际需求，利用最新和最适用的信息技术赋能企业的生产和管理，提升企业生产和管理效益。作为水泥生产企业在开展智能制造系统建设时，不能够完全依赖系统解决方案供应商或者照搬照抄其他企业方案，必须要从自身的实际需求出发，并全程参与其中，切实解决影响智能制造系统运行的设备、流程和管理问题，才能够充分发挥智能制造系统的效果。

第六章　绿色建材产业园区建设探析

第一节　发展绿色建材产业园区的模式分析

一、发展产业园区的意义与趋势

专业性产业园区是全球园区经济发展的承载平台。从世界创新发展实践看,20 世纪 50 年代以来,大国之间科技与产业竞争出现了新特点,信息通信、生物医药、海洋工程、新材料、新能源等技术的创新,推动了相应产业的发展,各类园区逐渐兴起,为全球科技园的发展提供了基础和机遇。多国纷纷制定支持科技创新与产业政策,建立完善的风险投资机制,推动各类产业园发展。

2020 年,我国国内生产总值(GDP)达到 101.36 万亿元,稳居世界第二位,人均 GDP 再次站上 1 万美元的新台阶,其中,全国 GDP 1/4 来自于园区经济。产业园区发展经历了 4 个阶段:第一阶段为探索起步阶段(1979—1983 年);第二阶段为创新发展与经验推广阶段(1984—2001 年);第三阶段为高成长与规范经营阶段(2002—2013 年);第四阶段为园区转型升级发展阶段(2014 年至今)。第四阶段产业园区迭代升级的具体特征如下。

一是创新驱动发展。创新驱动是园区运营发展的永恒主题。从最初的成本驱动型发展,到为入园企业提供“保姆式服务”的服务型驱动,再到从“保姆”到股东,以投资孵化项目为理念,以股权投资为战略,与域内的企业共成长,正是在持续探索中,不断形成园区升级发展的创新模式。

二是智能化发展。智慧型是新一代产业园区的新特征。新一代信息技术和互联网的应用、数字技术的发展为打造现代化园区奠定基础。园区物理空间管理通过物联网、移动互联网实现智能化;园区的政务管理通过线上线下实现政务电子化、办公无纸化;企业经营通过全球链接实现资源整合的数字化。智慧园区平台的建设使园区的功能充分放大,效率更加提升,效益溢出更加显著。

三是生态化发展。低碳、绿色是我国新时代可持续发展的主旋律,园区的创新发展，必然会顺应新时代新发展理念，率先走出绿色发展的路子。在产城融合发展的背景下，数字经济将成为园区经济的发力点。园区将在智慧生态环境下运营，在迎合新技术革命和全球化创新的大趋势下，走出高质量发展的生态文明新模式。

二、发展绿色建材产业园区的模式分析

1992年，在里约热内卢召开的世界环境与发展大会上，与会学者将“绿色建材”定义为在原料采取、产品制造使用和循环再利用以及废物处理等环节中与生态环境和谐共存并有利于人类健康的材料，它们要具备净化吸收功能和促进健康的功能。绿色发展、低碳发展、循环发展已成为我国重要战略。如今绿色建材产业在我国逐步兴起，最为显著的标志就是在全国范围内以绿色建材产业园的形式开展规模化的生产运营。绿色建材产业园支撑下的绿色建材“集群”能更好地利用先进标准引领绿色建材产业发展，用新技术的研发，绿色建材产品的检测与认证、市场应用等培育及推广绿色建材行业交流的多样化和深化。

绿色建材循环技术是指将各种废弃物进行资源化处理、加工，然后作为绿色建筑原材料再次使用到生产中，最终生产出再生绿色材料产品。周而复始，使绿色建材行业生生不息地循环发展下去，形成“资源—产品—废弃物—资源”的闭合式循环产业链。

在新一轮产业结构调整和经济转型的过程中，各地政府将呈现争抢绿色建材的趋势，这表明，在新一轮结构调整和经济转型中，各地政府把绿色建材当作替代传统产业的新兴产业优先发展。同时，绿色建材产业园区的建设也在政府支持下呈现产业化、基地化。

目前发展绿色建材产业园的模式主要有以下三种。

（一）水泥窑协同绿色建材产业园

从材料设计、制备、应用，直至废弃物处理，全过程都与生态环境相协调，以促进社会和经济的可持续发展为目标，降低废弃物处理的负荷，节省资源、能源，这是水泥工业生产技术发展的方向。

技术方案：绿色建材循环产业园依托水泥窑，以生活垃圾焚烧发电为能源核心，配套建设建筑垃圾、餐厨垃圾、市政污泥及危险废弃物等处置设施和资源化利用设施。园区内各子单元根据入园废弃物和窑线投入量可独立运作，也可协同运作，实现废弃物闭环处置。形成涵盖前端多种废弃物入厂、储存、预处理，中端入窑燃烧、可燃物和蒸汽等能源共享互用，末端渗滤液处置、飞灰

残渣处置等。

生活垃圾处置单元:利用炉排炉焚烧生活垃圾及其他可燃垃圾,利用水泥窑对垃圾焚烧产生的废气、灰渣进行无害化处理,实现水泥生产、垃圾处置以及再生能源三种工艺技术完美结合。

建筑垃圾处置单元:建筑垃圾处置采用"两破+两筛+两分拣+三磁选"工艺处理技术,将分拣出来的可燃料(塑料、木材、纸张、纸板等)送至生活垃圾焚烧系统,处理后的骨料作为水泥原料送入水泥窑系统的原料磨。

餐厨垃圾处置单元:将入仓后的餐厨垃圾进行预处理,处理后三相分离的餐厨垃圾固相送入生活垃圾焚烧处置单元;废水送入垃圾焚烧系统渗沥液处置中心,经厌氧发酵产生的沼气送入分解炉助燃,有效降低水泥窑生产线的煤耗;分离的油脂打包外售。

危险废弃物处置单元:采取预处理方式进行组合调配,将其调整至安全、适宜的输送状态后再分类别送入水泥窑焚烧。根据危险废弃物形态可分为固态、半固态及液态危险废弃物,采用不同的处置工艺,废弃物入场后进行检测,确定类别和物理化学性质,通过与 ERP 系统连接,实现全自动智能出入库。

建设意义:市场分析随着我国城镇化、工业化进入新的发展阶段,各类废弃物的产量与日俱增,"垃圾围城"形势严峻,废弃物污染引发的环境问题不断显现。实现废弃物无害化、减量化和资源化处置,已成为我国经济社会发展中亟须解决的重大问题。

据不完全统计,截至 2019 年 7 月,全国已建成或正在推进建设水泥窑协同处置垃圾、污泥、危险废弃物等生产线 150 条,分别为垃圾处置线 53 条,处置能力 600 万 t;污泥处置线 45 条,处置能力 325 万 t;危废处置线 52 条,处置能力 341 万 t。可见水泥窑协同处置事业发展态势良好,前景广阔,综合优势明显,可以作为废弃物处置的重要补充,近年来受到国家及各级政府的大力支持。

(二)以砂石生产为基础的"砂石骨料生产+"模式

在砂石骨料 2.0 的后端,增加混凝土制品、建筑构件、装配式建筑、保温材料、海绵城市用固废再生透水砖等的绿色产品,形成有关混凝土及建材系列产品制造和智能控制的绿色建材产业园,进行产业链的延伸,实现节能、环保和高效能的发展模式。产业园内的产业需要因地制宜地增加,提升科技创新能力,做到上下游产业的有机结合和企业效益的最大化。

(三)工业固废模式

原材料覆盖了粉煤灰、工业副产石膏、尾矿、冶炼渣等领域的创新加工,制造出新的绿色建筑装饰材料。例如利用这些废料制成装修陶粒、墙体材料、石英石板材、装饰家居材料等。

三、存在的问题

(1)园区数量较少。目前规划和在建的绿色建材产业园区数量相对不足。

(2)经济效益不足。现有项目大部分都属于规划建设阶段,还未形成规模化的经济效应。

(3)创新能力欠缺。最主要的是研发力量的配套不足。

(4)品类特色有限。

(5)扶持政策模糊。相比北京、上海、广东、福建等地的地方扶持政策而言,河南省的扶持政策较为模糊。

《河南省绿色建筑行动实施方案》提出,建立绿色建筑评价自愿性标识与强制性标识相结合的推进机制,对获得二星级及以上的绿色建筑项目,一星级绿色建筑达到一定规模的保障性住房项目,具备一定条件的绿色生态城区,按相关规定申请中央财政奖励或定额补助。

各级新型墙体材料专项基金要重点支持绿色建筑示范项目建设,鼓励房地产开发企业使用绿色建材。对使用新型墙体材料,并获得绿色建筑星级评价三星、二星、一星的建筑,按政策规定及时返还已征收的新型墙体材料专项基金,并给予一定的容积率返还优惠。对获得绿色建筑评价星级的项目,优先推荐申报中州杯、鲁班奖等评优评奖项目。

鼓励市、县级政府出台发展绿色建筑的相关土地、财政激励政策,在土地招、拍、挂、出让规划阶段将绿色建筑作为前置条件,研究规划建设阶段容积率补贴政策。完善绿色建筑金融服务体制,金融机构对购买绿色住宅的消费者给予适当的购房贷款利率优惠。对经认定的新型墙体材料、废物利用比例符合要求的资源综合利用建材,按规定落实税收优惠政策。

(6)水泥产能过剩。中国联合水泥集团牵手河南投资集团设立大型材料集团——河南中联同力材料有限公司,注册资本达100亿元,成为河南建材龙头企业。业内普遍认为,这是河南建材行业的里程碑事件,标志着河南水泥行业结构调整取得了重要成果。河南中联同力材料有限公司于2021年5月28日注册成立,注册资本达100亿元。据测算,河南中联同力材料有限公司成立后,年产熟料3 000万t、水泥4 000万t、商品混凝土2 000万m^3、骨料1亿t,矿产资源储备超过20亿t,年固危废处理能力为80万t。业内普遍认为,本次合资公司的成立是强强联合,但中国的建材行业仍面临升级转型。据中国水泥网发布的“2020 中国水泥熟料产能百强榜”数据显示,河南全省熟料设计产能 9 752.6 万 t,但据当地水泥行业专家表示,河南省实际熟料产能达到 1.15 亿 t 左右,产能利用率不到 60%。

四、对策建议

(一)顺应绿色建筑发展趋势,加快发展绿色建材

紧抓目前绿色建筑推广契机,压茬推进建材制造业与建筑业的有机融合。以绿色设计为支点,加大绿色建材技术的研发攻关,重点加强产品应用层面的开发研究,进一步提高产品的设计能力,推动绿色建材从品质、性能及可选性等方面满足绿色建筑的发展需要。推进新产品、新技术的推广应用,为绿色建筑发展和人居环境美化提供绿色材料支撑。

(二)加快园区功能平台化、运营管理智慧化建设

平台化战略是园区创新发展的主要趋势,也是园区发展与参与竞争的主要手段。技术交易、风险投资、人才服务、创业培训、公共技术等服务平台的建设都是园区增强综合竞争力的重要手段。一是引进和培育有潜力的平台型企业。二是创新招商引资模式,搭建产业发展平台。三是推动大企业平台化转型,不断增强园区综合竞争力。

关于运营管理智慧化,目前生态智慧已成为园区建设的新标准,并相应形成新的模式。一是园区功能智慧化。产业园区虚拟化已成为园区升级发展的新途径。基于大数据、云计算、物联网等新一代信息技术的应用,大量创投资本涌入科技、媒体和信息领域,并把更多功能放到了线上。通过“互联网+园区”模式,线上线下结合,产业发展和园区管理体现出更智能、更高效的特征。二是产业发展生态化。未来园区必然在可持续发展方面做文章,从技术、资金、人才和产业链角度完善产业生态,从居住环境和产城融合方面营造配套生态,构建生态型新型产业园,并以此推动区域经济高质量发展。生态化发展是园区今后发展的主旋律。从区域经济发展的角度看,园区最具低碳绿色发展的产业基础和环境基础。在园区内以主导产业为核心,构建形成具有较强市场竞争力和以可持续发展为特征的低碳、绿色产业链,在此基础上,构造形成产业生态圈,是园区发展的新业态和新趋势。

(三)加强外引内联举措,打造产业链体系

产业链体系强调的是主导产业与配套产业之间形成的产业集群效应。一个主导产业必须要有相应的上下游产业链条,才能形成产业的优化与集聚效

应，体现产业链的价值功能。产业链体系由核心产业引领，并主导价值链的分配与延伸，从而形成核心产业、支持性产业和延伸产业的产业价值链系统。各地应该本着开放、合作、共赢的态度进行外部引进技术实力强的龙头企业，内部进行有效的整合，以绿色建材产业园建设为契机，打造绿色建材产业链体系。

（四）创新园区和政府政策，创建营商环境

随着市场经济的深入发展，以及全球化竞争格局的形成，过去针对园区发展所制定的各种优惠政策逐渐退出历史舞台，政府需要推陈出新，推出适应园区创新发展的新政策。刘戈等在《基于循环经济的绿色建材产业链进化博弈分析》的研究中分析认为，依据循环经济理论，提出"原材料—生产—使用—再生利用"的绿色建材闭环产业链，对形成闭环产业链的关键主体建筑废弃物处置企业和建材生产企业进行进化博弈分析，发现增量成本和原材料定价使博弈主体较难自发演进为合作型企业，故引入政府行为，得出在政府补助和环境污染惩罚措施下，企业将更趋向演进为合作型企业，有利于促进绿色建材产业链的形成。面临对外贸易新形势、新挑战，以绿色建材产业园为先导，促进绿色建材行业发展的全面提速。

（五）尽快进行整合淘汰，培育优势产业集群

据中国水泥网发布的"2020 中国水泥熟料产能百强榜"数据显示，河南全省熟料设计产能 9 752.6 万 t，但据当地水泥行业专家表示，河南省实际熟料产能达到 1.15 亿 t 左右，产能利用率不到 60%。相关机构应尽快对现有企业进行摸底式综合评估。根据评估结果对企业进行分类，出台差别化政策，推行落后企业退出制，倒逼过剩产能，实现产业提档升级、腾笼换鸟。鼓励龙头企业对相关小企业进行兼并及整合提升，加快培育建筑部品、绿色装修材料等优势产业集群。依托园区现有的产业基础，外引内联，大力推广钢结构、房屋预制构件体系的标准化设计、模块化生产、装配化施工，加强不同结构体系的科技研发，进一步改造和提升关键部品、关键材料及连接件生产水平，通过政府引导、推广，拓展钢结构、房屋预制构件在交通枢纽、商业仓储、文化体育、教育医疗等建筑中的使用。大力发展绿色装修材料，引进轻型铝合金模板、轻钢龙骨、节能门窗、整体家居、集成吊顶等项目，支持生产和推广使用高分子材料或复合材料管材，推广环境友好型涂料。重点发展质量轻、强度高、材质安全、节能环保的屋面和墙体材料，加强利用可再生资源制备新型墙体材料的科研攻关和探索。

(六)围绕生态文明建设,大力发展生态治理材料

利用国家大力建设发展海绵城市及河道整治、矿山采空区修复,不断加强生态环境的治理及保护的契机,加大雨水收集制品、免维护管件、透水道路铺装等系列绿色建材的研发生产,重点发展融装饰、保温、蓄排水于一体的绿色屋面防水材料,努力实现传统防水材料产品的提档升级及配套化、系列化。

新型材料集群要打造先进钢铁材料、新型铝合金等千亿级产业链,到2025年,建成具有世界影响力的万亿级新型材料产业集群。绿色建材集群方面,要培育新型玻璃及墙材、装配式建筑等千亿级产业链,加快水泥、普通玻璃等传统建材产业链转型升级,到2025年,建成全国重要的万亿级绿色建材产业集群。

第二节　绿色建材产业园典型案例介绍

一、河南省主要绿色建材产业园介绍

(一)汝阳绿色建材产业园

汝阳产业聚集区是省级产业集聚区,也是国家级的高新区,现有园区面积7.86 km^2。后来经省政府批准,面积已经扩充到11.86 km^2。新增的4 km^2用于建设绿色建材产业园。目前确定以努力打造国家级绿色建材产业园区为目标,一是通过技术改造推动现有企业转型升级,引导现有玻璃、陶瓷、保温材料等企业向低消耗、高附加值产品生产转型并在生产全过程贯穿绿色理念;二是积极做好产业转移对接,集中优势资源,重点引进行业龙头企业、优势品牌和先进技术,产业关联度较强的项目,通过引进打造绿色建材产业链,逐步形成优势产业聚集效应;三是利用洛阳国家高新技术开发区"园中园"的优势,提供政策扶持,积极引进绿色建材研发机构和绿色新材料创新型企业,园区管理方和创新型企业的共同培育发展。目前园区绿色建材产品主要包括节能玻璃、绿色墙体材料、绿色保温材料、绿色型材、绿色装饰装修材料。目前园区重点发展玻璃、保温材料、墙体材料,并根据产业发展前景和招商引资的具体情况来推动绿色型材与装饰装修材料的发展。在2021年,重点推进河南六建装配式产业园等重点项目建设,产业园营业收入达到70亿元,打造河南省最大的PC构件、重型钢结构部件产业集群;到2023年末,推动筑友集团绿色建筑科技园等总投资75.5亿元的8个项目竣工投产,产业园营业收入达到120亿元;到2025年,产业园营业收入达到200亿元,初步建成集生产、科研、检测于一体的国家级装配式建材暨绿色建材产业示范基地。

(二)同力水泥绿色建材产业园

三门峡腾跃同力水泥绿色建材园项目计划总投资 25.7 亿元,利用公司现有水泥矿山生产过程中的剥离物加工生产建筑骨料、机制砂等建材产品,将原有的水泥制造行业延伸发展为建材行业新型生态产业链,打造集水泥制造、骨料加工、机制砂生产、商混站、干混砂浆、装配式构件为一体的一站式建筑服务电商大平台(B2B2C)、无车承运现代物流平台、未来建材休闲度假主题公园等九位一体式绿色、智能、复合型建材生态产业链的绿色新型建材产业集群。

(三)天瑞绿色建材产业园

天瑞绿色建材产业园是信阳元胜新材料环保科技有限公司在光山县政府支持下打造的“水泥+”一体化产业园,是信阳市“三个一批”重点建设项目。天瑞建材园项目总规划面积约 500 亩(1 亩 = 1/15 hm^2,全书同),概算总投资 18 亿元。分两期建设:一期工程为年产 300 万 t 精品砂石骨料生产线和年产 80 万 t 环保型干粉砂浆生产线项目;二期工程为年产 100 万 m^3 商品混凝土生产线项目和年产 2×30 万 m^3 装配式建筑构件生产线项目,形成完善的绿色建材全产业链生产基地。项目建成后可实现年销售收入约 23 亿元,上缴利税 3.8 亿元。

其中一期工程计划投资 10 亿元,依托光山公司现有矿山废石资源及水泥产品,建设年产 500 万 t 精品机制砂及大理岩骨料生产线、年产 80 万 t 环保型干粉砂浆生产线,建筑面积 12 万 m^2,生产车间 8 万 m^2。工程达产后,预计年产砂石骨料 500 万 t,干粉砂浆 80 万 t;将实现年销售收入 3.5 亿元,上缴利税 0.6 亿元,安置就业 480 人。

二期工程在一期工程投运的基础上,建设年产 60 万 m^3 装配式建筑构件、年产 100 万 m^3 商品混凝土生产线,建筑面积 6 万 m^2,生产车间 3.6 万 m^2。工程达产后预计年可实现销售收入 2.6 亿元,上缴利税 0.4 亿元,安置就业 320 人。在二期建成达产后,根据园区产业发展情况再谋划引进绿色建材产业项目,进行延链、补链。

项目将采用“工艺技术领先、智能控制领先、产品质量领先、经济指标领先、安全标准领先、节能环保领先”的建设理念,超越行业标准,达到国际先进水平,实现绿色清洁生产。项目建成后达到“现代化绿色工厂”建设标准,实现整个生产过程全封闭,所有废料利用全循环,努力实现“石灰石价值转化成金刚石价值”,进一步提升增值空间,并真正实现绿色零排放。

(四)泌阳县绿色建材产业基地

该项目由中国联合水泥集团有限公司兴建,总投资 32 亿元,建设环保、节能、绿色 1 000 万 t/年骨料生产线、1 000 万 t/年机制砂生产线各一条,每年可处置矿山废弃石料 2 000 万 t;配套建设锯泥综合处置系统、年产 200 万 m^3 商品混凝土和 50 万 m^3 水泥制品,消纳生产花岗岩产生的锯泥和生产机制砂产生的细粉料。该项目通过产业升级,整合现有加工企业,建成集水泥、商品混凝土、骨料、预制构件、装配式房屋等为一体的大型建材企业,打造豫南乃至全国的绿色建材产业园和产业示范基地。

(五)濮阳绿色建材产业园

濮阳工业园区位于濮阳市东 20 km 处,是河南省省级经济开发区,地处国家特大型企业——中原油田生产开发腹地,石油、天然气、卤水资源丰富,开发潜力巨大。园区交通便利,路网畅通。此外,园区工业基础较好,区域内现有各类企业 300 余家,已经初步形成了特种玻璃及电光源产业、食品加工、化工、建材等优势产业。濮阳市组团参加了 2014 年河南省绿色建材承接产业转移对接活动。以濮阳的产业园为基础,通过搭建区域性产业转移合作交流平台,加强河南省建材产业与其他优势省市及知名企业的互动、互补,推动河南省绿色建材产业快速发展。2020 年 9 月 2 日,三棵树涂料股份有限公司发布公告称,2020 年 9 月 1 日,公司与河南省濮阳市人民政府签署了《投资协议书》。公司计划投资人民币 13 亿~18 亿元在河南濮阳工业园区新建新型建材(含涂料、保温、防水等)生产及配套项目。据悉,该项目计划用地 300 亩,预计产值 20 亿~30 亿元,建设周期为 24 个月。此签约项目位于工业园区,预计总投资 36 亿元、年产值 50 亿元。项目全部建成后,将成为三棵树涂料股份有限公司北方建筑涂料建材总部基地和国内唯一一家全产业链绿色涂料产业基地。该项目的落地,有望为濮阳市引进 20~30 个配套全产业链项目。

二、其他绿色建材产业园案例介绍

(一)萍乡可徕卡绿色建材产业园案例

萍乡市紧靠长株潭,对接长珠闽,是江西对外开放的西大门。是江西区域中心城市之一、首批内陆开放城市、文明城市、卫生城市。

近年来萍乡市成为全国首批 12 个资源枯竭城市转型试点城市之一,以及国家海绵城市建设试点城市。2007 年以来,萍乡市从经济、社会等多个方面同步推进城市转型发展,探索了一条 “改革开放促转型、结构调整推转型、科技创新助转型、民生改善保转型、恢复立转型”的转型发展道路。

为减少原材料的开采、加快产业转型、打造海绵城市，2018年初，萍乡市湘东区产业园引进了可徕卡(COIICO)的瓦赛思(WSCIS)®固废资源化利用解决方案，实现了城市烟气、固废资源化治理的同时生产新型海绵城市建材产品，为城市建设与发展提供了可利用的新资源。

可徕卡在萍乡成立萍乡可徕卡绿色建材有限公司，落户于萍乡市湘东区产业园，占地20 000 m^2，总投资1.2亿元，建设海绵城市体系砖生产线及发泡砖生产线，结合萍乡安源钢铁180 m^2、108 m^2、2×90 m^2烧结机烟气治理项目产生的晶粉，可消纳固体废弃物100万t，每年节约堆放土地200亩，每年节约取土20万m^3，节省标准煤2万t。

萍乡可徕卡绿色建材有限公司成功落户将大力促进萍乡市绿色转型，更快实现清洁化生产与发展，提升萍乡市的智慧形象及综合竞争能力。

(二)天津滨海新型建材产业园案例

滨海新区是天津市下辖的副省级区、新区、综合配套改革试验区、综合改革创新区。在2005年开始被写入“十一五”规划并纳入发展战略，成为重点支持开发开放的新区。

按照要求，滨海新区的功能定位为依托京津冀、服务环渤海、辐射“三北”、面向东南亚，努力建设成北方对外开放的门户、高水平现代制造业和研发转化基地、北方航运中心和物流中心，逐渐成为经济繁荣、社会和谐、环境优美的宜居城市新区。

这一城市定位与滨海新区所处位置在环境上产生了矛盾。因历史发展原因，滨海新区周边存在大量钢铁、水泥、焦化、冶金企业，几千家工业生产企业，累积的工业与建筑固废存量及每日排放的固废新增量，都让这座城市与其“美丽滨海、宜居城市”的定位相去甚远。

2014年滨海新区政府接受了瓦赛思(WSCIS)®固废资源化利用解决方案，利用工业排放烟气资源、城市与工业固废资源、工业废水资源建设北方最大建筑一体化材料与建材产品生产基地，基地坐落于滨海新区滨海湖路与港城大道交叉口，占地260亩，新建厂房11万m^2。

公司是集晶粉材料研发，新型建材开发、生产、整体设计、施工为一体的行业企业。拥有晶板产能500万m^2/年、保温芯材产能18万m^2/年、涂装产能300万m^2/年、BM砌块与自保温砌块全进口生产线3条。在18个区县设有生产工厂，年硅酸钙板产能超过5 000万m^2/年，保温装饰一体板产能达到1 000万m^2/年，保温防火板产能达到300万m^3/年，BM砌块与自保温砌块产能达到200万m^3/年，是国内产能综合性建材生产企业及建筑材料系统供应商。

(三)山西交城绿色新兴材料循环经济产业园案例

山西省交城经济开发区重型工业聚集,每年产生品类众多、体量巨大的固体废弃物。当地压力巨大,污染对区域新兴的全域旅游业造成了不利影响,亟需以统筹规划、精益求精的理念综合治理区域内的环境问题。

瓦赛思(WSCIS)®固废资源化利用解决方案真正意义上将放错位置的资源与环境保护和新型低能耗建筑结合在一起,提供一体化解决方案与技术设备,让环境污染物转化为有效体量资源,并将资源生产为绿色新兴材料进而建造智慧城市、海绵城市。

该项目总占地面积为 21 000.00 m^2,总建筑面积 26 520.00 m^2。规划投资 2 亿元,建设绿色新兴材料工厂一座,综合利用产业园区的固废,结合临近的山西美锦集团 2×132 m^2 烧结机烟气治理项目,山西襄矿集团 1#、2#、3#、4#、5#、6#炉烟气低排放项目产生的晶粉胶凝剂,生产新型海绵城市(路卡®系列)体系建材,可消纳交城工业园区企业排放的工业固废及建筑固废 80 万 t,减排二氧化硫 10.5 万 t、氮氧化物 1 000 t、废水 60 万 t,减少燃煤消耗 10 万 t。目前一期项目已投产,年生产海绵城市砖材 30 万 m^3。

第三节　绿色建材产业园建设方案探析

——以河南绿色产业园建设发展为例

一、绿色建材研究基地建设方案

(一)总体目标

绿色建材创新发展研究基地根据河南省第十一次党代会提出建材产业提质升级的战略决策,面向 2025 年建成万亿级绿色建材产业集群的发展目标,依托洛阳理工学院在绿色建材工艺、绿色建机制造、建材污染防治、建材大数据等领域的科技创新优势,整合河南省建筑材料工业协会、中信重工机械股份有限公司、洛阳中联水泥有限公司等政、产、学、研、用领域的产业创新资源,聚焦产业政策清单、产业链图谱两大研究重点,通过梳理产业链创新发展堵点、痛点、难点和短板弱项,提出打造河南万亿级绿色建材产业集群的发展策略和政策路线图,助推河南绿色建材行业创新发展,成为具有全国知名度和行业影响力的绿色建材科技智库。

(二)任务计划

绿色建材创新发展研究基地聚焦绿色建材现代产业体系、绿色建材科技创新高地、绿色建材高端科技智库三大关键任务,依托中国建筑材料联合会、河南省建材工业协会,以及省内外重点建材企业良好合作关系,持续跟踪该领域国内外理论、技术、政策发展动态,定期开展实地调研,走访行业专家,广泛搜集国内外建材绿色化技术发展前沿,运用专利图谱、文献量化分析等技术,围绕绿色建材产业集群发展方向、"五链"深度耦合等重大战略问题开展研究,为河南省绿色建材集群能级提升提供政策咨询建议和决策参考。

1. 推动河南绿色建材产业体系构建

基地面向碳达峰、碳中和"3060 目标",将习近平生态文明思想与河南绿色建材创新发展实际相结合,围绕河南高质量发展战略、绿色建材行业升级战略、建材企业绿色经营策略三个维度进行系统化跟踪研究,坚持"高端化、智能化、绿色化、服务化"的产业升级方向,围绕"产业链、创新链、供应链、要素链、制度链"融合发展路径,通过调研绿色建材集群产业链,深入掌握河南绿色产业发展现状,分析绿色建材集群产业链发展的堵点、痛点、难点和短板弱项,研究河南绿色建材集群能级提升的技术创新趋势、高端人才引进、产业链招商、政策清单制定等关键问题,形成国内外绿色建材行业动态信息季报、河南绿色建材行业发展专题报告等研究成果,定期提交河南省科技协会。

2. 助力绿色建材科技创新高地建设

基地开发绿色建材创新发展大数据资源库作为决策支撑,编制河南省绿色建材产业政策路线图。依托河南省科学技术协会和河南省建材工业协会,研究绿色建材产业链图谱,编制河南绿色建材产业的产业链招商、人才、技术、平台、企业、项目、园区、融资、用地、环保等方面清单。建立绿色建材产业政策仿真平台,运用系统动力学仿真软件,通过调整不同的政策组合、政策实施力度和实施范围等变量,模拟产业政策对绿色建材行业产生的潜在影响,对全国和河南省绿色建材产业发展趋势进行仿真研究,提出符合区域发展目标、效益最佳、成本最优的河南省绿色建材创新发展战略。

3. 全力打造绿色建材高端科技智库

基地联合中国建筑材料联合会、河南省建材工业协会等机构,通过开放课题和合作研究形式,吸引建材行业省内外高水平人才加入智库研究团队,培养 2~3 名高水平绿色建材领域政策咨询和战略管理专家。基地依托绿色建材创新发展大数据资源库,研究构建河南绿色建材发展评价体系,定期在公共媒体发布中国绿色建材发展指数,推动河南省绿色建材产业转型和高质量发展。

基地建设河南省绿色建材网,面向社会公众宣传普及绿色建材相关知识,从科学理念、科学方法、科学文化方面影响社会公众,推动绿色建材的应用和普及。基地举办中国绿色建材创新发展论坛,搭建开放式绿色建材科技创新交流服务平台,围绕绿色建材创新发展的重点领域,组织政府、企业、高校及科研院所等国内外专家进行交流研讨,拓宽绿色建材产业链相关单位的交流沟通渠道,推动政、产、学、研密切协作。

(三)年度目标

(1)完成4篇绿色建材领域发展动态信息报告(基本任务)。

(2)完成3份绿色建材产业专题研究报告(基本任务)。

(3)获得1项以上省部级领导肯定性批示(高质量任务)。

二、绿色建材相关产业政策规划

(一)《河南省先进制造业集群培育行动方案(2021—2025年)》(豫政办〔2021〕58号)

(1)绿色建材集群。培育新型玻璃及墙材、装配式建筑等千亿级产业链,加快水泥、普通玻璃等传统建材产业链转型升级,着力建设一批综合性绿色建材基地。到2025年,建成全国重要的万亿级绿色建材产业集群。(责任单位:河南省工业和信息化厅、发展和改革委员会、住房和城乡建设厅、生态环境厅)

(2)以提升集群能级、创新能力、链条水平和优化生态为目标,实施创新强链、数字融链、转型延链、多元稳链、招商补链、生态畅链"六大行动",努力实现产业链、创新链、供应链、要素链、制度链深度耦合,打好产业基础高级化和产业链现代化攻坚战,推动产业由集聚发展向集群发展全面跃升。

(二)《建立省级先进制造业集群重点产业链"双长制"》(豫政办〔2021〕61号)

(1)设省级先进制造业集群重点产业链总群链长,由省长担任。每个省级先进制造业集群重点产业链设群链长1名,由1名副省长担任。每个重点产业链设群链长责任单位1~2个,由相关省直部门担任;设盟会长单位1~2个,由省内在该产业链具有重要影响力的企业、联盟、协会或商会担任。

(2)绿色建材重大集群及绿色建材重点产业链,由河南省委常委、省委秘书长担任群链长,责任单位是省工业和信息化厅,由河南省耐火材料行业协会、河南省建筑材料工业协会担任盟会长单位。

(3)群链长主要工作:开展集群发展方向、"五链"深度耦合等重大战略问题研究;深入掌握产业发展现状,组织研究制定相关规划、扶持政策,积极争取国家产业政策支持等;编制集群重点产业链图谱,编制重点产业链招商、人才、技术、平台、企业、项目、园区、融资、用地、环保等方面清单;根据图谱清单,组织梳理集群产业链发展堵点、痛点、难点和短板弱项,加强问题协调解决,着力补短板、锻长板,营造良好产业生态。

(三)《建材工业智能制造数字转型行动计划(2021—2023年)》

1. 建材重点细分行业系统解决方案(节选)

(1)水泥行业:重点形成数字规划设计、智能工厂建设、自动采选配矿、窑炉优化控制、磨机一键启停、设备诊断运维、生产远程监控、智能质量控制、能耗水耗管理、清洁包装发运、安全环保管理、固废协同处置等集成系统解决方案。

(2)玻璃行业:重点形成原料选矿和配料,熔窑、锡槽、退火窑三大热工智能化控制,熔化成形数字仿真,冷端优化控制、在线缺陷检测、自动堆垛铺纸、自动切割分片、智能打码仓储等集成系统解决方案。

(3)高性能纤维及复合材料行业:重点形成池窑拉丝控制、质量在线监测、物流自动输送、注塑拉挤缠绕、压制设备控制、设备故障预警等集成系统解决方案。

(4)无机非金属新材料行业:重点形成集计算、实验、数据为一体的材料研发设计以及智能分级、提纯、改性、生长、加工、应用等集成系统解决方案。

2. 新一代信息通信技术融合场景方向

(1)大数据:运用大数据采集、分析、挖掘等技术,提高监测追溯、预测维修、质量控制、供应链管理、能源管理等智能运营能力,强化对行业公共数据的分析利用,统一数据标准和格式,推动建材行业企业间、平台间数据融通。

(2)工业互联网平台:应用物联网技术实现智能感知、识别、定位、跟踪、管理,促进企业将基础设施、业务系统、设备产品向云端迁移,培育工业App,构建建材行业工业互联网平台。

(3)区块链:支持建材企业利用区块链技术实现与上下游产业链的产品交易、信息追溯、质量管理等功能,保证数据安全,逐步深化应用。

(4)5G通信:引导企业利用5G通信高带宽、低时延、大连接等技术优势,实现互联互通,鼓励在无人驾驶、远程爆破、设备运维等领域的集成创新应用。

(5)人工智能:推动先进算法、机器学习、智能芯片在建材行业智能生产、智能决策、智能物流、智能监测、智能追溯等领域的应用。

(6)建筑信息模型:运用建筑信息模型(BIM)技术促进建材和建筑无缝

连接,大力发展部品化建材,实现建材全生命周期可追溯、可预测、可维护、可回收。

(四)《“十四五”原材料工业发展规划》

1. 建材行业技术创新重点方向

推动水泥深度脱硫脱硝、化学团聚强化除尘、高效低碳节能等新技术研发。推进非金属矿分级提纯、晶形保护、粒形粒貌控制技术,特种玻璃熔化成型技术,先进陶瓷粉体制备技术、高温固体氧化物燃料电池粉体及其组件共烧成技术、成型烧结技术,大尺寸人工晶体制备技术,结构功能一体化耐火材料集成制造及在役诊断维护等技术的工程化。推动地下矿山全工序无人化作业,露天矿山三维仿真、无人爆破、矿石在线监测,石墨高效解离、大鳞片保护、无氟化提纯,特种玻璃纤维、玄武岩纤维等高性能纤维智能化池窑连续拉丝等矿山采选及材料深加工技术产业化应用。

2. 加快产业发展绿色化

建材行业推广协同处置、低碳及高性能水泥、碳捕捉纯化、全氧富氧燃烧、全电熔及电助熔、原燃料替代、成型烧结等低碳技术。开展水泥、煤化工等行业二氧化碳捕集、封存技术推广应用试点,推进二氧化碳在驱油、合成有机化学品等方面的应用,开展低碳水泥、氢能窑炉及固碳建材试点。

第七章　建材行业绿色发展的低碳策略

第一节　碳排放量对比及分析

针对建筑全生命周期碳排放计算,国内已有多位学者进行过研究,每位学者的研究均有不同的计算方法、计算参数与侧重点。本书将这些研究与本书研究结果集中进行对比分析,以便为之后的建筑全生命周期碳排放计算提供参考,从而得出相对准确的计算结果。由于针对办公建筑的建筑全生命周期相关计算较少,因此相关研究的对比分析仅以住宅建筑为对象进行分析。

一、全生命周期碳排放量及构成分析

国内熊宝玉、罗智星、周晓等学者针对高层钢筋混凝土住宅建筑全生命周期碳排放计算有一定的研究。表 7-1 统计了近年来国内高层钢筋混凝土住宅建筑生命周期碳排放量和全生命周期碳排放量构成的研究数据。

表 7-1　国内高层钢筋混凝土住宅建筑相关研究生命周期碳排放研究对比

文献	地点	物化阶段		使用维护阶段		拆除清理阶段		生命周期
		碳排放量/($kg\ CO_2e/m^2$)	百分比/%	碳排放量/($kg\ CO_2e/m^2$)	百分比/%	碳排放量/($kg\ CO_2e/m^2$)	百分比/%	碳排放量/($kg\ CO_2e/m^2$)
熊宝玉	深圳	220.95	11.21	1 731.33	87.83	19.85	0.96	1 972.13
熊宝玉	台州	359.82	17.47	1 679.02	81.54	20.30	0.99	2 059.14
罗智星	渭南	820.30	20.52	3 086.50	77.22	90.30	2.26	3 997.10
周晓	杭州	627.50	22.46	2 116.00	75.73	50.50	1.81	2 794.00

通过对国内相关研究进行对比,生命周期碳排放量差异较大;其主要原因在于计算边界的选取差异及环境差异,范围在 1 972.13～3 997.10 $kg\ CO_2e/m^2$。但生命周期各阶段所占的比例较为接近,都是使用维护阶段占比最大,约为 81.084%;其次为物化阶段,占比约为 17.526%;最后为拆除清理阶段,占比约为 1.39%。

二、全生命周期碳排放构成差异原因分析

为了更清晰地分析国内高层钢筋混凝土结构住宅全生命周期碳排放相关研究结果的差异性，将以上研究的每个阶段纳入计算的碳排放量进行统计分析（见表7-2）。

表7-2　国内高层钢筋混凝土住宅建筑相关研究各阶段纳入计算的碳排放源统计

文献	物化阶段碳源	使用维护阶段碳源	拆除清理阶段碳源
熊宝玉（深圳）夏热冬暖地区	物化阶段（11.21%）	使用维护阶段（87.83%）	拆除清理阶段（0.96%）
	建材生产（考虑回收率）（9.65%） 建材运输（0.93%） 建筑施工（0.63%）	设备生产（2.22%） 电（65.41%） 天然气（0.07%） 水（4.51%） 维护更新（15.62%）	拆除施工（0.06%） 垃圾运输（0.40%） 垃圾处理（0.50%）
熊宝玉（台州）夏热冬暖地区	物化阶段（17.48%）	使用维护阶段（81.54%）	拆除清理阶段（0.98%）
	建材生产（考虑回收率）（16.19%） 建材运输（0.88%） 建筑施工（0.40%）	设备生产（1.69%） 电（62.62%） 天然气（0.07%） 水（4.32%） 维护更新（12.84）	拆除施工（0.04%） 垃圾运输（0.38%） 垃圾处理（0.56%）
罗智星（渭南）寒冷地区	物化阶段（20.52%）	使用维护阶段（77.22%）	拆除清理阶段（2.26%）
	建材生产（考虑回收率）（11.30%） 建材运输（2.37%） 施工机具（1.30%） 土地利用（5.55%）	采暖（15%） 空调（9.5%） 照明（6.8%） 电梯（2.8%） 制冷剂泄漏（14.7%） 给水排水（2.1%） 生活用气（3.2%） 家电（3.9%） 建筑更新维护（19.22%）	拆除施工（1%） 垃圾运输（0.26%） 回收处置（1%）

续表 7-2

文献	物化阶段碳源	使用维护阶段碳源	拆除清理阶段碳源
周晓 (杭州) 夏热冬冷 地区	物化阶段(22. 46%)	使用维护阶段(75. 73%)	拆除清理阶段(1. 81%)
	建材生产(19. 13%) 建材运输(2. 75%) 建筑施工(0. 58%)	燃气(5. 02%) 水(1. 65%) 空调(18. 48%) 照明(11. 01%) 电梯(0. 65%) 家电(9. 12%) 建筑更新维护(10. 93%) 商铺部分(18. 87%)	拆除施工(0. 52%) 垃圾运输(1. 29%)

由表 7-2 可以看出,各阶段的计算边界不同是造成不同研究碳排放构成差异的主要因素。

物化阶段:熊宝玉、罗智星在计算建材生产阶段碳排放量时将建材回收利用碳减量考虑在内,因此数值会较低。

使用维护阶段:罗智星所选对标建筑地处寒冷地区,在使用阶段考虑个体使用对于建筑碳排放量的影响,因此罗智星的使用维护阶段碳排放占比略大于其他研究。

拆除清理阶段:在此阶段综合考虑建材回收利用,因此拆除清理阶段碳排放为负值。周晓在研究过程中没有考虑建材回收利用,因此其研究中拆除清理阶段碳排量较大。

三、物化阶段碳排放量对比及分析

为了更清晰地分析国内高层钢筋混凝土结构住宅全生命周期中物化阶段碳排放相关研究结果的差异性,住宅建筑物化阶段的碳排放量见图 7-1,物化阶段的碳排放构成见图 7-2。

(一)相关研究物化阶段的碳排放构成

由表 7-2、图 7-1、图 7-2 可以看出,各研究中住宅物化阶段碳排放量在 220. 9~820. 3 kg CO_2e/m^2,物化阶段的碳排放占全生命周期的比重为 11. 21%~22. 46%。其中,建材生产阶段的碳排放在物化阶段的占比最大,为 55. 07%~95. 19%,关于其他子阶段的占比权重,不同研究有所不同。

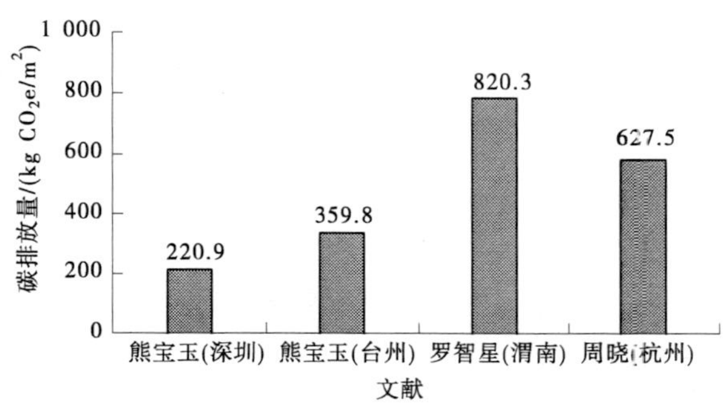

图 7-1　不同研究的住宅物化阶段碳排放量对比

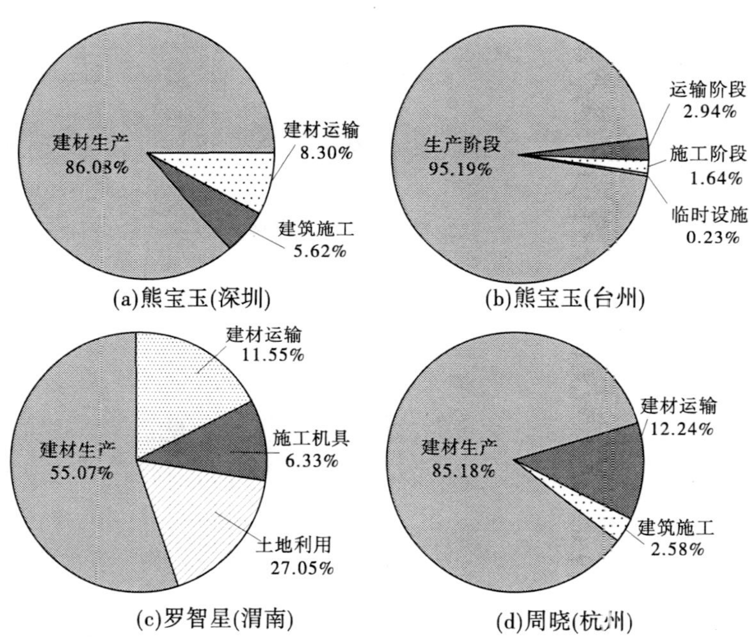

图 7-2　相关研究物化阶段碳排放构成统计

(二)相关研究物化阶段碳排放构成差异原因分析

以上研究均针对高层钢筋混凝土结构住宅,在建筑结构形式一致的情况下,造成物化阶段差异较大的原因有以下几点。

1. 物化阶段划分边界的差异

造成物化阶段差异较大的原因主要是不同研究物化阶段划分子阶段、纳入碳排放计算的分项工程的差别。

在物化阶段的子阶段划分上，不同研究的物化阶段基本都包含建材生产阶段、建材运输阶段及建材施工阶段。但罗智星将建筑基地内由于建筑、道路、硬质铺地和景观绿化等活动改变了地原先的土地碳汇能力，此部分的减少量视为建筑的碳排放，因此造成其计算结果与其他相关的研究差别很大。

2. 数据获取方式的差异

对于建材生产阶段，熊宝玉的研究与其他研究差别较大的原因在于其研究仅根据土建工程几类常见的建材进行估算，导致计算的建材生产阶段碳排放量偏小，而其他阶段的碳排放量占比偏大。而其他研究者都是基于工程决算书里面的建材种类及用量来计算，较为准确。

对于建材运输阶段，运输距离的确定有两种方法：一种是地区统计平均值，即以国内各种建材的平均运输距离为参考，该方法更易于估算，如周晓等用此方法。另一种办法即是实际追溯，按照实际项目具体追溯来确定，该方法十分精确，类似于实测法，但是不具有普遍性。如罗智星等采用此方法。两种方法获取的数据会存在很大差距，导致了不同研究中建材运输阶段的碳排放不同。

3. 是否考虑建材回收

周晓的研究及其他相关研究中建材生产阶段占比较大的原因在于，周晓的研究的物化阶段没有考虑建材回收率，而在拆除清理阶段给予考虑。

而其他学者把建筑材料的回收率也考虑进去，把拆除清理阶段因材料回收带来的碳减量计入到了物化阶段，如熊宝玉的研究，导致了物化阶段的碳排放量及占比的不同。

四、使用维护阶段碳排放量对比及分析

为了更清晰地分析国内高层钢筋混凝土结构住宅全生命周期中物化阶段碳排放相关研究的差异性，住宅使用维护阶段的碳排放量见图 7-3，使用维护阶段的碳排放构成见图 7-4。

（一）相关研究使用维护阶段碳排放构成

由表 7-2、图 7-3、图 7-4 可以看出，其他相关研究住宅建筑使用维护阶段的碳排放量在 1 679～3 086.5 kg CO_2e/m^2，使用维护阶段的占比在全生命周期占比最大，为 75.73%～87.83%。

（二）相关研究使用维护阶段碳排放构成差异原因分析

以上相关研究结果差别较大，造成使用维护阶段差异较大的原因有以下几点。

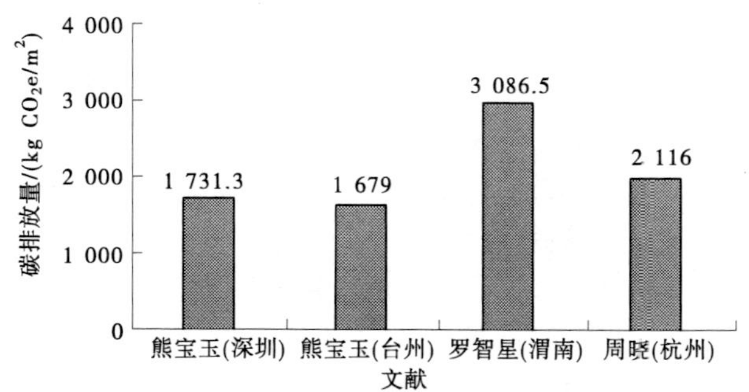

图 7-3　不同研究的住宅使用维护阶段碳排放量对比

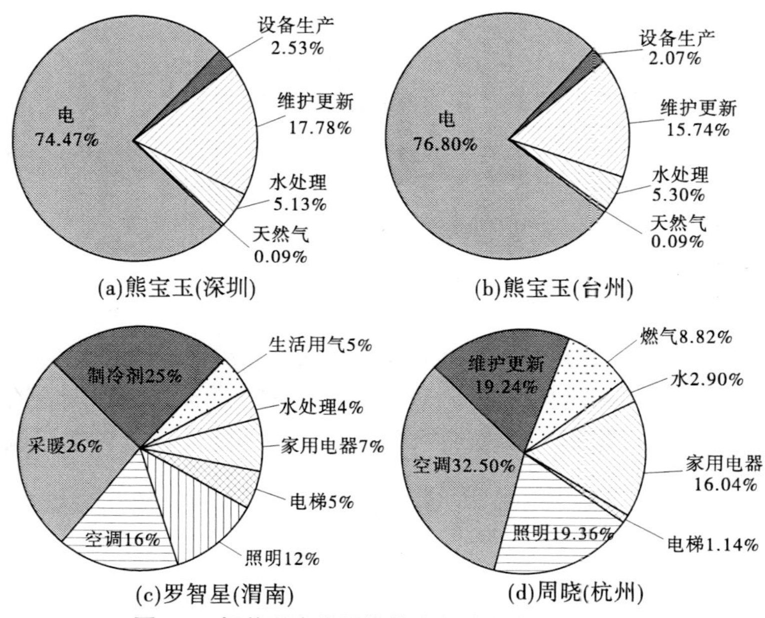

图 7-4　相关研究使用维护阶段碳排放构成统计

1. 研究建筑所处气候分区不同

不同气候分区的地区,因气候差异引起的空调采暖能耗差别较大,如熊宝玉研究的两个案例均处于夏热冬暖地区,冬季不需要集中采暖;而罗智星处于寒冷地区,采暖能耗较大,导致了使用维护阶段的碳排放较大。

2. 计算边界不同

由于基础数据的缺失,不同研究的使用阶段包含的碳源也有所不同,如熊宝玉的研究将空调等设备生产、日常生活用水处理、生活用气、使用维护、照明用电、家电、空调用电等都考虑进去,导致该研究的建筑虽然处于深圳,不需要采暖,但使用阶段的碳排放仍然较大。

罗智星研究的案例考虑了生活用气、用电器、水处理以及使用阶段的制冷剂泄漏带来的碳排放。而本书认为个体使用差异应作为个人生活碳足迹考虑,不在本书研究范围内。

3. 使用阶段能耗数据获取方式差异导致

目前,使用阶段能耗数据获取有两种方式,一种是从宏观方面进行推算,主要通过大面积的实际建筑能耗平均数据、《中国统计年鉴》提供的数据和指标定额来估算住宅的能耗及排放量标准值,如熊宝玉、周晓等的研究均采用此法。熊宝玉的研究中电消耗量的数据来源于采用统计分析结果中的夏热冬暖地区住宅年均电能消耗(57.23 kW·h/m^2)。

另一种是从微观层面进行分析,主要通过建筑能耗分析软件或其他计算方法对住宅能耗情况做出模拟分析,得出其总能耗,再根据标准值核算建筑内部各设备的能耗情况。罗智星采用此法。

4. 维护阶段计算方法不同

熊宝玉、周晓参照日本岗建雄的研究成果,建筑维护更新过程碳排放量是按照建筑施工阶段(包括施工和运输)碳排放的 20% 计算的。该方法算出的建筑维护阶段的碳排放占比较大。

罗智星的研究中建筑维护更新过程的碳排放量则按照建材生产、运输和施工阶段的总碳排量的 8%来计算。

五、拆除清理阶段碳排放量对比及分析

为了更清晰地分析国内高层钢筋混凝土结构住宅全生命周期中物化阶段碳排放相关研究结果的差异性,住宅建筑拆除清理阶段的碳排放量见图 7-5,物化阶段的碳排放构成见图 7-6。

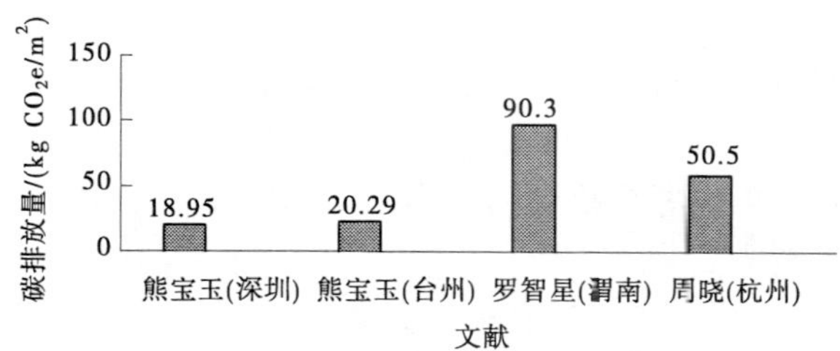

图 7-5　不同研究的住宅拆解清理阶段碳排量对比

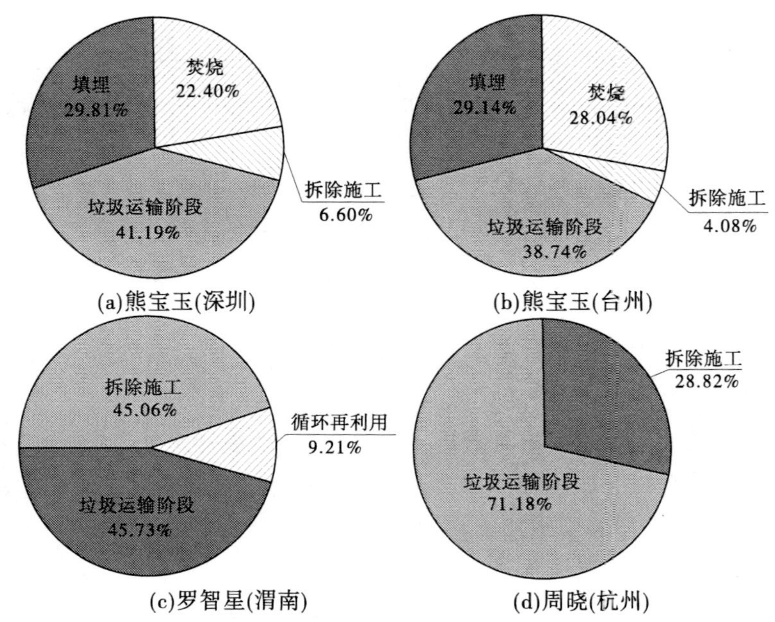

图 7-6　相关研究拆除清理阶段碳排放构成统计

(一)相关研究使用维护阶段碳排放构成

由图 7-5 可知,其他相关研究拆除清理阶段的碳排放为 18. 95~90. 3 kg CO_2e/m^2,但不同研究拆除清理阶段的碳排放构成比例差别较大。

(二)相关研究拆除清理阶段碳排放构成差异原因分析

1. 拆除清理阶段划分边界的差异

拆除清理阶段划分边界的差异,即统计计算的分项工程的差别。其中,本书考虑了拆除清理因材料的回收利用带来的负碳排放,而其他研究都将材料回收带来的负碳排放纳入物化阶段考虑,从而造成了本书与其他研究相差较大。

熊宝玉将建筑废弃物在垃圾处理厂的填埋和焚烧所带来的碳排放也纳入了该阶段的碳排放评价,从而导致了研究结果与其他研究相差较大。

周晓在拆除阶段仅考虑拆除施工及废弃物运输所产生的碳排放。因此,这部分碳排放量较少。

2. 拆除阶段、运输阶段的计算方法差异

在建筑拆除阶段缺乏相关方面实际调查统计数据的情况下,相关研究的拆除施工阶段的碳排放计算大多根据相关研究文献的结果来估算。

如罗智星、周晓参照张又升的研究结果推算,按施工阶段碳排放量的

90%来算。

熊宝玉参照王霞的研究成果按建筑拆除施工阶段的二氧化碳排放量是建造施工过程的 10%来计算。

六、总结

(1)通过与相同类型研究的对比,得出在建筑全生命周期各阶段所占的比例较为接近,都是使用维护阶段占比最大,约为 81.084%;其次为物化阶段,占比约为 17.526%;最后为拆除清理阶段,占比约为 1.39%。

(2)住宅建筑全生命周期碳排放系数维持在 2 000 kg CO_2e/m^2 左右,办公建筑维持在 5 000 kg CO_2e/m^2 左右。

(3)使用维护阶段碳排放量最大,基本占到建筑全生命周期碳排放量的 80%以上,是建筑全生命周期中降低碳排放效率的重点。

(4)使用阶段个体使用差异较大,部分家电及生活热水等设备使用建议纳入个人生活碳足迹进行计算。

(5)物化阶段碳排放量占整体碳排放量的 20%,建材生产阶段碳排放占比最大。其中,钢材、商品混凝土、抹灰类水泥、门窗、砂石 5 类建材的碳排放量达到 80%,在设计阶段通过计算上述 5 类建材的量,可有效预测建筑物化阶段建材生产所产生的碳排放量,并为合理选择低碳建材及优化设计提供指导。

(6)物料回收对于碳排放有重大作用,将其纳入建筑全生命周期碳排放量计算中,并折减全生命周期碳排放总量,可引导未来回收利用,以达到节能减排的目标。

第二节　物化阶段的低碳策略

虽然建筑的碳排放在全生命周期的各阶段产生,但绝大多数的低碳策略需要在建筑建造之前进行全面统筹,因此设计阶段对建筑全生命周期的碳排放控制具有统筹效果。只有综合分析各阶段碳源及其控制措施,从设计入手,才能有效地减少建筑全生命周期碳排放。

物化阶段的碳排放占据建筑全生命周期碳排放的 17%左右,在该阶段中建材生产的碳排放量最大,占该阶段碳排放量的 95%。所以,我们的低碳策略首先考虑建筑材料的选择与使用,其次考虑的是约占整个物化阶段碳排放量 4%的施工与运输过程。

一、建筑物化阶段碳排放分析

物化阶段是将规划设计的图纸实现为建筑实体的过程,该阶段的资源和能源消耗量大,产生的温室气体较使用阶段表现为短时间内排放更集中、强度更大。下面根据前面对案例建筑物化阶段碳排放量构成的分析研究,对建筑物化阶段的碳排放量进行分析总结。

(一)建筑材料的消耗

建材生产阶段的碳排放约占到物化阶段碳排放的95%,根据对案例建筑建材生产阶段建筑材料用量及碳排放量的相关研究可知,住宅建筑材料的消耗量最大的是商品混凝土、砂石、水泥、钢、砌体材料、建筑陶瓷、门窗,以上7种建材的总重量约占到所耗建材总重量的98%。

钢、商品混凝土、水泥、砂石、木材、建筑陶瓷、门窗、保温材料、铜芯导线电缆、建筑涂料、PVC管材、防水材料等12种建材的碳排放约占建材生产阶段碳排放的99%。其中,钢材、商品混凝土、水泥、保温材料4类建材的碳排放占比最大,合计约为85%。

因此,建材的消耗量及绿色低碳建材的使用量对物化阶段的碳排放有很大的影响。

(二)能源的消耗

建筑建造过程中的能源消耗也是物化阶段碳排放不可忽略的影响因素,具体有施工现场临时办公及住所的能源消耗,以及施工过程中一些大型施工机械的能源消耗,特别是焊机、螺旋孔转机、载重汽车、钢筋切断机、起重机等5类施工机具的碳排放约占施工阶段碳排放的85%。

(三)施工方式的消耗

目前,建筑施工方式主要为湿式工法。湿式工法现场产生的废弃物与污染物较多,现场使用的施工机具种类多且能耗大,如钢筋切割机、混凝土搅拌机、混凝土振动器、砂浆搅拌机、木工机具的碳排放量占施工机具碳排放量的16%。为了减少相应的碳排放,可以进行相关工艺的提升,减少相关阶段的能源消耗。

二、建筑材料的选择与使用

根据住宅楼和办公楼物化阶段建筑材料的构成分析,建筑全生命周期物化阶段建材所产生的碳排放主要由以下建材产生:钢(铁)、商品混凝土、水泥砂石、木材、砌体材料(砖石等)、建筑陶瓷、门窗、保温材料、导线电缆、装饰涂料各类管材、防水材料等。在研究主要建材时,本书将其分为主体结构材料、装饰材料及其他材料三类。

(一)主体结构材料分析与选用

1. 主体结构主材碳排放量分析

按建筑主体结构的不同,建筑结构通常可划分为以下四种:钢筋混凝土结构、砌体结构、钢结构、木结构。砌体结构和钢筋混凝土结构的主要结构材料为砖、钢材、混凝土和木材;钢结构的主要结构材料为钢材、混凝土;木结构的主要结构材料为木材、混凝土及少量钢材。

1)砌体结构案例

馨泰佳苑,位于陕西省咸阳市,建筑面积 4 682.62 m^2,地上 7 层,地下 1 层,建筑高度 25.8 m。通过计算可得其主体结构材料碳排放系数为 159.96 kg CO_2e/m^2(见表 7-3)。其主要碳排放来源于砖及混凝土,两者共占 95%。

表 7-3　砖混结构主材碳排放量及碳排放强度

材料名称	材料用量	碳排放因子	总排放量/kg CO_2e	碳排放强度/(kg CO_2e/m^2)	材料占比/%
砖	2 240.08 t	139.6 kg CO_2e/t	312 714.47	66.78	42
钢材	14.81 t	2 200 kg CO_2e/t	32 582	6.96	4
混凝土	1 236.44 m^3	321.3 kg CO_2e/m^3	397 268.17	84.84	53
木材	7.36 m^3	878 kg CO_2e/m^3	6 462.08	1.38	1
总量			749 035.86	159.96	100

2)钢筋混凝土结构案例

(1)钢筋混凝土框架结构案例。

灞桥区总部二号综合办公建筑,位于陕西省西安市,建筑面积 11 351 m^2,地上 6 层,局部地下 1 层,建筑高度 24 m。通过计算可得其主体结构材料碳排放强度为 287.99 kg CO_2e/m^2(见表 7-4)。其主要碳排放来源于钢材及混凝土,两者共占 98%。

(2)钢筋混凝土剪力墙结构案例。

太乙路经济适用房 1 号住宅楼,位于陕西省西安市,建筑面积 39 173 m^2,地上 32 层,地下 1 层,建筑高度 95.4 m。通过计算可得其主体结构材料碳排放强度为 225.25 kg CO_2e/m^2(见表 7-5)。其主要碳排放来源于钢材及混凝土,两者共占 97%。

表 7-4　钢筋混凝土框架结构主材碳排放量及碳排放强度

材料名称	材料用量	碳排放因子	总排放量/kg CO_2e	碳排放强度/(kg CO_2e/m^2)	材料占比/%
砖	789.19 t	97.17 kg CO_2e/t	76 684.62	6.76	2
钢材	794.73 t	2 200 kg CO_2e/t	1 748 406	154.03	54
混凝土	4 493.8 m^3	321.3 kg CO_2e/m^3	1 443 857.94	127.20	44
木材	—	—	—	—	0
总量			3 268 948.56	287.99	100

表 7-5　钢筋混凝土剪力墙结构主材碳排放量及碳排放强度

材料名称	材料用量	碳排放因子	总排放量/kg CO_2e	碳排放强度/(kg CO_2e/m^2)	材料占比/%
砖	547.5 t	139.6 kg CO_2e/t	76 431.00	1.95	1
钢材	2 038 t	2 200 kg CO_2e/t	4 483 600.00	114.46	51
混凝土	12 654.64 m^3	321.3 kg CO_2e/m^3	4 065 087.60	103.77	46
木材	7.36 m^3	878 kg CO_2e/m^3	198 428.00	5.07	2
总量			8 823 546.60	225.25	100

3）钢结构案例

模拟建筑，建筑面积 6 421 m^2，地上 6 层，地下 1 层，层高 3.9 m。通过计算可得其主体结构材料碳排放强度为 247.75 kg CO_2e/m^2（见表 7-6）。其主要碳排放来源于钢材，占 88%。

表 7-6　钢结构主材碳排放量及碳排放强度

材料名称	材料用量	碳排放因子	总排放量/kg CO_2e	碳排放强度/(kg CO_2e/m^2)	材料占比/%
砖	—	—	—	—	0
钢材	637.83 t	2 200 kg CO_2e/t	1 403 226.00	218.54	88
混凝土	583.764 m^3	321.3 kg CO_2e/m^3	187 562.09	29.21	12
木材	—	—	—	—	0
总量			1 590 788.09	247.75	100

4）木结构案例

treet 公寓，位于挪威卑尔根市，总建筑面积 7 140 m^2，地上 14 层，建筑高度 52.8 m。通过计算可得其主体结构材料碳排放强度为 126.07 kg CO_2e/m^2(见表 7-7)。其主要碳排放来源为木材,占 91%。

表 7-7　木结构主材碳排放量及碳排放程度

材料名称	材料用量	碳排放因子	总排放量/kg CO_2e	碳排放强度/($kg\ CO_2e/m^2$)	材料占比/%
砖	—	—	—	—	0
钢材	0.35 t	2 200 kg CO_2e/t	770.00	0.11	0.000 8
混凝土	244 m^3	321.3 kg CO_2e/m^3	78 397.20	10.98	8.999 2
木材	935 m^3	878 kg CO_2e/m^3	820 930.00	114.98	91
总量			1 016 898	126.07	100

通过计算上述 5 种不同结构类型建筑的主体结构建材的碳排放量,可得出其碳排放强度对比关系(见图 7-7)。

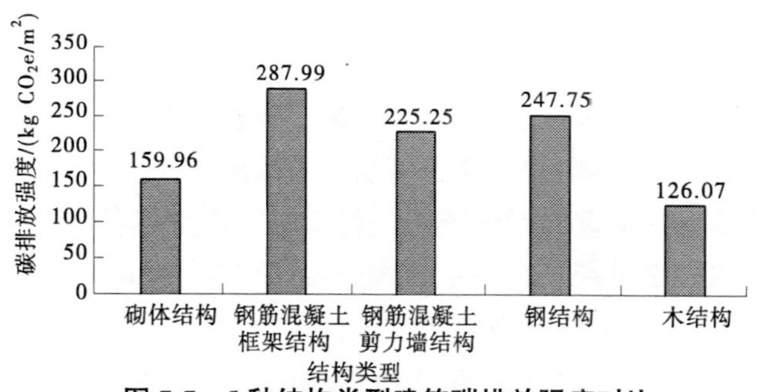

图 7-7　5 种结构类型建筑碳排放强度对比

从图 7-7 可看出,碳排放强度从大到小依次为钢筋混凝土框架结构、钢结构、钢筋混凝土剪力墙结构、砌体结构、木结构。其中,碳排放强度最大的钢筋混凝土框架结构为碳排放强度最小的木结构的 2 倍多,由此可看出,不同结构类型的建筑的主结构建材在生产阶段碳排放强度差异较大,合理地选择建筑结构类型能在很大程度上减少碳排放量。当前这几种建筑形式在实际工程项目中大量使用,每种结构形式有其自身的适用范围,因此对各个结构自身低碳策略的研究也十分重要。

2. 主体结构低碳策略

1) 砌体结构

砌体结构建筑(土坯)通常使用 3 种不同类型的砌体材料,分别为普通烧结砖、复合砖以及生土砖。以上 3 种不同类型的砌体碳排放因子见表 7-8。

表 7-8 不同类型的砌体碳排放因子

材料名称	普通烧结砖	复合砖	生土砖
碳排放因子/(kg CO_2e/m^3)	488.79	332.22	14.66

(1)优先使用碳排放因子较小的复合砖。普通烧结砖作为最常用的建筑砌体材料,其碳排放因子较大,在生产过程中会造成多方面污染。同时,在建造工程中使用普通黏土(一般会在耕地取土),容易造成土地的退化和废弃,所以不建议在建筑中使用普通烧结砖。复合砖的碳排放量大小介于普通烧结砖和生土砖之间。相比普通烧结砖,复合砖的碳排放量可以减少 32%,这主要是因为复合砖本身具有大于 45%的空洞率,且复合砖保温填料配比中约有 1/3 的粉煤灰,减少了原料页岩的消耗量,从而减少碳排放量。所以,在建筑施工中可以使用复合砖代替普通烧结砖,能减少 30%的碳排放量。

(2)就地取材。生土砖是传统建筑的主要建筑材料之一,无须焙烧,通过简单加工后便可用于房屋的建造。具有可就地取材、造价低廉、热工性能突出、加工过程低耗且无污染等优点。据测算,采用生土砖建造的房屋的碳排放量仅为使用普通烧结砖的 3%,但生土建筑抗震性能较差,地震时破坏较为严重,传统生土材料在力学和耐久性方面的固有缺陷,使其现今的应用受到极大限制。现今欧美发达国家针对传统生土材料进行了系统、深入的研究,尤其在生土材料改良的科学机制及其关键技术方面,取得了大量具有突破性的研究成果,克服了传统生土材料在力学和耐久性能等方面的固有缺陷。

如位于甘肃省庆阳市毛寺村的毛寺生态小学,是砖混结构的优秀建筑案例。项目通过对当地的常规和自然材料、传统建造技术以及生态设计系统的筛选与优化,最终发现以生土和其他自然材料为基础的建筑蓄热体与绝热体的使用,是提升建筑热特性、减少能耗和环境污染最为经济和有效的措施。该建筑中大部分建筑材料就地取材,如土坯、茅草、芦苇等,并且所有的边角废料均通过简易处理,可以循环再利用。整个教室的合同造价为 515 元/m^2,直接造价只有 378 元/m^2,均低于当地常规建筑。据统计,该建筑使用 1 000 mm 的土坯砖来搭建,其产生的碳排放仅是 240 mm 普通烧结砖墙的 12.5%。

砖混建筑的优秀案例还有马岔村村民活动中心。该建筑在空间组合方式上借鉴了当地民居传统的合院形式,并尽量结合基地的退台现状,以四个设置在不同标高的土房子围合出一个三合院,开口面向东侧的山谷。所有的建造用土都在现场采取,其取土过程本身也是对场地的修整过程。

2）钢筋混凝土结构

钢筋混凝土结构的主材是钢材和混凝土，在物化阶段，35%的碳排放是由钢材所产生的。虽然在物化阶段钢材的碳排放无法直接减少，但是因为钢材的耐久性与耐候性强的优势，可以在设计阶段增加建筑使用年限，从而减少建筑年碳排放强度。钢筋混凝土结构中混凝土的强度随时间的增长而增长（见图7-8），这决定了钢筋混凝土结构良好的耐久性。当钢筋外的混凝土保护层厚度足够大时，混凝土能使钢筋免于锈蚀，不需要经常地保养和维修。在恶劣环境中（如处于侵蚀性气体或受海水浸泡等），经过合理的设计并采取特殊的构造措施，一般能满足工程需要。所以，钢筋混凝土结构拥有比钢结构更强的适应性。钢筋混凝土结构的低碳措施为延长使用寿命、考虑改造的可能性。

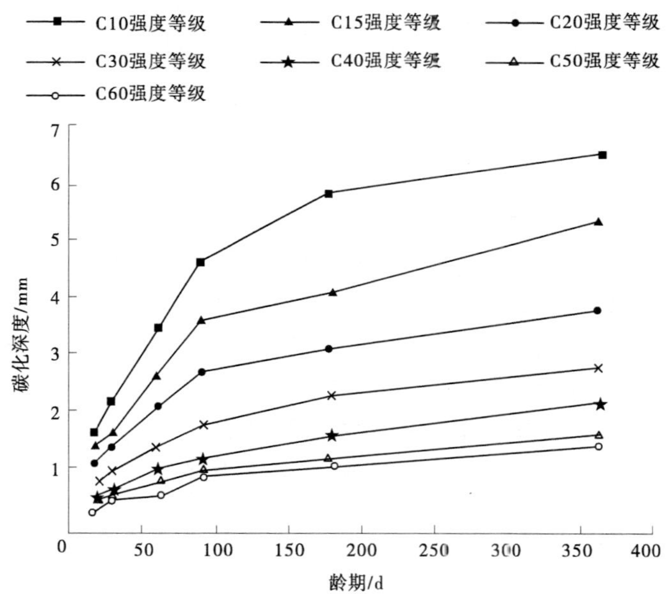

图7-8　混凝土强度随龄期的变化

（资料来源：《不同强度等级混凝土碳化深度随龄期变化分析》）

增加使用年限就要求设计师在设计阶段充分考虑建筑空间的可变性，在设计阶段实现建筑的低碳。例如，柯布西耶于1914年就构思了多米诺系统实行对空间的解放，他用钢筋混凝土柱承重取代了承重墙结构，使得可以随意划分室内空间，设计出室内空间连通流动、室内外空间交融的建筑作品。

3）钢结构

钢结构建筑中88%的碳排放是由钢材产生的，钢结构建筑轻质高强，相对于混凝土建筑来说，自重可降低30%左右，而且建造过程节能、节水、节地，材料可拆装，可循环，回收率达70%。针对钢结构这一优点，该结构的低碳措施是增加空间灵活度，延长寿命；建立标准构件，提高装配率。

伊东丰雄的仙台媒体中心很好地印证了这一观点，该建筑运用现代结构技术和建造工艺，通过对多米诺体系中柱与板等结构构件的材料、组织方式等方面进行改造，建立建筑形态、空间模式和结构体系的新特征。媒体中心结构由截面大小不一、有机分布的13根非线性管状柱系统支撑起7个水平开放的无障碍空间层，而且环装柱系统也被空间化，管状柱的空间中容纳了建筑的管线设备以及垂直交通系统，完全将结构与建筑、空间进行整合设计，以实现建筑开放性、通透性的最大化和无障碍化。

斯图加特的Sobek住宅是欧洲现代生态高科技零能耗住宅。建筑使用了钢结构全装配式结构，没有使用抹灰、砂浆，全部构件为可回收性材料。该建筑真正实现了能源自给自足、零能耗及零排放。

4）木结构

木结构建筑在物化阶段90%以上的碳排放由木材产生。树木生长过程中，经光合作用将空气中的二氧化碳吸收并加以固定，每1 m^3 木材可吸收并固定约0.9 t二氧化碳，建筑行业使用固碳的木制建筑材料可以有效减少碳足迹。可再生能源工业材料研究协会（CORRIM）的一份研究报告表明，等量的木材从收获到废弃所需的能量比钢材少17%，比水少16%。不同种类的木材因为内部纤维素和半纤维素的含量不同造成生长过程中所固定的碳含量不同（见表7-9），建议选择松木作为木结构建筑的主要建筑材料。

表7-9　不同种类木材碳排放因子

建材种类	碳排放因子/（kg CO_2e/m^3）	
胶合木	东北落叶松	-374.71
	东北冷杉	-32.25
	北美花旗松	-295.75
	北美冷杉	-90.63

虽然木结构建筑本身具有极低的碳排放量，但是存在易遭受火灾、白蚁侵蚀以及雨水腐蚀等问题，其相比砖石建筑维持时间不长，且成材的木料由于施工量的增加而紧缺。针对木材本身性能问题，除了利用新的技术优化木材性能，同时也要求设计师因地制宜选择合适的材料，不能一味地因为木建筑能耗

低就选用木材作为建筑主要结构,如果外部环境不适宜的话,木材寿命大打折扣,建筑的年碳排放系数也会直线上涨。

此外,新技术的应用使得更多低碳建材成为可能,例如塑木以及纸管。如新西兰纸板教堂,在工业用纸板上覆上可防水材料和阻燃膜,集坚固性、防水性和防火性于一身。纸板技术经济成本低,且可以更换和回收利用,因此在地震灾害频发的国家是理想的选择。

2011 年,新西兰发生里氏 6.3 级的大地震,地震中有 100 多年历史的圣公会大教堂被毁。为了不耽误民众正常的礼拜,这个纸板教堂被建立来充当临时教堂。教堂是一个 A 形结构,高 24 m,主要由预制件构成,包括木材、钢和纸板管。整体用 98 根圆形纸板管做梁柱,纸板管每根直径 60 cm,长 16.5 m,其表面涂覆有防水聚氨酯和阻燃剂,可以防水和防火。

与全世界森林资源相比,中国属于一个缺林少绿、木资源总量严重不足的国家,森林覆盖率低于全世界平均水平 31%,人均森林面积不足全球人均水平的 1/4,人均森林蓄积更是不足全球人均水平的 1/7。所以,本书建议尽量使用胶合木代替原生木材。同时,我国是世界上竹林覆盖率最高的国家,竹易培养,成林快,3~5 年就可以砍伐。因此,国家林业和草原局政策支持大力发展以竹为主要加工材料的人造板,目前复合竹材制品已经在很多地方替换了木材类板材的使用,解决了资源问题。同时,竹木结构住宅可以工厂预制、现场安装,也正是产业化发展所提倡的。

(二)装饰材料

装饰材料包括水泥、砂石、建筑装饰涂料、建筑陶瓷、部分木材、砌体材料及石材。装饰材料的低碳可以从以下三方面考虑:①使用天然建材;②使用再生材料;③结构装饰一体化。

装饰材料中,水泥主要作为抹灰,在建材生产阶段碳排放量中占比的 5%~19%不等。施工过程中可以选择再生水泥,多采用干施工、干装修的方法,在一定程度上能减少水的用量及其产生的碳排放量。其余装饰材料如涂料、陶瓷等在建材生产阶段约占 8%。工程中可减少此类装饰材料的使用,将其替换为木材、砂石等天然建材。

(三)其他材料

其他材料包括保温材料、门窗、导线电缆、防水材料及各类管材,这一部分建筑材料在建筑全生命周期占比很小,减少这部分的碳排放可以从以下三方面考虑:①延长使用寿命;②提高回收利用率;③使用低碳材料。部分建材的碳排放量见表 7-10。

表 7-10　部分建材的碳排放量

构造名称	计量单位/m^2	碳排放量/kg CO_2e
成品木门安装	100	7 080
外墙保温层(以外保温,保温板为挤塑聚苯板为例)	10	3 760
屋面防水层(以卷材屋面防水、改性沥青卷材冷粘为例)	100	888

门窗、保温材料等使用寿命较短,若提高其使用寿命,使其与建筑使用年限相当,不仅可减少材料更新消耗的碳排放量,也可减少更新过程中由材料运输及施工产生的碳排放量。根据表 7-10 的数据,若案例 1 住宅楼的门窗、保温材料、防水材料使用寿命提高到与建筑设计使用年限一样的 50 年,根据核算,可减少 39.62 kg CO_2e/m^2 的碳排放量。同时,考虑选择替代材料也可减少此部分建材的碳排放量。例如,将传统保温材料 EPS 板替换为农作物秸秆制作的保温材料,将大幅度降低此部分的碳排放量。

三、施工阶段低碳策略

施工阶段的碳排放主要来源于建材运输、施工机具运营及临时设施运营。其中,建材运输在物化阶段占比最大,约占 3%;其次是施工机具运营,占 1.64%;最少的是临时设施运营,占 0.23%。因此,主要考虑建材运输阶段的低碳策略,其次是施工机具运营,最后为临时设施。

(一)材料运输

同样的建筑材料,其运输费用和能耗也会有较大差别。如果运输组织得好,不仅可节省运输费用,降低工程成本,还可提高运能,降低能耗,实现公共建筑的低碳施工。随着物流全球化,进口材料如意大利石材都可以更便捷地采购到,建筑师的发挥空间越来越高,但如果一味采用进口材料进行建造,其运输碳排放将是巨大的浪费。整个施工阶段的材料运输是在设计阶段被建筑师的方案设计所决定的,所以对于建筑师而言,鼓励使用当地材料进行方案的表达,通过设计达到良好的建筑表达效果。所以,在该阶段我们的低碳策略有如下两条:①使用本地材料;②减少运输距离。

例如,赖特的西塔里埃森建筑群采用相互连接的结构,使用的质量重的材料就是在建筑场地发现的沙漠石头,建筑的主体用火山石与混凝土建造,以美国红杉树为支架,上面覆盖着帆布屋顶与折板。帆布屋顶与折板可向沙漠与远处的群山敞开,既可组织建筑通风,又可让四周景观一览无余。

(二)施工方式

1. 合理化台班

施工方式最大的影响就是台班数量以及营建工法差异造成的碳排放差异。其中,台班数量需要依靠优化营建流程来减少其碳排放。

2. 加强装配式施工及工业化施工

施工中推动“营建的合理化”,是绿色施工的一个重要工作,即将建筑部品生产工业化、预铸化、标准化以及营建施工模具化、省工化、干式化等。

3. 干施工工艺

湿式工法的现场产生废弃物与污染物较多,如营建工程使用的砂石、混凝土、水泥、砂浆等,都会产生大量粉尘与废水、废泥污染。而以现场焊接、组装等干式结合的干式施工法,施工过程中粉尘污染及用水量均少,不易产生营建污染,对于工地现场碳排放减量有相当的帮助。因此,为了减少施工阶段碳排放,建议在施工时使用干施工工艺。

(三)临时设施

施工阶段临时设施碳排放量中84%的碳排放是由施工人员宿舍产生的,来源主要是照明供暖及空调能耗,所以在该阶段低碳策略从临时设施的选择方面考虑:①利用既有建筑;②快速装配,重复利用。

临时设施一般分为三种,集装箱房屋、轻钢结构活动板房和传统砖混房,性能优势对比见表7-11。建议使用集装箱临时住宅以及租用现有民房,相比传统砖混房以及轻钢活动板房,可减少施工用水量、混凝土损耗,减少施工垃圾和装修垃圾,施工周期短,减少城市噪声污染和粉尘污染,整体生产效率提高。此外,集装箱建筑安装极为简便,通过钢构件将每个集装箱牢固地连接在一起,方便拆装、迁移和重复利用。

表7-11　临时设施性能优势对比

性能优势	集装箱房屋	轻钢结构活动板房	传统砖混房
工业化生产	整体都在工厂加工建造,建造完毕后直接运送到目的地进行组装	墙体、面、梁、屋架等构件可在工厂预制,现场建造组装过程较长	可预制的构件较少
回收利用	外墙材料,结构均可回收再利用	钢结构主体部分可回收	无法回收

续表 7-11

性能优势	集装箱房屋	轻钢结构活动板房	传统砖混房
低碳环保	所用材质主要为木材和钢材,木材属可再生资源,可自然降解,零污染,钢材可回收。建造过程对环境无影响	环保性能一般,需要搭建建筑基础	产生大量建筑垃圾、粉尘、噪声

四、物化阶段低碳策略小结

(1)优先选择木结构,砌体结构中用生土砖以及复合砖代替普通烧结砖。

(2)钢筋混凝土及钢结构因其优良的耐候性及耐久性、空间改造的灵活性,建议考虑延长建筑使用寿命从而减少建筑年碳排放强度。

(3)鼓励就地取材,因地制宜。

(4)优化施工方式,加大装配式及工业化生产,减少湿施工方式。

(5)优化台班分配,临时设施建议租用以及使用集装箱临时建筑。

第三节 使用阶段的低碳策略

使用阶段的碳排放占据建筑全生命周期碳排放的80%以上,所以此阶段是建筑全生命周期减碳的重要环节。使用维护阶段主要建筑设备产生的能耗包括运行能耗及维护能耗。其中,运行能耗占比约为98%,是此阶段碳排放产生的主要来源,由采暖、照明、空调制冷及电梯构成,其中采暖产生的碳排放占比为60%,照明占比为25%,空调制冷占比为12%,电梯运行占比为3%。减少建筑运行使用阶段的碳排放主要通过节流、开源、延寿来实现。

一、节流——建筑节能

建筑节能在国内外被广泛研究,各国在建筑节能标准方面积累了大量经验,并进一步提出了零能耗建筑的概念。根据不同国家的气候、经济及政治条件,目前有多种定义和框架,主要区别在于对零能耗计算条件的限定及衡量指标,多个国家均设定了适应本国零能耗建筑推进的能效指标。

(一)日本零能耗建筑

日本经济产业省自然资源和能源部“ZEB 路线图研讨委员会摘要”于

2015 年 12 月将 ZEB 定义为“通过先进的建筑设计减少能源负荷，并采用被动技术、积极利用自然能源以及引入高效设备系统等，在保持室内环境质量的同时实现显著节能，并通过使用可再生能源，最大限度地提高能源独立性以及年度一次能源消耗收支平衡的建筑”。此外，根据零能耗的实现状态，定性和定量地定义了 ZEB 的三个阶段（见表 7-12）。

表 7-12　日本零能耗建筑 ZEB 的定义

	定性的定义	定量的定义
ZEB	建筑物一年的一次能源消费量为零或负值	满足以下两个条件的建筑物： （1）标准一次能源消耗减少 50%或以上（不包括可再生能源）； （2）标准一次能源消耗减少 100%或更多（包括可再生能源）
Nearly ZEB	尽可能接近 ZEB，同时满足 ZEB Ready 的要求，使用可再生能源并使其年度一次能源消耗接近零	满足以下两个条件的建筑物： （1）标准一次能源消耗减少 50%或以上（不包括可再生能源）； （2）标准一次能源消耗减少 75%且低于 100%（包括可再生能源）
ZEB Ready	具有高效隔热表皮及节能设备的建筑	除使用可再生能源外，一次能源消耗减少 50%或以上的建筑物

（二）美国零能耗建筑

2015 年 9 月，美国能源部提出了将“净零能耗建筑”等称谓统一规范称作“零能耗建筑”，并定义为：“以一次能源为衡量单位，实际全年消耗（输入）能量小于或等于场地边界内可再生能源产生（输出）能量的节能建筑”，而且同时定义了“零能耗建筑园区”“零能耗建筑群”“零能耗建筑社区”三个概念。“零能耗建筑园区”为单栋建筑连成的片区，且共享的可再生能源系统归一个组织所有；“零能耗建筑群”允许单栋建筑分散，但建筑必须同属一个组织；“零能耗建筑社区”允许单栋建筑分散，建筑可以分属不同组织，但社区内应当包含一个或多个大型可再生能源系统。

(三)德国低能耗建筑发展及研究现状

一次能源对建筑的能源平衡进行核算,并规定所有的可再生能源应当为现场产能。中国低能耗建筑根据建筑能耗大小划分为三个等级:低能耗建筑(Niedrigenergiehaus)、三升油建筑(Drei-Liter-Haus)、微能耗/零能耗建筑(Passivhaus/Nullenergiehaus)。

1. 低能耗建筑

德国低能耗建筑的最早定义是比 1995 年节能规范中要求的节能标准基础上再节能 30%的建筑,每年每平方米的采暖能耗在 70 kW · h 以下。现在低能耗建筑一般是指建筑采暖能耗在 30~70 kW · h/(m^2 · a)的建筑。值得注意的是,德国是以建筑使用面积的能耗量为准的,而不是以建筑面积为准,另外,建筑能耗是指一次性能源消耗量,对煤、石油、电能等不同能源有相应的换算方法,这样做有利于控制建筑实际能耗及二氧化碳排放量。

2. 三升油建筑

三升油建筑主要应用于居住建筑,称为“三升油住宅”,三升采暖用柴油的能量大约有 30 kW · h,因而“三升油住宅”指的是在达到相关规范所要求的使用舒适度和健康标准的前提下,采暖及空调能耗在 15~30 kW · h/(m^2 · a)的住宅。

3. 微能耗/零能耗建筑

微能耗/零能耗建筑是指在达到相关规范所要求的使用舒适度和健康标准的前提下采暖及空调能耗在 0~15 kW · h/(m^2 · a)的建筑。要达到这一技术指标,在建筑材料构造技术体系和投资上都有较高要求。

(四)中国近零能耗建筑

2015 年,我国住房和城乡建设部提出近零能耗建筑的概念,即适应气候特征和自然条件,通过被动式手段,最大程度地降低建筑供暖供冷需求、提高能源设备和系统效率,利用可再生能源,优化能源系统运行,以最少的能源消耗提供舒适的室内环境,室内环境参数和能耗指标满足标准要求。到 2050 年,建筑能耗水平应较 2016 年国家建筑节能设计标准降低 60%~75%。

在多个国家研究的基础上,为了满足我国现行的标准节能率,我们更要进行合理的节能设计,减少建筑全生命周期碳排放,我们的节能措施可以概括为建筑采暖、建筑照明、建筑空调、自然调节、能源选择与能源回收,此处不再一一介绍。

二、延寿——延长建筑使用周期

如同有机体一样,建筑也有寿命。在建筑全生命周期中,建筑建造是一项耗资、耗能、耗材巨大的工程,其建造过程及拆解过程不仅耗费大量人力、物力,还会产生大量的碳排放,造成环境污染。因此,延长建筑使用寿命,将建造及拆解阶段的碳排放均摊于全生命周期中,将会降低其年均碳排放强度,减轻环境压力。另外,随着建筑寿命周期的延续,附加在其上的文化、历史信息不断丰富,让建筑与城市更有文化魅力。

我国城市住宅的房屋产权为70年,建筑的一般设计使用年限为50年。据报道,我国建筑的平均寿命仅30年。以某住宅楼为例,分别分析该建筑在20年、30年、50年、70年4个使用寿命下,全生命周期各阶段的单位建筑面积碳排放量及所占比例见表7-13。

表7-13 某住宅楼不同使用年限下的生命周期各阶段单位面积碳排放量及构成比例

子阶段	20年		30年		50年		70年	
	碳排放量/(kg CO_2e/m^2)	百分比/%	碳排放量/(kg CO_2e/m^2)	百分比/%	碳排放量/(kg CO_2e/m^2)	百分比/%	碳排放量/(kg CO_2e/m^2)	百分比/%
物化阶段	392.59	30.08	392.59	22.56	392.59	15.41	392.59	11.74
使用维护阶段	801.79	61.42	1 236.83	71.07	2 043.56	80.23	2 840.42	84.94
拆除清理阶段	110.88	8.50	110.88	6.37	110.88	4.36	110.88	3.32
全生命周期碳排放量/(kg CO_2e/m^2)	1 083.50		1 518.54		2 325.27		3 122.13	
年均全生命周期碳排放/[kg $CO_2e/(m^2\cdot a)$]	54.17		50.62		46.51		44.60	

由表7-13和图7-9可知,随着住宅使用寿命的增加,使用维护阶段的年均碳排放强度逐渐增加,但全生命周期的碳排放强度却逐渐减少。通过计算可得出,70年的年均碳排放强度相较于20年的年均碳排放强度,可减少近

10 kg $CO_2e/(m^2 \cdot a)$。假设该住宅楼的使用寿命由 30 年增至 70 年，其年均碳排放强度将减少 6.46 kg $CO_2e/(m^2 \cdot a)$。

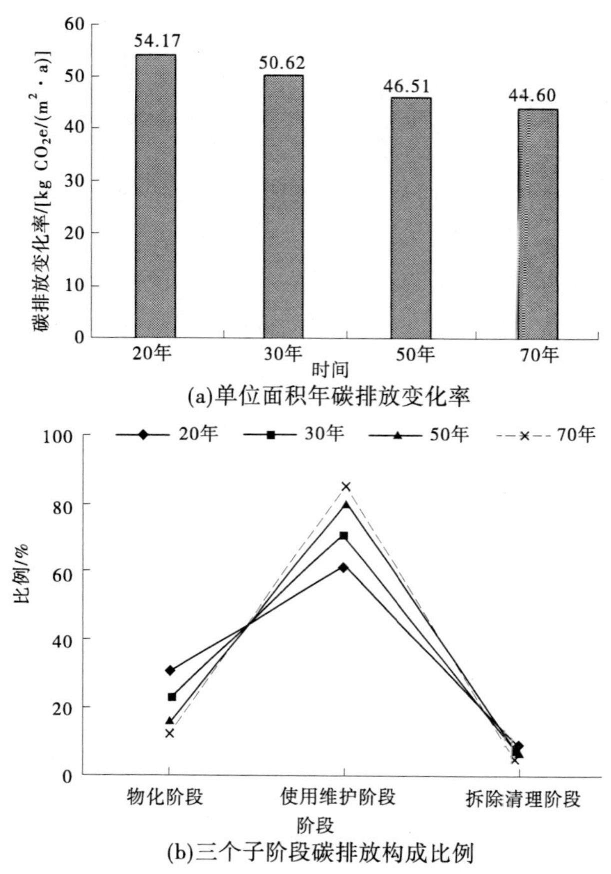

图 7-9 不同使用年限下单位面积年碳排放变化率及三个子阶段碳排放构成比例

由以上分析可知，增加建筑的使用寿命能降低建筑的年均碳排放强度。因此，通过改造、加固等措施，延长建筑的使用寿命、改善建筑的使用功能、提高建筑的功能质量，是很有效的减碳措施。面对我国建筑当前寿命较短的问题，本节将针对性地提出相应策略。

(一) 功能空间延寿

建筑功能空间的灵活性主要体现在平面布局、功能、空间的可变性，这一特性通常可用来评判建筑是否满足人长期使用的要求。随着经济的发展、人们需求的增加，部分既有建筑逐渐变得不适用，需进行改造或拆除。因此，提高建筑空间的灵活性，使其能够更好地应对不同的生活环境及使用需求，是建筑得以长寿的有效措施。

我国城市住宅建筑寿命一般只有 30 年左右，户型平面不合理、不科学，对使用寿命的影响是巨大的。许多超过 120 m^2 的住宅只有两居室，有些超过 300 m^2 的别墅只有三居室，空间设计不合理，适用性较低。此外，空间布局不佳导致的通风、采光等物理性能差，不仅浪费能源，还会造成居住环境不健康、不舒适的后果。

相较很多别的国家和地区的住宅建筑可达百年以上，其功能空间的灵活设计值得借鉴。以苏黎世百年住宅为例，通过对苏黎世 6 个住区的户型与面积的统计（见表 7-14），并于 2012 年整个住房市场的户型结构进行比较，可以看出，它与社会需求及城市家庭结构是基本一致的。这些住区中主要的户型以 3 室户为主，面积以 60~70 m^2 为主，占比达到 50%。2 室、3 室、4 室户型合计占比为 90%。户型的空间结构基本类似，封闭的短走廊连接各个房间，房间相对封闭与独立。卧室面积通常在 17 m^2 左右，平面较为方正。即便是在今天，这样的面积也是适合的。因此，其空间结构的合理性，是其一直沿用至今的原因之一。

对于建筑师而言，其设计的建筑空间能随着功能的变化而灵活变化，便可在一定程度上延长建筑使用寿命。例如 20 世纪 60 年代，R · 罗杰斯和 R · 皮亚诺设计的蓬皮杜艺术中心，其设计时把建筑看作灵活的永远变动的框架，使内部空间可适应不同需求的活动。为了取得开放灵活的大众空间，将建筑交通和设备系统外置，从而达到每一层都是自由的空间布局，开敞空间由可移动的钢架楼板组织起来，室内无须设置柱子，建筑整体采用大跨度桁架结构。

对于建筑空间的探索还有日本建筑师筱原一男，其构建出一整套如何在当代社会条件下持续创作的空间构成方法。通过对日本传统建筑样式进行研究，从“样式”提取出日本特有的空间构成方法。筱原一男的主要研究对象为小住宅，提出了住宅的“四个样式”。他认为在所有建筑类型中，住宅是能将空间形式表现得最为纯粹的一种方式。

（二）建筑结构延寿

建筑得以长久，离不开其结构的稳定性，因地制宜地选择建筑结构及施工方式可在一定程度上延长建筑的使用寿命。建筑结构延寿可分为两部分内容，第一部分是加强自身主体结构的稳定性，第二部分是建筑结构构件的再利用。

表 7-14　苏黎世百年住区户型统计与分析

项目名称	Rebhugei		Zurlinden		Sihlfeld		Limmat I		Riedtli		Nordstrasse	
住宅户型	数量	面积/m^2	数量	面积/m^2	数量	面积/m^2	数量	面积/m^2	数量	面积/m^2	数量	面积/m^2
1	12	33					12	33	1	37		
$1^{1/2}$					2	39~46						
2	45	45~53	7	42~56	7	45	61	43~64	16	55~62	73	45~47
$2^{1/2}$			5	52~58	5	58						
3	15	64	123	60~80	47	62	137	54~76	116	58~97	73	58~63
$3^{1/2}$			15	70~75	7	86						
4			26	75~88	4	103	28	72~90	127	81~122		
$4^{1/2}$	57	98					15	86~88				
$5\sim5^{1/2}$			2	138					8	108~131		
$6\sim6^{1/2}$									10	126~130		
合计	129	13 208	178	8 892	72	4 046	253	10 704	278	37 408	146	11 844

注:上标“1/2”表示半个房间通常是一个较小的房间或者是一个半开放式空间,面积不足一个标准卧室,一般可以用来作为书房、办公室、储物间或者儿童房等。

(资料来源:《苏黎世百年住宅的温和改造策略研究》)

一个建筑自身结构的稳定性和安全性是基本保证，且建筑应具有足够的防火、抗风及抗震等防灾功能。近年来，由于各种社会因素及经济因素，施工质量和建筑材料质量不合格，导致建筑的稳定性堪忧，因此加强建筑自身结构的稳定性是建筑结构得以长寿的首要任务。

如果把建筑物看成是一个产品，建筑构件就是指这个产品当中的零件。建筑的老化通常是从其构件开始的，如果定时定期地检修、更换建筑构件，便可在一定程度上延缓建筑老化。这也就要求建筑构件能够在之后的建造更新中使用简单固定件和耐用材料，并制定统一的构件尺寸及标准，从而方便地更换新构件。重复利用建筑构件是建筑材料再循环的一种途径，不但有利于可持续发展，而且可以简化建筑的维护、升级和翻新过程，从而大大降低建筑维护费用，更可以延长建筑寿命。

(三)增加设施设备构件

在既有建筑中，我们可以通过增设建筑构件，增加建筑设备来提高建筑的舒适性及使用人员的生活品质，从而延长建筑使用寿命。增加基础设施以适合现代人生活居住方式是目前最普遍的方法之一。以瑞士苏黎世为例，在早期建设的住宅中，为了维持较低的建筑成本和低廉的租金，住宅设计标准较低，特别在厨卫设施方面。例如，1919 年住宅配置浴室的比例仅占 18.3%，直至 20 世纪 30 年代以后浴室的配置才成为住宅设计的基本标准。20 世纪 30 年代之前建造的 8 个政府公租房住区中，除为了富裕的工薪阶层群体和中产阶层而建的 Riedli 住区每户配备独立浴室外，其余的住区通常在地下室配置公共浴室。浴室入户成为公租房后期改造的重点。如 Nordstrasse 住区直至 2009—2012 年的改造中才完成了 100%住户的浴室安装。其次，进行整体橱柜安装与设备空间整合以满足现代化厨房电气设备发展的需求。

国内很多民居改造工程都是保留原有建筑的框架及围护结构，通过增加门窗、卫生间等基础设施，加厚保温层，增设太阳能板等方式来适应现代人的居住方式，从而延长建筑的使用寿命。以洛南民居改造为例，除在原有建筑基础上，增设盥洗室、餐厅、卫生间、沼气池等基础设施外，屋顶增加简易天窗，堂屋北侧外墙开设高窗。此外，针对当地砖木结构民居，在原墙体外外包夯土砖，双层保温墙体使得蓄热性大大提高，同时屋顶构造层增设保温层与太阳能光伏板。通过增加设备、构件这些方法使得原本不宜居住的老房子变得适应现代生活方式，从而延长其使用寿命，减少全生命周期的碳排放。

(四)利用既有建筑改造

对城市老旧建筑进行改造，延长其使用寿命，是减少建筑全生命周期碳排放的重要方式之一。

内蒙古工业大学建筑馆是由校园中一组废弃的生产铸造车间改造而成。在对厂房的改造中,保留建筑原有结构及外部造型,对内部空间进行重新划分,增设部分功能房间,例如门厅、连廊,将原本的单层空间分为2~3层。通过利用原厂房空间高并且开放的特点,对旧设施设备进行整合处理,通过对厂房原有地道、烟囱和天窗的分析与联系,形成一条自然的通风路径,以整体环境为出发点形成一套有目的性的被动式通风系统。

内蒙古工业大学建筑馆改造的过程中对拆下来的钢柱、吊车梁、旧钢板、旧门窗、红砖等旧材料重新赋予了新的生命力和使用功能。将旧砖块砌成高、矮墙或者是铺设地面,起到围合、限定空间的作用,废旧的机器部件被拆下散落在院落,作为景观小品。除了废旧建材的利用,建筑中还增设了许多设施,如在地下通道的进风口设置了水池,保证了室内空气的湿度。被保留下来的烟囱通过在侧面开启洞口,促进了封闭的物理实验室和报告厅的室内通风效果。

近年来,我国旧建筑改造的案例较多,再如上海当代艺术博物馆的改造。该博物馆位于上海市黄浦区花园港路与苗江路交叉口,东临黄浦江,北望南浦大桥。建筑原建于1985年,原发电厂内部由锅炉车间、煤粉车间、汽机车间组成,由北到南,平行排列,高度逐级升高。改造后的建筑不再以原有的四大体量进行功能划分,而是主要以分层方式进行垂直功能划分,包含了商业、展览、餐饮、科研等多项功能。

上海当代艺术博物馆改造在原有建筑基础上,尽可能保留了原有的结构、空间、外围护结构、废弃设备及周边场地设施,对功能空间进行重新划分,对立面造型进行改造,同时通过空间布局的重新设计改善建筑通风采光等物理环境。此外,考虑了多种可持续能源及清洁能源的使用,如太阳能、风能、江水源热能等。不仅节约了新建用地的使用成本,还增加了绿色节能措施,使得原本废旧的锅炉房得以重生,延长了使用寿命。

通过一系列的设计手法使得原本废弃的厂房得以利用,在尊重历史与可持续发展的理念指导下,将旧工业建筑进行改造并赋予新的使用功能。社会发展使得有些建筑不适应现有社会结构,不适用于现在的功能,而旧建筑的改造避免了废弃建筑的拆除。虽然建筑改造再施工依然会产生一定量的碳排放,但相较于直接拆除,延长其使用寿命而间接减少的碳排放量是巨大的。

第四节　拆解阶段的低碳策略

拆解阶段的碳排放主要有三部分:机械台班施工、废旧建材清运以及废旧建材回收利用。其中,建材拆解及废旧建材运输约占建筑全生命周期碳排放的1.5%,而废旧建材的回收利用产生的碳减量可占建筑全生命周期碳排放的30%以上。所以,在拆解阶段的减碳策略是优化拆除方式,在拆解过程中考虑拆除建材的灵活使用和回收利用。

一、拆除方式优化

在拆解阶段,通常拆毁的方式使大部分废旧材料破碎、混合,变为很难回收、只能填埋的建筑垃圾。因此,建议使用拆解方式替代拆毁方式,尽可能以小型机械将构件从主体结构中分离。虽然这种方式在施工时间上延长了,但是极大地减少了碳排放量。

拆解步骤按照由内至外,由上至下的顺序进行,即室内装饰材料—门窗、散热器、管线—屋顶防水、保温层—屋顶结构—隔墙与承重墙或柱—楼板,逐层向下直至基础。在技术、设备层面上拆解与拆毁两种方式大致相同,但在废旧建材的循环利用率上差别很大。

根据贡小雷的研究,拆毁方式下钢铁的回收利用率仅为70%,而水泥、碎石、砖瓦等材料的利用率差更低,拆毁方式使这些材料混合为渣土而无法回收,砖瓦的再利用率仅10%,远远低于拆解方式下的建材回收率。

二、建材回收及利用

建材的回收利用首先就是以废弃物为原料生产建材,各种建筑废弃材料的再利用率见表7-15。

表7-15　部分主要建材的再利用

建材种类	再利用率/%	建材种类	再利用率/%	建材种类	再利用率/%
钢材	95	门窗	80	玻璃	80
钢	90	PVC管材	35	木材	65
混凝土	60	塑料	25		
碎石	60	废铁金属	90		

其中，钢材的回收可以节省大量物化阶段钢材锻造所产生的碳排放。废铁金属相对于铁矿石冶炼可节能60%，节水40%，减少废气排放86%、废水排放97%、废渣排放97%。

废旧混凝土的回收利用可节约大量原材料中的砂石骨料，减少废弃物堆放场地。将混凝土废弃物进行批量化处理，可重新投入建设中。回收的混凝土通过破碎、清洗和分级，按一定比例相互配合后可形成再生的骨料，部分或全部替代天然骨料，从而形成再生骨料混凝土。在我国，生产再生砖、再生水泥等就是建筑垃圾资源性再加工利用的重要方法之一，也是目前我国建筑垃圾产业化利用最重要的组成部分。

然而，并不是所有建造材料都适合循环利用，事实上，在材料循环利用的过程中往往需要消耗大量能量。例如，铝材的生产是一个高能耗的过程，而其循环再利用可节省高达95%的能耗；与铝材相比玻璃的生产是廉价的，其循环再利用仅节省5%的能耗，相对而言，铝材循环利用更有意义。

木材、砖石、屋瓦等传统旧建筑材料本身无法分解，因此此类材料可以从直接利用的角度考虑，即利用废旧木材、砖石、屋瓦本身所拥有的独特的古旧沧桑形态，在建筑结构及室内外装饰方面进行直接再利用。

以中国美术学院象山校区的校园建筑设计为例，设计师王澍将从华东各省的拆房现场收集而来的废旧木材、砖石，甚至是石板，用来重新构建新建建筑的外表皮，使得新建筑隐没在周边环境中。

美国服装零售企业URBN总部园区占地9英亩(约3.6 hm^2)，是原美国海军船厂旧址历史核心区的一部分，对该项目进行设计时，最终制定出以材料循环利用为主旨的相关设计策略。选用项目场地上原有或经拆除的缝饰沥青、旧式混凝土、回收砖材、锈式金属、粗质地面铺装材料以及充足的拆卸剩余材料对这处高度工业化的景观区进行修复。不同于寻常标准拆卸工程中简单的拆除和拖运，该项目中制定了完备的废物再利用策略，大多数情况下被认为是废弃物的材料，在该项目中都得以充分回收利用。

三、设计初始考虑

在建筑全生命周期中，初期设计阶段对建材的回收利用起决定性作用，因此建筑寿命结束时能否方便拆除，就要求设计师在设计阶段进行全局考虑，在此阶段的主要设计策略就是使用可重复利用和回收利用率高的建材。

(一)多次循环材料使用

纸作为一种木制产品，已应用于许多设计中。纸材的循环利用可节省

35%的能耗。日本建筑师坂茂于1996年为神户大地震的难民设计了纸制木构房屋——纸屋(Paper Houses)。该房屋的承重墙采用卡纸板管状物,以啤酒箱里填进沙袋作地板,顶上绑一块防雨布作屋顶,具有建造速度快、可循环使用及经济性等特征。这之后坂茂利用5个星期用58根纸管作主结构建出了一座教堂。

通过复杂精密的工程学研究,卡纸板管材的使用扩展至更为复杂的结构中,如火车站、教堂等空间。2000年,汉诺威博览会上坂茂与德国建筑师Frei Otto合作,用纸管构筑了一个巨大的网格薄壳结构的日本豪华帐篷。其中,网格用纸管交织而成,表面再覆以纸膜。整个设计中所采用的钢材、木料、可循环的德国纸制管体材料,以及由大量砂砾所组成的地基均可进行循环利用。

(二)通用构件设计

传统设计上大多建材及其构件废弃后,几乎变成了难以处理的残留物,拆卸和回收利用都很困难。因此,要建立新型构件与再生循环相互兼容的新的建筑技术。

美国费城KTA事务所设计的火炬松别墅实现了一种预制住宅实验。这座面积为2 200 ft^2($1\ ft^2=0.092\ 903\ m^2$)的住宅,其系统主要构成元素为统一规格的地板及墙体"模块",一个标准、可拆卸式铝结构,尺度相同的雪松板墙体材料,预制浴室及厨房模件。其中,铝材框架系统在现场仅用几天的时间就能建造完成,节省了施工费用,并通过计算机的Revit数字化模式,进行整个组装过程的控制。当建筑拆解后,框架经过简单测试满足结构需求,便可以再次在新建筑中使用。因此,通用构件的设计及反复利用可极大地减少拆解阶段的建筑碳排放。

第五节 实际案例分析

案例1——"栖居2.0"住宅建筑设计

一、案例概况

"栖居2.0"是2018中国国际太阳能十项全能竞赛(简称SDC)的参赛作品,位于山东省德州市。SDC竞赛以各个大学为代表队,要求各队的参赛建筑日常使用能耗完全由太阳能等可再生能源提供，参赛建筑以永久使用为目标，要求在 20 d 内完成搭建，供单一家庭的日常生活使用。

“栖居 2.0”主要针对人群为典型的中国传统三代居家庭。设计考虑全年不同季节的使用，考虑在中国北方地区全年零能耗运行，并通过设计的手段尽量降低建筑全生命周期的碳排放。该项目建筑面积 184.97 m^2，建筑为 2 层，主要功能包括客厅、餐厅、主卧、老人房、儿童房、书房和设备室等。

二、“栖居 2.0”低碳设计策略总结

“栖居 2.0”在平面布局、结构体系和能源使用等方面均进行了低碳设计，其主要使用低碳设计策略。

（一）空间布局

“栖居 2.0”总平面中将主入口设置在基地的西南角，次入口设置在基地的东南角通过人行步道将主次入口连接。竞赛期间，参观人流从主入口通过坡道进入到建筑前面的休息平台，休息平台设计形式提炼自北方传统住宅的院落空间，是“栖居 2.0”的人流缓冲空间。建筑平面设计结合了中国北方气候特点进行布局，将起居室、卧室等主要房间置于南侧，可以更好地获取阳光和日照；将厨房、卫生间及设备用房设置在建筑北侧，可以减少冬季冷空气的侵袭。同时，起居室、卧室围绕入口阳光房布置，阳光房成为室内气候过渡空间。

（二）结构体系

“栖居 2.0”根据我国北方地区地域特色，选取 OSB 板为主体建造材料。建筑主体结构采用格构墙装配式体系进行建造和安装。格构墙体系是榫卯技术的当代创新，采用 OSB 板拼接而成，其可以在工厂预制加工，从而减少现场施工时间，提高装配速度。由于该竞赛要求在 20 d 内完成全部搭建，采取此结构形式，甚至可以不使用大型建筑机械进行施工。在实际建造过程中，“栖居 2.0”主要由西安建筑科技大学赛队的本科生和研究生亲自上手搭建，一周内便建成建筑的主体结构，因此在此阶段可以大幅度降低建筑物化阶段的碳排放。

此外，建筑主体结构之间的连接构件形式简单，采用可拼接的方式，运用“宜家家具”的设计理念，使得使用者在工厂预加工主体结构后，自己就可以“DIY”建造房屋，简单便捷。

(三)绿色建材的使用

1. 气凝胶玻璃

该项目南侧与西侧的窗户使用了透光而不透视的气凝胶玻璃,气凝胶玻璃较普通玻璃有以下优点:

(1)热稳定性和耐热冲击能力超过石英玻璃,即使在 1 300 ℃高温状态下将它放入水中,也不会破裂。

(2)密度很小,仅为 0.07~0.25 g/cm^3,是普通玻璃的几十分之一。

(3)具有比矿物棉更好的隔热保暖性能。

(4)不燃烧,是良好的防火材料。

(5)具有良好的隔声性能,比一般金属和玻璃高 4 倍以上。

(6)能够满足大型超高型采光建筑要求,具有良好的隔热、隔声、抗紫外线功能。

2. 定向结构刨花板

该项目主要建材为定向结构刨花板,即 OSB 板。OSB 板是以小径材、间伐材、木芯为原料,通过专用设备加工成长长的刨片,经脱油、干燥、施胶、定向铺装、热压成型等工艺制成的一种定向结构板材。其甲醛释放量几乎为零,可以与天然木材相比,是真正的绿色环保建材;而且木材是树木的主要产物,树木本身可以将空气中的二氧化碳吸收并加以固定,因此建筑大面积使用木材是一种更加环保、高效的节能方式。OSB 板相对于胶合板、中密度纤维板等板种,稳定性好,材质均匀,握螺钉力较高,且纵向抗弯强度比横向大得多,可以作结构材,并可用作受力构件。另外,它可以像木材一样进行锯、砂、刨、钻、钉、锉等加工,较为方便。

3. 太阳能光伏板

该项目使用了 59 块太阳能光伏板,太阳能光伏发电系统是利用太阳电池半导体材料的光伏效应,将太阳光辐射能直接转换为电能的一种新型发电系统,有独立运行和并网运行两种方式。独立运行的光伏发电系统需要有蓄电池作为储能装置,主要用于无电网的边远地区和人口分散地区,整个系统造价很高;在有公共电网的地区,光伏发电系统与电网连接并网运行,省去蓄电池,不仅可以大幅度降低造价,而且具有更高的发电效率和更好的环保性能。

4. 轻质钢材

建筑底部钢梁及平台下部钢框架采用轻质钢材,耐久性好,可循环利用率高,绿色环保。

案例 2——西建大热力中心改造

一、案例概况

建于 2003 年的西建大热力中心位于西安建筑科技大学大雁塔校区操场东侧,2005 年西安市实行强制集中供暖整改后停止使用,目前除一层部分房间改作环境学院实验室外,其他部分均已废弃。废弃后的热力中心供热设备已完全拆除,仅留主体钢结构框架及建筑、设备基础。目前主体结构稳定,基础良好,仅建筑构件有个别锈蚀,现状面积约 1 650 m^2。2017 年,学校决定利用废旧热力中心的基础和结构框架,将其改造为绿色建筑研究中心,使其成为建筑学院集教学、展示、设计创作、学术会议、实验研究与公共交流的场所,改造后建筑面积 6 997. 6 m^2。

(一)结构体系

1. 原有结构

由于基地地下有地下人防工程,因此热力中心的所有空间均建于地上,在地面上建有大规模的设备基础承台,承台为钢筋混凝土结构,有很强的承载能力。承台东侧及南侧为钢框架结构的控制室和输煤廊道,承台西侧为砖混结构的风机房和烟道,北侧为钢筋混凝土结构的烟囱。锅炉承台和钢结构风机房之间结构相互独立,建筑各部分层数与层高都不完全相同,但又有一定的相关性。

2. 改造后结构

结构改造设计尽可能保留原有结构体系,充分利用原有结构的承载能力(特别是钢筋混凝土设备承台)进行加建。加建部分采用轻量高效的钢结构体系与轻型围护结构控制加建荷载,并尽量采用装配式的设计,提升建造效率。根据功能使用和结构现状对原有结构进行了局部加固,以增强结构的承载力和稳定性。

(二)外围护设计

改造后的绿色建筑研究中心不仅是办公教学研究场所,本身也是一个巨大的试验装置。新的外墙体系采用了木格构体系,其外围护表皮可以快速拆装替换,在满足保温、隔热、采光等围护功能的同时,承担实体试验的功能,可以方便地对格构中的填充体进行替换,进行不同外墙构造的对比试验。而且在外墙性能老化时,或进行绿色建筑相关试验时,利于拆卸替换。

1. 东侧和北侧木格构墙

建筑的木格构外墙根据不同的朝向和使用要求分别采取了不同的构造方式。东侧和北侧木格构墙强调保温隔热性能，因此中间采用 200 mm 厚的岩棉板，外围护层采用阳光板（聚碳酸酯板）。

2. 西侧木格构墙

由于空间限制和使用的要求，绿色建筑研究中心的西侧必须有大面积的采光面，并且建筑西侧紧邻操场，无任何遮挡，西晒严重，因此西侧墙面既要透光，又要有良好的保温隔热性能。设计中采用了气凝胶玻璃作为外围护层，保证热工性能的同时又有良好的采光（见图 7-10）。

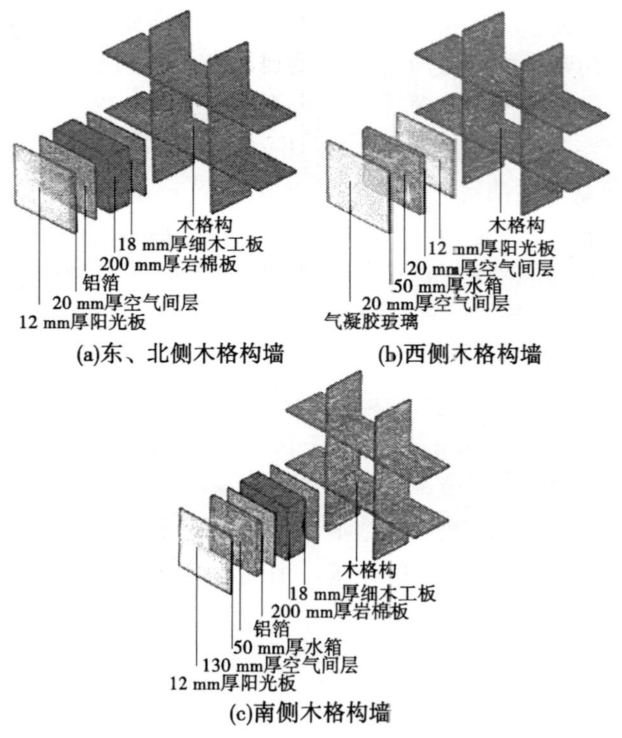

图 7-10　木格构墙构造层次示意图

3. 南侧特朗勃木格构墙

南侧利用充分的被动式太阳能系统，采用特朗勃墙体系。利用水作为集热蓄热材料形成蓄热墙体，外围护层采用阳光板，蓄热墙体与阳光板之间有 130 mm 厚的空气间层，共同构成特朗勃墙体系，在漫长的冬季能获得更多的热能。

4. 屋顶

建筑屋顶利用太阳能光伏板设置屋顶架空屋面,夏季作为通风间层可以带走屋顶多余的热量,冬季作为保温间层为屋顶提供了保温。同时,屋顶的太阳能光伏板可以产生额外的电能,可提供绿色建筑研究中心的部分电能消耗。此外,还在屋顶布置了种植屋面,土壤具有良好的保温隔热性能,结合屋面植物与高性能的 EPS 板,保证了屋面的绿色设计。

二、西建大废旧热力中心改造低碳设计策略总结

(一)利用废弃建筑及设备结构

绿色建筑研究中心的结构利用了原有的废弃建筑及设备结构,一方面可以减少建筑物化阶段的建材用量,降低建筑物化阶段的碳排放;另一方面避免了因拆除废弃结构而产生的碳排放,对于降低建筑全生命周期碳排放有很大的作用。

(二)绿色建材的使用

西建大废旧热力中心绿色改造项目选取了大量的绿色建筑材料,如钢、铝等可循环使用的材料及木材等可再生材料。这些绿色建材的使用不仅提高了建筑各方面的性能,而且对于降低建筑的碳排放也起到了很大的作用。

(三)装配式设计

建筑采用装配化、易替换的墙体构造措施,可以在后期运营过程中方便地进行替换。此外,建筑室外平台与半室外步梯也采用了装配式垂直绿化,种植模块可由工厂预制。运用装配式设计施工方案,提高结构构件和建筑部件的预制化、工厂化程度,具有施工操作简单、施工周期短的特点,并且易于回收与循环使用,减少施工过程中的资源、能源消耗和环境影响。

参考文献

[1] 比尔·盖茨. 气候经济与人类未来[M]. 陈召强,译. 北京:中信出版集团,2021.

[2] 2050 中国能源和碳排放研究课题组. 2050 中国能源和碳排放报告[M]. 北京:科学出版社,2009.

[3] 罗伯特·温斯顿. DK 科学历史百科全书[M]. 关晓武,译. 北京:中国大百科全书出版社,2018.

[4] 马尔库斯·维特鲁威·波利奥. 建筑十书[M]. 陈平,译. 北京:北京大学出版社,2017.

[5] 中华人民共和国国家气象中心气候资料中心. 中华人民共和国气候图集[M]. 北京:气象出版社,2002.

[6] 中华人民共和国城乡建设环境保护部. 建筑气象参数标准:JGJ 35—1987(试行)[S]. 北京:中国建筑工业出版社,1988.

[7] 包云轩. 气象学[M]. 北京:中国农业出版社,2001.

[8] 克里斯·斯卡尔. 世界古代 70 大奇迹:伟大建筑及其建造过程[M]. 吉生,姜镔,剑锋,译. 桂林:漓江出版社,2001.

[9] 威廉·H. 麦克尼尔. 瘟疫与人[M]. 余新忠,毕会成,译. 北京:中国环境科学出版社,2010.

[10] 刘常富,陈玮. 园林生态学[M]. 北京:科学出版社,2003.

[11] 李建成,孟庆林,杨海英,等. 泛亚热带地区建筑设计与技术[M]. 广州:华南理工大学出版社,1998.

[12] 瓦尔特·科尔布,塔西洛·施瓦茨. 屋顶绿化[M]. 袁新民,何宏敏,崔亚平,译. 沈阳:辽宁科学技术出版社,2002.

[13] 泷光夫. 建筑与绿化[M]. 刘云俊,译. 北京:中国建筑工业出版社,2003.

[14] 中国工程建设标准化协会建筑防水专业委员会. 工程建设防水技术[M]. 北京:中国建筑工业出版社,2009.

[15] 苏州非矿院防水材料设计研究所. 建筑防水材料标准汇编:试验方法及施工技术卷[M]. 2 版. 北京:中国标准出版社,2009.

[16] 周峰. 气候变化对建筑工程的影响研究[D]. 北京:北京交通大学,2009.

[17] 国务院. 国务院关于印发"十三五"节能减排综合工作方案的通知[N]. 2016

[18] 山田雅士. 建筑绝热[M]. 景桂琴,译. 北京:中国建筑工业出版社,1987.

[19] 王受之. 世界现代建筑史[M]. 北京:中国建筑工业出版社,1999.

[20] 邹德侬. 中国现代建筑史[M]. 天津:天津科学技术出版社,2001.

[21] 隈研吾. 自然的建筑[M]. 陈菁,译. 济南:山东人民出版社,2010.
[22] 中国工程建设标准化协会. 建筑碳排放计量标准:CECS 374—2014[S]. 北京:中国计划出版社,2014.
[23] 中华人民共和国住房和城乡建设部. 建筑碳排放计算标准:GB/T 51366—2019[S]. 北京:中国建筑工业出版社,2019.
[24] 郭士伊,刘文强,赵卫东,等. 调整产业结构降低碳排放强度的国际比较及经验启示[J]. 中国工程科学,2021,23(6):22-32.
[25] 中金公司研究部,中金研究院. 碳中和经济学[M]. 北京:中信出版集团,2021.
[26] 中华人民共和国国家能源局石油天然气司. 中国天然气发展报告:2021[M]. 北京:石油工业出版社,2021.
[27] 于佳宁,何超. 元宇宙[M]. 北京:中信出版集团,2021.
[28] 阿德里安·福蒂. 混凝土:一部文化史[M]. 尚晋,译. 北京:商务印书馆,2021.
[29] 贡小雷. 建筑拆解及材料再利用技术研究[D]. 天津:天津大学,2010.
[30] 袁岚峰. 量子信息简话——给所有人的新科技革命读本[M]. 北京:中国科学技术大学出版社,2021.
[31] 王霞,任宏,蔡伟光,等. 中国建筑能耗时间序列变化趋势及其影响因素[J]. 暖通空调,2017,47(11):21-26,93.
[32] 邹瑜. 国际建筑能耗差异性及影响因素研究[D]. 重庆:重庆大学,2017.
[33] 胡姗. 中国城镇住宅建筑能耗及与发达国家的对比研究[D]. 北京:清华大学,2013.
[34] 能耗统计专业委员会. 中国建筑能耗研究报告[R]. 上海:中国建筑节能协会,2018.
[35] 曾杰,俞海勇. 木结构材料与其他建筑结构材料的碳排放对比[J]. 木材工业,2018,32(1):5.
[36] 吴恩融,穆钧. 源于土地的建筑——毛寺生态实验小学[J]. 广西城镇建设,2013(3):56-61.
[37] 蒋蔚,李强强. 关乎情感以及生活本身——马岔村村民活动中心设计[J]. 建筑学报,2016(4):23-25.
[38] 卢求. 德国低能耗建筑技术体系及发展趋势[J]. 建筑学报,2007(8):23-27.
[39] 罗智星. 建筑生命周期二氧化碳排放计算方法与减排策略研究[D]. 西安:西安建筑科技大学,2016.
[40] 周晓. 浙江省城市住宅生命周期 CO_2 排放评价研究[D]. 杭州:浙江大学,2012.
[41] 胡颖,邬荣亮. 延长我国建筑使用寿命的可持续发展设计[J]. 中华民居,2014(15):88-89.
[42] 徐丽超. 面向文教建筑的旧工业建筑适应性改造研究[D]. 邯郸:河北工程大学,2016.
[43] 肖建庄. 再生混凝土[M]. 北京:中国建筑工业出版社,2008.
[44] 李媛. 中国建材机械工业协会七届三次理事(扩大)会议暨第九届建材机械行业发展

论坛在济南召开[J]. 中国建材,2022(1):72.

[45] 乔龙德. 中国建材工业70年的辉煌成就奠定了迈向超越引领世界建材工业的坚实基础[J]. 中国建材,2021(10):21.

[46] 朱跃华,姜利珍. 基于绿色设计理念的球磨机设计[J]. 居业,2020(10):58.

[47] 乔龙德. 建材装备企业要肩负起时代进步的历史使命 勇敢成为建材行业高质量发展的支撑[J]. 中国建材,2020(7):50.

[48] 董笑宇,邹积玉,赵伟,等. 提升产品质量,助力建材装备走出去[J]. 水泥,2020(6):33.

[49] 王永荣. 建材机械标准化发展的途径分析[J]. 江西建材,2020(4):8.

[50] 董笑宇,邹积玉,赵晓通,等. 加强标准引领 促进建材装备质量提升[J]. 砖瓦世界,2020(3):23.

[51] 陈国庆. 总结推广“两个二代”技术与装备创新研发经验成果开启我国建材中国制造与中国创造并举新征程——“两个二代”技术与装备创新研发工作总结[J]. 中国建材,2019(6):27.

[52] 冯金生. 关于水泥窑纯低温余热发电技术的探究[J]. 居舍,2018(12):165.

[53] 乔龙德. 致参加“两个二代”研发攻关全体同仁的一封信[J]. 中国建材,2018(5):51.

[54] 陈丽丽. 站在风口上的建材装备制造业,您找准风向了吗?[J]. 建筑工人,2017(4):33.

[55] 刘瑞芝,马娇媚,陶从喜,等. 新型干法水泥生产线固硫剂试验研究[J]. 中国水泥,2016(8):97.

[56] 宣晓伟, 张浩. 碳排放权配额分配的国际经验及对国内碳交易试点的启示[J]. 中国人口资源与环境,2013,23(12):10-15.

[57] 鲁政委,汤维祺. 国内试点碳市场运行经验与全国市场构建[J]. 财政科学,2016(7):81-94.

[58] 孙志斌. 应对气候变化与碳资产管理[J]. 石油石化节能与减排,2015(1):1-8.

[59] 欧阳磊. 基于碳排放视角的拆除建筑废弃物管理过程研究[D]. 深圳:深圳大学,2016.

[60] 罗式辉,陈红军. 水泥工业窑热工标定[M]. 武汉:武汉工业大学出版社,1992.

[61] 程钰,王晶晶,王亚平,等. 中国绿色发展时空演变轨迹与影响机理研究[J]. 地理研究, 2019,38(11):2745-2765.

[62] 高红贵,赵路. 长江经济带产业绿色发展水平测度及空间差异分析[J]. 科技进步与对策, 2019,36(12):46-53.

[63] 滙二科. 中国绿色发展的时空差异及障碍因子分析[J]. 统计与决策,2019,35(8):121-125.

[64] 李晓西,刘一萌,宋涛,等. 人类绿色发展指数的测算[J]. 中国社会科学,2014(6):69-95.

[65] 史学飞,孙钰,崔寅,等. 基于熵值——主成分分析法的天津市低碳经济发展水平评价[J]. 科技管理研究,2018,38(3):247-252.
[66] 王玲. 西北民族地区人类绿色发展指数差异研究[D]. 兰州:西北民族大学,2019.
[67] 王勇,李海英,俞海,等. 中国省域绿色发展的空间格局及其演变特征[J]. 中国人口·资源与环境,2018,28(10):96-104.
[68] 汪再奇,余尚蔚. 长江经济带人类绿色发展指数研究[J]. 安全与环境工程,2020,27(6):31-36.
[69] 翁异静,汪夏彤,杜磊,等. 浙江省新型城镇化和绿色经济效率协调度研究——基于"两山理论"视角[J]. 华东经济管理,2021,35(6):100-108.
[70] 肖杰,郑国璋,罗悦,等. 关中—天水经济区人类绿色发展指数测度及其分析[J]. 陕西理工大学学报(自然科学版),2018,34(2):86-92.
[71] 熊宝玉. 住宅建筑全生命周期碳排放量测算研究[D]. 深圳:深圳大学,2015.
[72] 王霞. 住宅建筑生命周期碳排放研究[D]. 天津:天津大学,2012.